나의 어린 내담자

THE INVISIBLE GIRL
: The True Story of an Unheard Voice
by Torey Hayden

나의
어린
내담자

**다섯 계절의 상담,
고통과 치유의 이야기**

토리 헤이든

김홍옥
옮김

위고

차
례

일러두기

- 인명과 지명을 비롯한 고유명사의 외국어 표기는 '국립국어원 외래어표기법'을 따랐다.
  단, 외래어표기법 표기 세칙에 포함되어 있지 않은 언어는 현지 발음에 따라 표기했다.
- 원서에서 웨일스어로 쓰인 문장은 원문을 그대로 살려 쓰고, 괄호 안에 한국어 뜻을
  함께 표기했다.
- 본문의 각주는 옮긴이 주이다.

한 여자아이

"이름이 뭐니?"

"엘로이즈요."

"성은?"

아이는 잠시 말을 멈추고, 거기에 대해서는 생각을 좀 해봐야 한다는 듯이 보일락 말락 어깨를 으쓱했다.

다닥다닥 붙은 의자에 둥그렇게 둘러앉은 아이들은 제 차례가 되면 뒷면이 끈끈한 카드를 이마에 붙였다. 각 카드에는 감정을 표현하는 단어가 적혀 있고, 다른 아이들이 그 단어를 몸짓으로 표현하면 이마에 카드를 붙인 아이가 맞혔다. 아이들이 감정을 인식하고 표현할 수 있도록 개발된 놀이치료인데, 정식명칭은 '감정 연결'이지만 하다 보면 웃음이 참을 수 없이 터져나와서 우리끼리는 '바보 게임'이라고 불렀다.

차례가 된 칼리가 집어 든 단어는 '화나다'였다. 다운증후군이 있는 여덟 살배기 곱슬머리 칼리가 어찌나 신나게 의자 주위를 돌면서 춤을 추었던지 이마에 붙인 카드는 나풀거리다가 바닥에 떨어져버렸다. 하지만 아직 글을 읽을 줄 모르니 상관

없었다. 칼리는 곧바로 카드를 주워서 다시 제 이마에 붙였다. 가뜩이나 '화나다'를 손짓발짓으로 설명하느라 소란스럽던 여섯 아이는 칼리에게 "너 또 떨어뜨렸어!" 하고 소리까지 질러대느라 정신이 없었다.

문이 열렸을 때, 옆방에서 좀 조용히 해달라고 부탁하러 온 줄 알았다. 나는 이번 시간이 여기에서 예정된 마지막 활동이라고, 다음 주부터는 교회 예배당으로 장소를 옮길 거라고 찬찬히 설명하면서 양해를 구할 작정이었다.

하지만 문은 벌컥 열리지 않고 한 뼘쯤 슬그머니 열리더니 잠시 후 딸깍 소리를 내면서 도로 닫혔다. 낌새를 알아차리지 못한 아이들은 계속 게임을 이어갔다. 아무도 아니었을지도 모른다. 바람 부는 날씨였고 건물은 외풍이 심했으니. 문이 제대로 닫히지 않았다가 바람 탓에 순간 걸쇠가 풀렸다 다시 닫혔던 모양이다. 조금 더 지켜보았지만 아무 일도 일어나지 않았다. 나는 아이들에게 시선을 돌렸다.

잠시 후, 다시 문이 삐걱 소리를 내면서 열렸다. 이번에는 안을 기웃거리는 눈이 보였다. 하지만 내가 돌아보자마자 문은 도로 딸깍 닫혔다. 직접 가서 확인해보는 수밖에 없었다. 아이들이 내가 일어서는 걸 보고 게임을 멈췄지만, 나는 계속하라고 손짓했다. 무슨 일인지 확인하러 문 쪽으로 다가갔다. 문을 크게 열면서 물었다. "누구세요?"

한 여자아이가 불빛이 흐릿하게 비치는 복도에 서 있었다. 십대 초반쯤 되어 보였다. 짙은 갈색의 긴 곱슬머리에 얼굴은 갸름하고 몸이 호리호리했다. 흰 셔츠와 검정 카디건에 검정 바지까지 평범한 교복 차림이었는데 넥타이를 매지 않아서 어느 학교 학생인지는 알 길이 없었다.

"토리 선생님이에요?" 그 애가 물었다.

"응, 맞아."

"토머스 선생님이 선생님은 절 도와줄 수 있을 거랬어요."

놀라서 눈이 절로 커졌다. 멜레리 토머스와는 지난 몇 주 동안 이야기를 나눈 적이 없었던 데다 내가 일하는 자선단체에서도 내가 새로 누군가를 맡게 될 거라고 언질을 준 일이 없었으니 말이다. 그날의 활동은 '심화그룹치료enrichment group'라고 하는, 취약계층의 아홉 살 이하 특수아동을 지원하는 집단 활동이었다. 나는 이 아이들이 사회성을 익힐 수 있도록 매주 한 시간씩 만나고 있었고 내가 사회복지 시스템을 통해 진행하는 일로는 유일했다. 십대 여자아이에 대해서는 아는 바가 아무것도 없었다.

"이름이 뭐니?" 내가 물었다.

"엘로이즈요."

"성은?"

아이는 잠시 말을 멈추고, 거기에 대해서는 생각을 좀 해봐야 한다는 듯이 보일락 말락 어깨를 으쓱한 다음 대답했다. "엘로이즈 존스."

순간 머뭇거리는 것을 보고 나는 그 애가 자기 성을 밝히길 꺼린다고, 그래서 존스라는 성이 가짜일지도 모른다고 생각했다. 그렇다 한들 나로서는 사실을 알아낼 방도가 없었다. 내가 사는 웨일스 지역에서는 세 명 중 한 명꼴로 존스라는 성을 썼다.

"뭔가 혼선이 있었던 것 같아. 내가 맡은 일정에서 네 이름을 본 적이 없거든." 나는 난감했다.

"토머스 선생님이 그랬어요, 선생님은 절 도와줄 수 있을 거라고." 그 애가 대답했다.

나는 시계를 힐끗 보았다. "이 활동은 4시 30분에 끝나. 그전까지는 시간 내기가 곤란해."

그 애는 알 듯 말 듯한 표정을 지었다. 마치 내가 헷갈리는 질문을 던지기라도 한 양 순간 멍한 얼굴이었다.

"그만 들어가봐야겠다." 내가 말했다. 굳이 들여다보지 않고 소리만으로도 안에서 아수라장이 펼쳐진 것을 알 수 있었다. 문을 활짝 열어서 내가 바로 문 앞에 있다는 것을 아이들에게 주지시켰다.

"기다려도 돼요?" 엘로이즈가 물었다.

"못해도 20분은 더 걸릴 거야."

"괜찮아요."

딱히 안 될 이유는 없었다. 우리는 그냥 게임을 하고 있었으니까 특별히 방해가 될 일은 없었다. "그래, 좋아." 나는 다시 아이들이 기다리는 방으로 돌아갔다.

엘로이즈가 나를 따라 들어왔다.

"누구예요?" 남자아이 하나가 내게 물었다.

"맞아. 누구야?" 건너편에서 또 한 아이가 엘로이즈를 향해 외쳤다.

"손님이야. 이름은 엘로이즈. 딜런, 손님한테 어떻게 인사해야 하지? '누구야?'라고 소리치지 않고 어떻게 말해야 돼?"

"알아요! 알아요! 알아요! 선생님, 저 알아요!" 아홉 살 샐리가 자리에서 빠져나와 쪼르르 달려오면서 소리 질렀다. "처음 뵙겠습니다!" 그리고 엘로이즈에게 인사를 건넸다. "안녕하세요? 날씨 참 좋죠?" 샐리의 이마에 '역겹다'라는 단어가 붙어 있지만 않았더라면, 그 애의 살가운 예의범절이 좀 더 진지하게 전달됐을 텐데.

벽을 따라 의자가 줄지어 놓여 있어서 나는 활동이 끝날 때까지 엘로이즈가 거기 앉아 기다릴 거라고 짐작했지만, 그 애는 뜻밖에도 나를 따라 아이들과 함께 의자에 둘러앉았다.

아이들은 엘로이즈에게 온통 신경을 빼앗겼다. 대개 숫기라곤 없어서 먼저 말을 걸지는 못했지만, 바보 같은 단어 게임을 다시 시작할 생각은 없는 듯 이리저리 방방 뛰어다녔다. 반면 럭비 선수 축소판 같은 다부진 체구의 여덟 살 딜런은 좀처럼 머뭇거리는 기색이 없었다. "누나 누구야? 왜 여기 왔어?"

"엘로이즈야. 오늘 이곳을 방문한 거란다." 내가 말했다.

"그러니까 왜요?"

대답하기 어려운 질문이었다. 모르긴 나도 마찬가지니까.

"손님으로 온 거야, 딜런. 자, 이제 그 얘기는 그만하자."

"어디서 왔어?"

"딜런, 좀 앉아줄래?"

"누나 웨일스 사람이야?"

"딜런…."

"트샤라드 심라에그T'siarad Cymraeg?"(누나 웨일스어 해?)

"딜런!"

"그냥 궁금해서 그래요. 누나도 여기에 들어와요? 누나도 여기 들어올 거야? 누나는 너무 큰데. 그리고 여기는 벌써 여자애가 많거든."

"스테드 이 라우르Stedd i lawr."(앉아.)

나는 딜런이 자리에 엉덩이를 붙였는지 확인하려고 의자에서 일어섰다. 딜런은 하는 수 없이 자리에 앉으면서도, 계속 엘로이즈를 의심스럽게 쳐다봤다.

다시 게임에 아이들을 집중시키기는 틀린 것 같아 책 읽기로 활동을 마무리하기로 했다. 내가 고른 책은 주디스 커의 『간식을 먹으러 온 호랑이』였다. 아이의 집에 난데없이 방문한 예의 바른 호랑이 이야기도 재미있거니와 그 사건이 아이에게 불러일으킨 근본적인 감정, 특히 흥분과 불안에 대해 다뤄보고 싶었다. 진짜 살아 있는 호랑이가 집에 찾아온다면 흥분하지 않을 이가 어디 있겠는가? 누구라도 불안해하지 않을까?

책을 다 읽어준 다음 내가 물었다. "호랑이는 몹시 배가 고팠어, 그렇지? 그래서 맨 먼저 뭘 먹었지?"

"사람이요." 칼리가 답했다. "호랑이는 사람 잡아먹어요."

"그렇지만 책에 나오는 호랑이는 아무도 잡아먹지 않았어. 그렇지? 호랑이가 뭘 먹었을까?"

"호랑이는 사람 잡아먹잖아요." 칼리가 우겨댔다.

"사람들이 호랑이 음식 사줬어요." 오언이 끼어들었다.

"나중에는 호랑이가 다시 올지도 모르니까 호랑이 음식 통조림을 사기로 했어." 내가 말했다. "그렇지만 호랑이가 처음에 차를 마시러 집에 찾아왔을 때는 호랑이 음식을 주지 않았어.

아이와 엄마가 호랑이한테 뭘 줬지?"

"호랑이 음식 그딴 거 없어요. 가게에도 호랑이 음식 통조림 안 팔아요." 딜런이 씩씩거렸다.

"아이랑 엄마가 호랑이한테 뭘 줬을까?" 내가 다시 물었다.

"몽땅 다요!" 샐리가 답했다. "거기 있던 간식을 다 먹었어요. 그리고 모든 걸 다 마셔버렸어요. 차랑 오렌지주스랑 수돗물까지 몽땅 다."

"고맙기도 해라." 누군가는 이야기를 듣고 있었다니 다행이었다.

"수돗물을 몽땅 마시는 건 불가능해요." 난데없이 엘로이즈가 끼어들었다.

나는 놀라서 그쪽을 보았다.

엘로이즈가 계속 말을 이어갔다. "수도꼭지는 수도관과 연결돼 있어요. 수돗물을 바닥내려면 호랑이가 저수지 물 전체를 들이마셔야 되는데요. 현실적으로 말이 안 되죠."

엘로이즈가 대화에 참여하자 아이들도 나만큼이나 화들짝 놀랐다. 내 생각에 아이들이 놀란 이유는, 자기 집 부엌 수도꼭지에 정확히 얼마만큼의 물이 들어 있는지 한 번도 상상해본 적이 없어서였을 것이다. 하지만 내가 놀란 건 그 애의 참여가 퍽 뜻밖이어서였다. 야생동물 다큐멘터리가 아니라 아이와 엄마와 마주 앉아 차를 나눠 마신 호랑이가 나오는 그림책을 두고 이야기를 나누는 중이었다는 점은 말할 것도 없었다.

"그리고 호랑이는 화장실 가도 되냐고 한 번도 안 물어봤어요." 샐리도 한 수 거들었다.

마침내 아이들이 떠난 뒤, 둥그렇게 놓인 의자에 그대로 앉아 있는 엘로이즈에게 다가갔다. 그리고 옆자리에 앉았다.

　"자, 말해봐. 내가 널 어떻게 도와줄 수 있을까?"

　"저 모일브레에 있는 위탁가정으로 돌아가야 돼요."

　당황스러운 요청이었다. "여기서 꽤 먼 곳이네." 나는 아이들을 다른 장소로 데려다주는 일에는 거의 관여해본 적이 없었다. "좀 더 자세히 설명해줄 수 있을까?"

　엘로이즈는 어른들이 말귀를 못 알아먹을 때 십대들이 으레 그러듯이 실망한 표정으로 고개를 홱 돌렸다. 그렇게 발끈한 얼굴로 다시 내 쪽을 바라보았다.

　"그러니까 반지 때문에 심각한 오해가 생겼어요. 제가 반지 가져간 거 아니에요. 정말요. 제가 안 그랬다고요. 근데 올리비아가 화를 냈어요. 그래서 제가 파월 아저씨네 집에서 다른 집으로 오게 됐는데, 진짜 너무 싫어요. 그건 그냥 실수였으니까요. 올리비아가 문자로 저한테 미안하다고 했어요. 그러니까 샘이라는 남자애가 그걸 저한테 줬거든요. 반지 말이에요. 그치만 그건 올리비아 거예요. 샘이 가져갔고, 이제 올리비아도 제가 가져간 게 아니라는 거 알아요. 그래서 반지를 걔한테 돌려줘야 돼요. 안 그러면 저 큰일 나요."

　도무지 종잡을 수 없는 말이었다. 나는 이 드라마에 대해 아무것도 모르고, 거기 등장하는 인물에 대해서도 오리무중이었다. "잠시만 앞으로 돌아가보자. 토머스 선생님이 내가 널 도와줄 수 있을 거라고 말씀하셨다고 했지?"

　엘로이즈가 고개를 끄덕였다. "선생님이 책을 쓴댔어요. 그리고 사람들을 도와준다고요."

"토머스 선생님이 내가 어떻게 도와줄 수 있다고 설명하셨
어?"

엘로이즈는 역시 실망스럽다는 듯이 씩씩거렸는데, 이번에
는 참을성이 더욱 바닥나 있었다.

"제가 어떻게 알아요. 토머스 선생님이 그냥 그렇게 말했어
요. 제가 올리비아한테 반지를 돌려줘야 된다고 그랬더니 선생
님이 책을 쓰니까 절 도와줄 수 있대요. 그러니까 제발요. 그게
제가 여기 온 이유예요. 제발."

어느 것 하나 납득되는 게 없었다. 영문을 알 길 없는 아이가
나타나서, 반지 하나를 돌려줄 수 있도록 예전 위탁가정으로
돌아가게 도와달라고 한다? 마치 사회복지사업 버전의 괴이한
『반지의 제왕』 같았다.

"어느 학교 다녀?"

"학교랑은 아무 상관 없는데요." 엘로이즈가 대답했다.

나는 아이를 묵묵히 바라보았다. 대답을 듣기 전에는 내가
대화를 이어가지 않으리라는 걸 간파했는지 엘로이즈가 귀찮
다는 듯이 한숨을 내뱉었다.

"어스골 다피드 모르간Ysgol Dafydd Morgan."(다피드 모르간 학
교요.)

15킬로미터 넘게 떨어진 해안 마을에 자리한 중학교였다.

"다비드 모르간에서 여기까지 단번에 올 수는 없었을 텐데?"

엘로이즈는 내가 얼마나 짜증 나게 구는지 알려주기라도 하
려는 듯 눈을 부라렸다.

"버스 탔는데요."

"학교를 빠진 거야?" 내가 다그쳤다.

그 애가 고개를 가로저었다. "아뇨."

"조퇴 허락은 받았어?" 내가 석연치 않은 눈초리를 하자 엘로이즈의 목소리가 애처롭게 변했다. "왜 그래요, 진짜."

나는 잠시 말을 멈추고 생각에 잠겼다. 정적이 감돌았다.

내가 고개를 들었을 때, 엘로이즈는 제 무릎을 내려다보고 있었다. 언뜻 평범해 보이는 아이였다. 뚜렷하지 않은 이목구비에 눈동자는 평범한 청회색이었고 입술은 작고 얇았다. 학교에서는 묶여 있었을 길고 구불구불한 갈색머리가 어깨 위로 치렁치렁 늘어져 있었다. 학교를 빠진다고 해도 눈에 띄지 않을, 그저 배경에 묻혀 세상의 변두리에서 있는 듯 없는 듯 지내는 부류의 아이라는 것을 한눈에 알아볼 수 있었다.

"그 반지 좀 볼 수 있을까?" 먼저 내 눈으로 확인하고 싶었다.

엘로이즈는 어깨끈이 달린 작은 검정 핸드백을 무릎 위에 놓았다. 핸드백을 뒤적거리는데도 처음엔 반지가 나오지 않았다. 그래서 나는 엘로이즈가 사건의 전모를 제대로 들려주지 않았다고 생각했다.

내가 의심한다는 것을 알아챘는지 엘로이즈는 허둥대는 기색이 역력했다. 가방을 더 크게 열어젖히고 반지를 찾아 안을 뒤지기 시작했다.

"잠깐만. 그거 다 어디서 났어?" 가방 안의 물건 가운데 파라세타몰* 상자가 몇 개 눈에 들어왔다.

그 애는 대답하지 않은 채 재빨리 약상자들을 가방에 욱여

넣고 다른 물건들로 허겁지겁 덮었다.

"아니, 잠깐만. 나한테 좀 보여줘." 내가 손을 내밀며 내놓으라는 시늉을 했다. 엘로이즈는 저항하면서 가방을 제 몸 쪽으로 끌어안았다.

"부탁할게. 가방 이리 줘."

"제 건데요."

"그래. 나도 알아. 그래도 이리 줘봐."

둘 사이에 긴 시간이 흘렀다. 엘로이즈는 계속해서 핸드백을 가슴팍에 움켜쥐고 있었다. 우리는 서로 뚫어져라 바라보았다.

"이리 줘."

마침내 엘로이즈는 한숨과 함께 가방을 내놓았다.

핸드백을 무릎에 올려놓고 열었다. 알약 16정이 든 파라세타몰 상자가 하나, 둘, 셋, 넷, 다섯 갑 있었다. 이 약물은 과다 복용에 의한 사망을 예방하기 위해 1회 최대 구매량을 정확히 32정으로 제한하고 있었다. 다섯 갑을 확보했다는 건 물샐틈 없이 계획을 세웠다는 의미이며, 이것이 말해주는 계획이란 단 한 가지뿐이었다. 자살.

"이게 다 뭐야?"

"그냥 두통약이요."

"두통약치곤 너무 많은데?"

"편두통이 있거든요."

* 과다 복용시 생명에 위험이 있는 진통제로 유럽 등지에서는 파라세타몰, 미국과 한국 등지에서는 아세트아미노펜으로 통용된다.

"편두통을 감안한다 해도 너무 많은 양이야."

엘로이즈의 얼굴에 절망이 스쳤다. "선생님이 생각하는 그런 거 아니에요."

"여하튼 한꺼번에 복용하기엔 양이 너무 많은 것 같아."

이내 엘로이즈의 입꼬리가 아래로 축 늘어지더니 금방이라도 울 것처럼 턱이 떨렸다.

"뭔가 큰 문제가 있어, 그렇지?"

엘로이즈가 고개를 끄덕였다.

"뭐가 잘못됐는지 말해줄 수 있어?"

그 애가 고개를 저었다.

"할 수만 있다면 널 도와주고 싶어. 그렇지만 우선 너한테 무슨 일이 일어나고 있는지는 알아야 도와줄 수 있지 않겠어?"

엘로이즈는 다시 고개를 가로저었다.

"널 어떻게 도울 수 있을까?"

"그냥 모일브레에 데려다주면 안 돼요?"

"그 일은 내 권한 밖이야. 정 원한다면 널 학교에 데려다줄 수는 있어. 아니면 토머스 선생님 사무실로 태워다 주거나."

"싫어요. 집에 가고 싶어요."

"정말 모르겠네. 모일브레는 계곡 위쪽에 있고, 넌 다비드 모르간 학교에 다녀. 둘이 30킬로미터도 더 떨어져 있으니까, 내 생각엔 너희 집이 모일브레에 있을 것 같지 않은데."

"우리 집 맞아요. 아무튼 선생님은 절 거기 데려다주기만 하면 돼요."

"토머스 선생님께 전화해서 자초지종을 들어봐야겠어. 그동안 이건 나한테 맡겨두는 게 좋겠다." 내가 파라세타몰 상자들을 들어 보이며 말했다.

"지금까지 제가 한 말 못 들었어요? 올리비아한테 돌아가야 한다고요. 그 애한테 반지를 돌려줘야 된다니까요!"

엘로이즈는 점점 더 미친 듯이 울부짖으며 손을 휘적거렸다. 실제로 그러지는 않았지만, 당장 제 몸을 치기라도 할 기세였다. 그 애는 두 손으로 자기 어깨를 으스러져라 움켜잡고서 몸을 앞뒤로 흔들어댔다.

불안감을 느꼈다. 이 아이에 대해 아는 게 아무것도 없었지만, 방금 보인 행동에 자해의 기미가 있다는 것과 더불어 단순히 누군가에게 반지를 돌려주는 일 이상의 심각한 문제가 도사리고 있다는 것을 감지했기 때문이다.

나는 엘로이즈의 어깨를 쓰다듬었다. "네가 정말 그러고 싶다는 거 알겠어. 하지만 지금 나한테는 널 안전하게 지키는 게 중요해. 뭔가가 어그러졌고, 그래서 네가 더없이 불행하다는 거잖아. 그러니 내가 널 도와줄 수 있게 해줘. 먼저 당분간만 이걸 내가 가지고 있으면 어떨까? 그리고 토머스 선생님이랑 이야기를 해볼게. 그런 다음 네가 반지와 올리비아 문제를 해결할 수 있게 꼭 도와줄게. 약속해."

분위기가 다소 누그러졌다. 엘로이즈는 코를 훌쩍거렸고, 한 손으로 얼굴을 가렸다. 나는 휴지를 두어 장 건넸다. 몇 분이 지나자 흥분도 가라앉았다. 그 애가 마침내 고개를 끄덕였다.

"알겠어요."

"그래, 착하지." 나는 그 애 어깨에 팔을 두르고 부드럽게 다독였다.

"죄송해요. 그렇게까지 화낼 생각은 아니었는데."

"괜찮아."

"화장실 갔다 와도 돼요?"

"그럼, 되고말고."

엘로이즈는 의자에서 일어나면서 가방을 달라며 손을 내밀었다. 나는 가방 위에 한 손을 올렸다. "안 돼. 여기에 놔둬. 부탁할게. 화장실은 복도를 따라가다 보면 오른쪽에 있어."

엘로이즈도 더는 고집 부리지 않고 군말 없이 자리를 떴다.

나는 파라세타몰 상자들을 내 가방으로 옮겨 담았다. 그리고 심화그룹치료 활동에 쓰려고 챙겨 온 자료들을 모아 가방에 집어넣은 다음 방을 정리했다.

처음 5분 정도는 별생각이 없었다. 그런데 시간이 흐르자 불길한 예감이 밀려들었다. 서둘러 그 애의 가방을 내 물건들과 함께 챙겨 나와 문을 잠갔다.

화장실은 남자 칸과 여자 칸이 각각 하나씩 있었다. 양쪽 문이 모두 닫혀 있었지만 어느 쪽도 사용 중인 것 같지 않았다. 여자 칸 문을 두드렸다. 답이 없기에 문을 열어보자 비어 있었다. 남자 칸도 두드려보았다. 이번에도 답이 없어서 문을 열었다. 아무도 없었다.

나는 기겁해서 복도를 샅샅이 둘러보았다. 괴괴했다. 엘로이즈는 온데간데없었다.

방문과 실종

> "선생님이 계신 곳을 엘로이즈가 대체 무슨
> 수로 알아냈는지 모르겠네요. 어떻게 실제로
> 거기까지 갔는지도요. 그리고 앞으로 어떻게
> 해야 할지도 모르겠어요."

불안감이 목구멍까지 차올랐다. 복도를 따라 걸으면서 방마다
멈춰 기웃거려보았다. 하지만 거기 어딘가에 엘로이즈가 들어
갔을 가능성은 거의 없어 보였다. 현대식 단층 구조로 된 건물
은 그리 크지 않아서 나는 불과 몇 분 만에 후문에 다다랐다. 후
문을 열고 밖을 내다보았다. 건물 바로 뒤쪽은 칙칙한 콘크리
트 지대로, 마름모꼴로 엮인 높은 철조망이 건물 부근과 그 너
머의 황폐한 부지를 갈라놓고 있었다. 문을 도로 닫고 왔던 길
로 되돌아가서 정문을 열고 밖을 내다보았다. 사방에 아무도
보이지 않았다. 개미 한 마리 없었다.

건물은 강가를 따라 이어지는 좁고 막다른 길에 들어서 있
었다. 길 건너편에 강 말고는 아무것도 없었다. 건너편 강가에

강아지를 산책시키는 이들로 자주 북적이는 길이 있지만 밀물 때라 강의 수량이 많고 수위가 높았다. 밀물에는 그 길이 늘 진창이어서 산책하는 이들 따윈 보이지 않았다.

바로 옆에는 최신식으로 지은 조립식 건물이 있었는데 타이어를 가지고 뭔가를 만드는 곳이었다. 막다른 길 너머로는 들판이 펼쳐져 있었다. 보기 좋은 푸른 농장이 아니라 그저 부서진 콘크리트 잔해와 녹슬어가는 금속이 버려진, 산업화 이후의 황량한 풍경이 서서히 자연에 자리를 내주고 있는 곳이었다.

엘로이즈가 유일하게 택할 수 있는 길은 조립식 건물을 지나 마을을 향해 왼쪽으로 가는 방향이었다. 그리로 이어진 도로는 훤히 보였지만, 역시나 아무도 없었다. 이제 할 수 있는 일은 한 가지뿐이었다. 멜레리에게 전화를 거는 것.

멜레리 토머스는 지방의회 소속의 사회복지사였다. 우리는 몇 년 전에 처음 만났다. 내가 미국에서 막 웨일스로 왔을 때 어느 텔레비전 프로그램에 함께 게스트로 출연하면서였다. 당시에는 모든 게 낯설었던지라 멜레리를 유명한 스타 셰프 니겔라 로슨으로 착각했다는 사실 외에는 그에 대해 제대로 기억하지 못했을 수도 있다. 그러나 멜레리는 유명 인사를 닮은 만큼이나 성격이 대범하고 몸에 꼭 맞는 화사한 옷을 즐겨 입는다는 점 때문에 '한 번 만나면 결코 잊히지 않는' 부류에 속했다. 확실히 흔히 볼 수 있는 평범한 사회복지사는 아니었다.

멜레리와는 그 후로 어느 회의에서 다시 만났는데, 바로 그때 우리가 북웨일스의 같은 지역에 살고 있다는 사실을 알게 되었다. 누구든 예상할 수 있는 대로, 이후 멜레리와 나는 몇 년 동안 이런저런 일을 함께 해오고 있다.

영국에서 자선단체와 정부 프로그램의 통합 시스템은 꽤 독특하다. 보건, 교육, 복지 등의 분야에서는 주로 자선단체가 운영하는 프로그램에 정부가 보조금을 지급하고 인프라를 제공하는 경우가 흔하다. 예컨대 암 진단을 받은 사람의 경우, 의료는 국민 보건 서비스* 소관이다. 하지만 재정적 조언이나 병원을 오가는 교통편 같은 실질적 도움부터 정서적 지지, 통증관리와 임종 치료 같은 전문적 간호에 이르는 중요한 지원을 제공하는 것은 그와 밀접하게 연계된 자선단체의 몫이다.

영국으로 이주해 왔을 때, 내 이민 비자로는 글쓰기를 제외한 취업 활동이 제한되었기에 교사나 심리학자로 일할 수 없었다. 교육 분야에서 일자리를 구할 자격을 갖추게 되었을 무렵에는 이제 막 꾸린 가정을 돌보고 있었으므로 전일제로 근무하길 원치 않았다. 그래서 자선단체 체제의 일원이 된 것이 내게는 제격이었다. 특수교육과 심리학에서 쌓은 이력을 활용할 수 있는 기관이 여럿 있었다. 나는 대부분의 시간을 규모가 큰 축에 속하는 아동 자선단체와 함께 일하는 데 쓰면서 일대일 상담을 제공하고 취약계층 아동이나 가정에서 학대받는 아동을 대상으로 심화그룹치료를 운영해왔다. 또한 아동학대나 자폐 같은 특수교육 분야의 교사와 기타 관련 직군을 위한 워크숍과

* National Health Service(NHS). 대부분의 진료를 무료로 제공하는 영국의 국영 의료 서비스이다. 잉글랜드, 스코틀랜드, 웨일스 지역을 포괄한다.

교육 프로그램에 정기적으로 나서고 있었다. 멜레리 덕분에 처음 지역 기반으로 일하는 매력에 푹 빠진 나는 결국 가정위탁 제도와 관련한 업무를 주로 맡게 되었다. 이 제도가 없다면 상당수의 아이들이 사실상 치료 지원을 받지 못하는 실정이었던 지라 보람찬 일이었다. 아이들 대부분이 멜레리의 소개를 통해 나와 이어졌기에 토머스 선생님이 보냈다는 엘로이즈의 말이 전혀 얼토당토않은 건 아니었지만 멜레리가 내게 미리 알리지도 않고 그런 일을 하리라곤 예상하지 못했다.

"엘로이즈가요?" 충격을 받은 멜레리가 물었다. "거기서? 선생님이랑 있었다고요?"

열다섯 살의 엘로이즈는 며칠 전 위탁가정에서 가출했다. 멜레리를 포함해서 아무도 그때부터 지금까지 그 애를 보지 못했다. 이 사실을 알게 되자 파라세타몰 상자가 떠오르면서 불안함이 커졌다. 또한 엘로이즈가 날 찾아오기 위해 무진 애를 썼는데도 무심코 겁부터 줘 달아나게 해버려서 마음이 아팠다. 하지만 어떻게 했으면 더 좋았을지 곰곰이 생각할 시간이 없었다. 그 순간에는 한시바삐 그 애를 찾는 일이 가장 중요했다.

멜레리가 엘로이즈의 배경을 설명해주었는데 결손가정, 중독, 학대 등 흔한 정황이 사회복지적 개입, 위탁보호 기간과 얽혀 있었다. 엘로이즈에게는 동생이 둘 있었는데 세 아이 모두 아버지가 달랐다. 엘로이즈보다 두 살 어린 남동생은 심한 학대를 당한 결과 돌이킬 수 없는 뇌 손상을 입고 발작으로 사망했다. 그때 엘로이즈는 다섯 살의 나이로 여동생 에비와 함께 가정위탁제도 안에 들어오게 되었다. 두 자매는 서로 다른 위탁가정에 배정되었고, 얼마의 시간이 흐른 뒤 에비에 대한 친권이 종료되어 에비는 입양 허가를 받았다.

나로서는 알 수 없는 몇 가지 이유로, 엘로이즈는 에비와 달리 이 시기에 입양되지 않았다. 대신 일곱 살 때 다시 친모에게 보내졌다. 일이 술술 풀려가는 듯했다. 엘로이즈는 규칙적으로 학교에 다녔고 옷차림도 깔끔했으며 보살핌을 받았고 안정을 찾는 듯했다. 하지만 엘로이즈가 열 살이 되었을 무렵 친모의 남자친구 대런이 엘로이즈를 찍은 불법 촬영물을 인터넷에 퍼뜨린 혐의로 체포되었다. 경찰 조사에 따르면 엘로이즈의 사진과 동영상이 2년에서 3년 동안 인터넷에 떠돌았는데, 엘로이즈의 친모도 그 일에 연루된 것으로 밝혀졌다. 이때 엘로이즈에 대한 친모의 친권이 종료되었다.

당연하게도 엘로이즈는 이 시점부터 문제행동의 조짐을 보였고 치료적 위탁가정에 배정되었다. 이후 어려움에 잘 대응하며 서서히 나아지고 있었다. 하지만 안타깝게도 치료적 위탁가정은 단기 체류가 원칙이라 9개월 뒤 새로운 위탁가정으로 보내졌다. 이전처럼 별 어려움 없이 적응하던 중 할머니가 나타났다. 친부는 이때까지 마약 관련 혐의로 감옥을 들락거려서 엘로이즈의 삶에서 거의 존재감이 없었다. 할머니는 아들이 이제 출소했고 마약에서 손을 떼고 착실하게 일하면서 자신과 함께 살고 있노라고 말했다. 할머니와 친부는 엘로이즈와 관계를 회복하고 그 애에게 가정이라는 울타리를 제공하고 싶어 했다.

사회복지사업에서는 아동이 가능한 한 원가족과 함께 살 수 있도록 노력하기 때문에, 이는 반가운 소식이었다. 하지만 안타깝게도 엘로이즈의 친부와 할머니는 이웃 자치주에 살고 있었다. 이 상황은 사회복지사업에서 엘로이즈의 관할구역이 바뀌고 아이가 친부, 할머니와 재결합하기 전에 그들과 시간을 보낼 기회가 거의 없다는 의미였다. 멜레리는 당시 어떤 결정을 해야 하는지 확신할 수 없었다고 말했다. 엘로이즈가 위탁가정에서 안정적으로 잘 지내고 있었던 데다, 아이의 친부와 할머니가 웨일스어를 제1언어로 사용하는 외진 지방에서 살았기 때문이다. 그 지역의 학교는 주로 웨일스어로 운영되고 영어는 제2언어로 사용했는데 친모가 영국인인 엘로이즈는 웨일스어에 아직 능숙하지 못했다. 멜레리는 어린 시절에 이미 산전수전을 다 겪은 엘로이즈에게 새로운 집과 가족에 적응하면서 새로운 언어까지 습득하도록 기대하는 건 너무 벅찬 요구가 아닐까 우려했다. 하지만 멜레리의 의견은 받아들여지지 않았고, 엘로이즈는 원가족에게 돌아갔다.

그리고 얼마 지나지 않아 되돌아왔다. 친부의 마약 문제가 재발하고 할머니가 엘로이즈의 까다로운 행동을 도저히 감당할 수 없게 되면서 그 결정이 번복된 것이다.

이 시점에 엘로이즈는 열네 살이었다. 그리고 이때 위탁아동을 돌본 경험이 많은, 모일브레에 사는 파월 가족에게 보내졌다. 그 가정에는 당시 열일곱 살 딸 헤드웬과 대학교 기숙사에서 따로 사는 스무 살 아들 흐리스, 두 명의 장기 위탁아동이 함께 살고 있었다.

헤드웬과 흐리스 남매는 위탁아동들이 들락거리는 환경에

서 자랐기에 새로 온 아이들을 능숙하게 환영했다. 멜레리의 말에 따르면 엘로이즈는 적응에 곤란을 겪었는데, 파월네 집에 도착하자마자 준비되지 않은 채 초경을 해서 어려움은 더욱 커졌다. 헤드웬은 엘로이즈를 안쓰러워하며 초경이라는 중요한 사건에 대한 자신의 경험을 들려주며 다독였고, 특히 초반기에 그 애를 도와주는 데 힘썼다. 안타깝게도 엘로이즈는 헤드웬의 친절을 좀 더 깊은 관계를 뜻하는 신호로 해석했다. 곧바로 사랑의 열병이 뒤따랐다.

엘로이즈는 집에서 헤드웬을 졸졸 따라다니기 시작했고, 계속 같이 있고 싶어 했다. 헤드웬의 손을 잡으려 하거나, 몸에 매달리거나, 헤드웬이 소파에 앉아 있을 때마다 곁에 바싹 다가앉으려고 했다. 헤드웬은 엘로이즈가 신체적으로 접촉하려 하는 게 달갑지 않았고 그 애를 불편해했다. 그뿐만 아니라 엘로이즈는 헤드웬이 다른 사람들과 시간을 보내고 싶어 할 때마다 질투했고 헤드웬의 친구들이 집에 놀러 오면 유달리 성가시게 굴었다. 헤드웬은 엘로이즈가 자신에게 관심을 갖지 않게 하려고 노력했지만, 점점 일상적인 생활이 어려워진다는 것을 깨달았다. 어느 토요일 오후 헤드웬이 남자친구와 외출했을 때 상황은 최악으로 치달았다. 엘로이즈가 홧김에 헤드웬의 옷 몇 벌을 가위로 찢어놓은 것이다. 참을 만큼 참았다고 판단한 파월 가족은 결국 엘로이즈를 다른 위탁가정으로 보내달라고 요청했다.

지금 엘로이즈가 지내는 위탁가정은 모일브레에서 50킬로미터 정도 떨어진 대규모 해안 도시에 있었다. 하지만 이 거리

가 엘로이즈를 완전히 주저앉히지는 못했다. 엘로이즈는 몇 차
례 파월네 집 앞마당을 서성이면서 헤드웬이 나오길 기다렸다.
또한 엘로이즈는 새 위탁가정에 정착하도록 도우려는 사회복
지사업의 노력도 거부해왔다. 그 애는 두 번 가출했고 그때마
다 경찰에 붙잡혀 왔다. 이번이 세 번째 가출이었고 거의 일주
일째 집에 들어오지 않던 상태에서 나를 찾아온 것이다.

　"그 애가 대체 어떻게 절 찾아올 생각을 했을까요?" 내가 물
었다.

　"아마 제 말이 빌미가 된 것 같네요." 멜레리가 대답했다.
"마지막으로 파월네 집에서 붙잡힌 후로 엘로이즈 상태가 아
주 안 좋아졌어요. 그 애를 데려오려고 경찰서에 갔는데 울면
서 말하더라고요. 모두가 자길 헤드웬과 떼어놓으려고 해서 너
무 무섭고 파월네 집으로 돌아가는 것 말고는 아무 생각도 들
지 않는다고요. 전 헤드웬을 찾아가는 건 허락할 수 없다고, 헤
드웬과의 일은 현실이 아니니까 이런 행동을 멈춰야 한다고 열
심히 설명했어요. 너의 감정은 진짜지만 헤드웬의 생각은 다르
니까 그 관계는 현실이 아니라고요. 그렇게 설명했는데도 엘로
이즈는 헤드웬과 함께 있고 싶다는 생각을 떨쳐내지 못하고 울
고불고했어요. 대화 도중에 계속 자살 이야기가 나왔어요. 자
기 옆엔 아무도 없다는 말만 되풀이했고…. 전 엘로이즈가 다른
데로 관심을 돌리고 그런 생각의 흐름에서 벗어나게 해줄 방법
을 필사적으로 찾았어요. 엘로이즈가 너무 괴로워했으니까요.
그래서 지푸라기라도 잡는 심정으로 '네가 언젠가 토리 선생님
과 이야기해볼 수 있을 거다', '확신할 순 없지만 그분이 도와줄

수 있을 거다'라는 식으로 흘리듯 말했어요." 멜레리가 잠시 말을 멈추었다. "약간 사족을 달았던 것 같아요. 선생님이 굉장히 유명하고 문제를 해결하는 데 능숙하다고 했으니까요. 그때 엘로이즈는 오직 한 가지 생각에 사로잡혀 있었고, 그래서 전 그 애한테 먹혀들겠다 싶은 말은 무엇이든 주워섬겼던 것 같아요. 그렇지만 그냥 잠깐 언급했을 뿐 더 깊이 들어가진 않았어요. 아시다시피 엘로이즈에 대해 선생님하고 이야기를 나눈 적은 한 차례도 없었잖아요."

나는 놀라 말했다. "그 말만 듣고 엘로이즈가 저를 찾아온 거예요?"

"그렇게밖에는 생각할 수 없어요. 근데 선생님이 계신 곳을 엘로이즈가 대체 무슨 수로 알아냈는지 모르겠네요. 어떻게 실제로 거기까지 갔는지도요. 그리고 앞으로 어떻게 해야 할지도 모르겠어요."

파라세타몰 상자

멜레리와 통화를 마쳤을 때, 파라세타몰 상자들은 의자에 그대로 있었다. 분명 엘로이즈는 헤드웬과의 일에 대한 해결책을 찾아내지 못할 경우 그 약을 집어삼킬 참이었다. 얼마나 주도면밀하게 계획해서 날 찾아냈는지 감안하면 엘로이즈는 자살하기 위해 차근차근 준비할 능력이 차고 넘쳤다.

엘로이즈가 파라세타몰을 골랐다는 사실이 특히 마음에 걸렸다. 그 애는 파라세타몰을 쉽게 다시 손에 넣을 텐데, 대다수 사람들은 이 약물을 과다 복용할 경우 얼마나 위험한지 알지 못하기 때문이다. 많이 먹는다고 해서 그 자리에서 바로 죽는 약은 아니지만, 대신 인체가 약을 분해하려고 애쓰는 중에 간부전이 일어난다. 과다 복용자가 깨어난 후 마음을 돌려 다시 삶의 끈을 붙들고 싶어 한다 해도 적절하게 대처하지 못하면 며칠 뒤 사망에 이를 수도 있다. 내가 맡았던 아이에게 실제로 일어난 일이다. 그 애는 세상이 무너진 것처럼 절망하다가 파라세타몰 한 통을 전부 입에 털어 넣었다. 다행히 친구가 발견해 서둘러 토하게 했다. 그런 다음 병원에 데려가지 않고 약기운이 사라지기를 기대하면서 재웠다. 그 애는 이튿날 깨어나 자신이 여전히 살아 있다는 데 가슴을 쓸어내렸고 회복 과정에 적극 임했지만 닷새 후 숨을 거두었다. 과다 복용한 약물이 해독되지 않아 간이 손상되었기 때문이다. 그 소식을 듣고 나는 너무 충격을 받았다.

엘로이즈는 어떻게 될까? 우리는 앞으로 어떻게 해야 할까? 무슨 일을 할 수 있을까? 우리 중 누구도 그 애를 어디서, 어떻게 찾아야 할지 알 수 없었다. 일찍이 이런 무력감을 느껴본 적은 없었던 것 같다.

멜레리와 통화를 마치고 마지막으로 한 번 더 엘로이즈를 찾았다. 도로를 따라 걸으면서 주변 지역을 꼼꼼히 살펴보았다. 하늘에 엷은 구름이 잔뜩 낀 흐린 날이었다. 나무들은 여전히 푸르렀지만 서리를 맞아 군데군데 얼어 있었고 잎사귀는 시들해 보였다.

아무도 보이지 않았다. 막다른 도로라서 오가는 차조차 없었다. 이웃한 타이어 건물은 개인이 운영하는 작은 회사였고 손님으로 북적이는 날이 없었다. 게다가 지금은 폐업한 것 같았다. 주차장에도 차가 없었다. 불빛도 없었다. 건너편 강은 거무칙칙했으며 느릿느릿 흘렀다. 나는 엘로이즈가 근처 어딘가에 있길 기대하면서 몇 분 더 서 있었다. 버스를 기다리거나 길을 따라 걷고 있었으면 하는 바람으로 말이다. 하지만 엘로이즈는 나타나지 않았다.

다시 방으로 돌아가서 소지품과 파라세타몰 상자를 챙겼다. 의자들을 제자리에 정리하고서 불을 끄고 건물을 나섰다.

평소에는 집과 매우 가까운 곳에서 일했지만, 이날의 심화그룹치료는 웨일스와 잉글랜드의 경계에 있는 작은 마을에서 진행되었다. 이 마을에서 우리 집까지 차로 한 시간이나 걸리기는 했지만 자선단체에서 나 말고는 프로그램을 맡을 만한 마땅한 사람을 찾지 못했다. 심화그룹치료는 일주일에 한 번만 진행되었고 나는 운전을 즐기는 편이었다. 나는 늘 혼잡한 A55 도로를 피해 좁은 뒷길을 탔다. 더 오래 걸리긴 해도 도로가 직선으로 되어 있어 운전하기 쉽고 그림 같은 웨일스의 시골 지역을 지나갈 수 있기 때문이었다.

하지만 지금은 아름다운 경치도 눈에 들어오지 않고 온통 엘로이즈 생각뿐이었다. 높은 산울타리와 시골 버스 정류장을 바라보면서 엘로이즈가 대체 어떻게 해안가 집에서 이 작은 마을까지 찾아왔을지 궁금했다. 엘로이즈가 그토록 애써서 나를 찾아왔는데 세심하게 대하지 못해 마음이 안 좋았다.

자원봉사자는 일선에서 물러나 있기 때문에 일하기 불편한 점이 있었다. 실제로 대부분의 경우 나는 조직의 그 어디에도 속해 있지 않았다. 그렇다 보니 가출한 엘로이즈가 마침내 발견되어서 위탁가정으로 돌아가게 됐을 때, 아무도 그 소식을 내게 일러주지 않았다. 멜레리의 잘못도 아니었다. 하필 멜레리가 그 주에 쉬는 바람에 다른 사회복지사가 엘로이즈를 담당했는데, 내가 이 일에 관련되어 있는 것을 알지 못했던 것이다. 돌아온 멜레리가 그간의 업무를 처리하면서 엘로이즈가 급히 새로운 위탁가정으로 보내졌다고 내게 전해주었다. 엘로이즈가 다른 위탁가정에 잘 적응하고 가출을 단념하길 바라기 때문이었다고 한다. 그 애는 이제 자치주 서쪽 끝의 마을에서 지내고 있었다. 파월네 집과 최대한 멀어지면서도 관할구역을 옮기지 않을 수 있는 선택이었다.

엘로이즈와 거리상으로는 더 가까워져서 내심 반가웠다. 그래서 멜레리가 생각하기에 도움이 되겠다 싶을 경우 내가 그 애를 담당하도록 주선해주면 기꺼이 그렇게 하겠노라고 했다. 하지만 안타깝게도 엘로이즈가 가정을 옮기면서 더 이상 멜레리가 그 애를 담당하지 않게 되었다. 엘로이즈와 만나고 싶으면 새 담당 사회복지사가 자선단체를 통해 나에게 서비스를 요청할 때까지 기다려야 했다. 지금으로서는 언제 엘로이즈와 만날 수 있는지 알 수 없었고, 기다린다고 해서 만날 수 있을지도 확실하지 않았다. 불완전한 세계에서는 일이 그런 식으로 굴러간다.

삶은 필연적으로 그렇듯 계속되었다. 9월이 지나고 10월이 왔다. 나무들이 옷을 갈아입었다. 가을바람이 불기 시작했다. 10월이 끝나고, 웨일스에서 겨울의 첫 달로 치는 11월이 찾아왔다. 금색과 갈색의 나뭇잎이 아직 나무 몇 그루에 매달려 있었지만 대부분은 가벼운 산들바람에 흩날리다가 도로 가장자리에 쌓여갔다. 해가 짧아졌고 날씨는 우중충해졌다.

나는 히라이소그 황무지에서 3백 미터쯤 올라간 언덕 위의 작은 농장에서 살았다. 언덕 서쪽의 농장에서는 스노도니아 국립공원의 모습이 보이는데 그 산지의 황무지는 알게 모르게 개간되고 있었다. 남편과 나는 본업이 따로 있어서 본격적으로 농사를 짓지는 않았지만 전원생활을 좋아해서 양과 소 몇 마리 그리고 가금류도 조금 길렀다.

그해 가을에 어쩌다 제럴드라는 이름의 어미 없는 저지 송아지를 기르게 되었다. 제럴드와 지낸 지 얼마 지나지 않았기 때문에 2리터짜리 콜라 페트병에 모유 대용 우유를 채우고 고무젖꼭지를 끼워 만든 젖병을 물리는 데만도 반 시간 가량 씨름을 해야 했다. 제럴드는 이 일이 무슨 의미인지 이해하지 못한 것 같았다. 게다가 몸집도 나와 비슷하고 입을 한번 다물면 꿈쩍도 안 해서 끼니때마다 한바탕 난리가 났다. 나는 늘 고무장화, 방수 재킷, 방수 바지를 챙겨 입고 짚이 깔린 바닥에서 제럴드 입에 고무젖꼭지를 집어넣으려고 안간힘을 썼다.

어느 날 외출을 했다가 땅거미가 내릴 무렵에야 귀가했다. 집에 도착했을 때 남편은 이미 퇴근해 있었고 딸과 부엌에서 저녁을 준비하느라 바빴다. 늦은 시간에 송아지와 실랑이를 벌이고 싶은 마음은 추호도 없었지만 제럴드의 끼니를 챙길 사람이 나밖에 없었다. 방수복으로 갈아입고 겨드랑이에 우유를 가득 채운 콜라병을 끼고 마당을 가로질러 갔다. 축사에는 두 단으로 나뉘어 위아래를 각각 여닫을 수 있는 문이 있었다. 평상시에 아래쪽 문은 제럴드가 나가지 못하도록 걸쇠를 걸어놓고, 위쪽 문은 냄새가 빠져나가도록 열어두었다. 환기되지 않는 공간에서 지내면 송아지에게서 고약한 냄새가 나기 때문이었다. 축사가 어두워서 불을 켰고, 제럴드에게 인사를 건넨 뒤 아래쪽 문을 열고 들어가 걸쇠를 잠갔다. 짚 바닥에서 제럴드 옆에 무릎을 꿇고 앉자 제럴드에게 밥을 먹이는 것 외에는 아무 생각도 들지 않았다.

일주일 동안 젖꼭지를 입에 물리기 위해 우격다짐한 덕에 제럴드는 병 안에 든 내용물이 먹을 만하다는 걸 인지하기 시작했다. 출발은 여전히 엉망이었지만 이내 조심스럽게 젖꼭지를 빨아대기 시작했다. 이 작은 기적에 흐뭇하던 차에, 난데없이 축사 문간에 어떤 형체가 나타났다. 제럴드와 나는 소스라쳤고 우유가 사방으로 튀었다.

"안녕하세요." 수줍은 목소리가 들렸다. 엘로이즈가 거기 서 있었다.

순간 너무 놀란 나머지 말문이 턱 막혔다.

엘로이즈는 마치 내가 자신을 놀래기라도 한 것처럼 겁에 질린 표정을 지었다.

"여기서 대체 뭐 해?"

한참 정적이 흘렀다.

"선생님이 작가라고 토머스 선생님이 알려줬어요. 선생님 책도 읽어봤어요."

"날 어떻게 찾았어?"

엘로이즈는 입을 약간 벌리고 눈을 동그랗게 뜬 채 멍하니 있었다. 그리고 가볍게 어깨를 으쓱했는데 어떻게 나를 찾았는지 스스로도 잘 모르는 듯했다. 어쩐 일인지는 몰라도 마법의 힘을 빌려 제 삶에서 빠져나와 내 삶으로 넘어온 것처럼.

"들어와." 내가 말했다. "다시 비가 내려."

엘로이즈는 고개를 가로저었고 제럴드를 가리켰다. "저게 무서워요."

"애는 널 해치지 않아. 아직 어리거든."

"물 거 같아서 싫어요."

"송아지야. 안 물어."

엘로이즈는 재차 고개를 가로저었다. "전 동물이 무서워요."

다시 긴 정적이 흘렀다. 우리는 말없이 서로를 바라보았다.

마침내 그 애가 입을 열었다. "절 도와주시면 좋겠어요. 책에서 다른 아이들을 도와준 것처럼요. 선생님이 절 가르쳐주면 좋겠어요."

"지금은 아이들을 가르치지 않는데."

"그치만 토머스 선생님이 그랬어요. 선생님은 절 도와줄 거라고요. 제발요."

나는 미소를 지었다. "알겠어, 같이 해결책을 찾아보자. 하지만 먼저 네 담당 사회복지사에게 알려야 해."

엘로이즈는 얼굴을 찌푸렸다.

"그리고 약속도 몇 가지 지켜야 돼. 이를테면 학교를 빠지지 않고 나가야 해. 나와 만나는 게 학교를 대신할 순 없으니까. 또, 계속 가출하는 것도 안 돼. 네가 어디 있는지 모른다면 도와줄 수 없지 않겠어?"

"저 가출 안 해요."

"아직 젱킨스 씨 가족과 지내지?"

"네."

"그럼 여기까지 어떻게 왔어?"

"버스로 왔죠." 당연한 것을 왜 묻느냐는 듯 귀찮은 투였다.

"젱킨스 씨 집에서 여기로 오는 버스는 없어."

엘로이즈는 어깨를 으쓱했다. "마을까지 버스 탔고 거기서부터 걸어왔어요."

"그래, 좋아. 그런데 말이야, 지금 해가 졌는데 넌 검은 코트에 검은 바지를 입고 있어. 그리고 우리 집은 마을과 외따로 떨어져 있어. 어떤 이유에서든 늦은 시간에 어두운 옷을 입고 외진 곳을 돌아다니는 건 안전하지 않아. 네가 여전히 젱킨스 씨 가족과 지낸다니 기쁘지만 그분들은 지금 이 시간에 네가 대체 어디에 있는지 몰라서 맘 졸이고 계실 거야. 그리고 네가 안전하다는 걸 아는 건 나한테 중요해. 그러니 앞으로 널 도와주려면 우리가 시간과 장소를 정해 만나야 할 거야. 이렇게 불쑥 나타나는 건 곤란해."

"선생님은 저 만나는 거 싫어요?"

"그런 뜻이 아니야. 널 봐서 기쁘고, 화도 안 났어. 내가 하려는 말은 오늘처럼 행동하면 안전하지 않다는 거야. 난 네가 어두워진 뒤에 가로등도 없는 도로를 혼자 걷지 않았으면 좋겠어. 검은 옷을 입고서는 특히 더. 우리가 만나려면 지금부턴 다른 방식을 써야 돼."

"선생님을 만날 다른 방법은 알 수가 없었어요. 토머스 선생님이 제가 선생님을 만날 수 있다고 얘기해준 걸 아무도 기억도 못 하는데."

나는 미소 지었다. "그래, 알겠어. 그래도 지금부터 우리는 안전하고 합법적인 방법, 아무도 도로에서 사고 당하지 않을 방법을 선택할 거야. 알겠지?"

엘로이즈는 한쪽 어깨만 으쓱해 보였다.

그 순간 제럴드가 엉거주춤 일어나더니 내 뒤에서 비척거렸다. 내 머리에 코를 디밀고 몇 걸음 더 걷는가 싶더니 엄청난 양의 오줌을 싸기 시작했다.

"으윽, 더러워!" 엘로이즈는 소리 질렀지만 목소리에는 웃음기가 서려 있었다. "선생님이 피하지 않으니까 걔가 오줌을 선생님한테 싸고 있잖아요!" 그 애는 이 상황이 웃기다고 생각하는 게 분명했다. "송아지 오줌이 선생님 옷에 다 튀어요."

"송아지는 원래 그래." 내가 일어서면서 말했다. "방수복을 괜히 입고 있는 게 아니야. 마침 비가 내려서 밖에 나가면 다 씻겨 나갈 거야."

"선생님은 이게 좋아요?" 그 애가 한 손으로 주변을 크게 둘러 가리키며 물었다. "여기서 이렇게 사는 거요."

"응, 좋아."

"전 싫을 것 같아요. 여긴 모든 게 더럽고 무서워요."

인근 마을에서 탈 수 있는 버스는 가뭄에 콩 나듯 있었기 때문에 엘로이즈에게 차로 집에 데려다주겠다고 했다. 돌아가는 길에 차 안에서 이야기 나누면서 엘로이즈를 좀 더 알게 되고 함께 뭔가 도모해볼 수 있으리라 기대했다. 하지만 출발한 지 15분이 지나도록 숨 막힐 듯한 침묵만 이어졌다. 머릿속에는 하고 싶은 말이 가득했지만, 엘로이즈와 함께 있는 건 난데없이 나타난 야생동물과 동행하는 것과 같았다. 엘로이즈가 분명 나와 함께 있고 싶어 한다는 걸 알았지만, 내 쪽에서 조금이라도 잘못 행동하면 아무리 악의가 없었어도 상황이 틀어질 수 있겠다는 생각이 들었다. 그래서 침묵을 깨기가 망설여졌다.

"라디오 켜도 돼요?"

"그럼. 켜도 돼."

엘로이즈가 몸을 숙여 라디오를 켰다. 프로코피에프의 발레곡 〈로미오와 줄리엣〉이 느닷없이 터져 나오자 흠칫 놀라서 뒤로 물러났다. "이 노래 뭐예요?"

점잔을 빼는 몬터규 가문과 캐퓰릿 가문을 표현한 선율을 경계하는 기색이 역력했다. 하지만 내가 뭐라고 대답하기도 전에 엘로이즈는 버튼을 이리저리 눌러서 원하는 채널을 찾아냈다. 우리는 마돈나의 노래를 들으면서 계속 달렸다.

"널 어떻게 도와주면 좋을까?"

엘로이즈는 묵묵부답이었다.

"여기까지 오는 게 쉽지 않은데도 늦은 시간에 날 찾아오려고 길을 나섰을 때, 바라는 게 있지 않았어?"

"모르겠어요."

침묵이 흘렀다.

"모르겠어요." 엘로이즈는 울먹이며 재차 말했다.

"괜찮아. 그냥 물어본 거니까."

긴 침묵이 이어졌다.

"선생님은 다른 애들 도와줬잖아요, 책에 나오는 애들요. 저도 그렇게 도와주면 좋겠어요…."

"내가 뭘 도와주면 좋겠는지 얘기해줄 수 있어?"

"모르겠어요."

입을 꾹 다문 엘로이즈에게 물었다.

"토머스 선생님이 나랑 이야기해보라고 하셨을 때, 네가 했던 말이 기억나? 어떤 말을 했더니 토머스 선생님이 나를 만나보라고 제안하셨던 거야?"

정적이 흘렀다. 엘로이즈를 집에 내려주기 전까지 대답을 듣지 못할까 봐 슬슬 걱정이 됐다. 그 애는 대답할 생각이 없어 보였다. 차에서 내릴 채비를 하면서 자기 물건을 챙기기 시작했으니 말이다.

"올리비아를 만나야 돼요." 집 앞에 차를 댔을 때 엘로이즈가 입을 열었다. "토머스 선생님한텐 허락 못 받을 거예요. 다른 사람들도 마찬가지고요. 다들 올리비아를 잊어야 된다고 다그치는데 전 그럴 수 없어요. 올리비아를 다시 만날 수 있게 선생님이 도와주세요."

엘로이즈가 벌컥 문을 열고 내릴 때까지도 나는 어떻게 반응해야 할지 알 수 없었다. "전 살고 싶지 않아요. 그냥 하는 말 아니에요. 올리비아와 같이 있을 수 없다면 그냥 죽고 싶어요." 엘로이즈는 돌아서서 집 쪽으로 멀어졌다.

겨울

첫 세션

이런 상황에서 내가 할 수 있는 일이라곤
엘로이즈에게 인지행동치료에 기반한
6회짜리 세션을 제공하는 것뿐이었다.
————   나는 이미 하나를 날려먹었다.

새로 엘로이즈를 맡게 된 사회복지사는 수 푸라는 사람이었다.
사람들은 그를 언급할 때 항상 '수'라든가 '푸'라고 하지 않고
이름을 모두 불렀다. 수 푸는 이제 막 곰과 격렬한 포옹이라도
나눈 듯 헝클어진 짧은 은발에 체구가 다부진 나이 든 여성이
었다. 아홉 살 때부터 기숙학교에서 생활하며 한순간도 허투루
보내지 않은, 허튼수작은 절대 용납하지 않으며 강인한 사랑과
분발하는 자세를 신조 삼는 중산층 여성의 일원이었다. 수 푸
는 거의 30년 동안 사회복지 분야에서 일해 잔뼈가 굵었기에
업무에 관한 거의 모든 것을 섭렵했을 것이다. 멜레리는 여전
히 때로 자신의 진술한 감정을 숨김없이 드러내지만, 수 푸에
게는 그런 면이 털끝만큼도 보이지 않을성싶었다.

수 푸는 약간 위협적으로 느껴졌는데, 내가 하는 유의 일들, 이를테면 심화그룹치료 같은 것을 영국적인 불굴의 정신을 망치는 비현실적인 미국식 사탕발림이라고 여기는 것 같았기 때문이다. 그런 수 푸의 반응이 원래 무뚝뚝한 성격이라서 그런지 아니면 단지 건조한 유머감각 때문인지 나로서는 확실히 분간할 수 없었다. 그래서 수 푸와 교류하는 게 늘 껄끄러웠고, 내가 일하는 자선단체로부터 모든 허가를 얻게 될 때까지 엘로이즈와 관련해 그와 통화하는 것도 한사코 미뤄왔다.

알고 보니 그렇게까지 염려할 필요는 없었다. 수 푸는 내가 엘로이즈와 일대일로 만난다고 하니 기뻐했다. 단 엘로이즈의 위탁가정이 있는 마을에서 만나야 한다는 전제 조건을 덧붙였다. 수 푸는 모일브레의 파월 가족으로부터 그 애를 멀리 떼어놓는 조치를 취하는 입장이었기 때문이다. 그는 엘로이즈가 그 마을을 떠나는 걸 결코 허락할 수 없다고 단단히 못 박았다. 엘로이즈가 이미 내가 사는 농장까지 찾아온 적이 있었다는 말은 수 푸에게 하지 않았다.

마을회관은 지붕이 평평한 단층 건물이었다. 엘로이즈와 시간을 보낼 수 있도록 건물 뒤편에 있는 작은 방 하나가 배정되었다. 그 방이 예전에는 무슨 용도로 쓰였는지는 알 길이 없다. 교실로 쓰기에는 턱없이 좁았고 창고로 쓰기에는 지나치게 넓었다. 삭막한 흰색으로 칠해진 벽에는 너무 높아서 밖을 내다볼 수 없는 작은 창문이 덩그러니 나 있었다. 희뿌연 유리창은 그 방이 오랫동안 청소가 되지 않은 채 방치되었다는 사실을 짐작케 했다. 거미줄도 그렇고. 한쪽 벽면을 따라 검은색 플라스틱 의자 아홉 개가 줄지어 놓여 있었고, 그 줄 끝에 이상하게 생긴 나무 탁자가 있었다. 벽과 같은 흰색으로 칠해진 탁자는 넓이가 1제곱미터쯤 되어 보였고, 방에 있는 의자에 앉으면 탁자 상판이 목까지 올 정도로 높았다.

엘로이즈와 시간을 보내기에는 마땅치 않아 보여서 좀 더 편안한 장소가 없나 하고 건물 안을 둘러보았다. 매일 사용하지 않는 건물이 으레 그렇듯 서늘하고 눅눅한 기운이 도처에 배어 있었다. 더 나은 장소를 찾지 못하고 아까 그 방으로 돌아오니 그새 엘로이즈가 와 있었다.

"방에 별 게 없어서 미안해." 희한하게 생긴 탁자와 벽을 따라 죽 늘어선 의자를 가리키면서 말했다.

엘로이즈는 잠자코 서 있었다.

"어떻게 하면 좋을까? 의자를 둥그렇게 놓아볼까?"

"왜요? 선생님하고 저 둘밖에 없는데." 엘로이즈가 대답했다. 삐딱한 느낌은 없었다. 오히려 조금 지친 것 같았다.

"그래, 좋아. 그럼 우리 저 탁자에 앉아볼까? 좀 높긴 하지만 의자를 이렇게 놓으면 돼." 나는 탁자 쪽으로 의자 두 개를 가져와 앉았다.

엘로이즈는 꼼짝도 않고 서 있었다.

그 애를 올려다보았다. 검은색 양모 코트, 긴 회색 목도리, 교복, 두툼한 스타킹, 평범한 검정 구두. 긴 머리는 하나로 낮게 묶여 있었다.

"코트를 벗으면 좀 더 편할 거야. 문밖에 바로 옷걸이가 있더라고."

"여긴 너무 추워요."

"그러네. 다음 주에는 잊지 않고 히터를 챙겨 올게."

"다음 주에도 선생님이랑 만나요?"

엘로이즈는 혼란스러워 보였다.

"응. 그게 우리 계획이야. 우리는 매주 목요일 오후에 만나서 네 문제를 어떻게 해결할 수 있을지 알아볼 거야."

엘로이즈는 멍한 표정으로 서 있었다. 그 애가 자신이 누구고 왜 여기에 있는지 모르는 것처럼 굴어서 나는 초조해졌다.

침묵이 흘렀다.

마침내 엘로이즈가 소지품을 벽 쪽에 늘어선 의자 하나에 내려놓았다. 코트를 벗지는 않았지만 단추를 풀고 목도리를 느슨하게 하더니 잠시 뒤 탁자로 와 앉았다. 얼굴에는 여전히 당혹스러운 기색이 남아 있었다.

일대일 상담을 할 때면, 아이들에게 날 찾아온 계기를 스스로 설명해달라고 한다. 그러면 아이들이 마음속에서 어떤 문제를 가장 중요하게 여기는지와 더불어 자신의 문제를 어느 정도까지 파악하는지도 감을 잡을 수 있다.

"네가 상황을 변화시키고 싶어서 간절하다는 거 알아." 내가 먼저 말문을 열었다. "내 심화그룹치료에 찾아오고, 또 날 만나러 농장까지 혼자 찾아오려면 보통 용의주도해야 하는 게 아니야. 용기 없이는 불가능한 일이기도 하지. 네가 지금 상황을 얼마나 간절히 바꾸고 싶은지를 느끼고 뭉클하기도 했어. 그러니 함께 할 수 있는 일을 찾아보자. 널 어떻게 도와주면 좋겠어?"

겨울

"그게 무슨 말이에요?"

"나에게 도와달라고 부탁했잖아. 뭘 도와주면 좋겠는지 말해줄 수 있겠어?"

엘로이즈는 아무 말도 하지 않았다. 고개를 떨구면서 한숨을 내쉬더니 몸을 숙여 탁자에 이마를 댔다. "올리비아." 침묵하던 엘로이즈가 미동도 하지 않은 채 말했다.

"올리비아? 그래. 올리비아에 대한 이야기를 더 들어보는 걸로 시작해봐도 좋겠네."

엘로이즈는 탁자 위에 엎드려 어깨만 으쓱했다.

"뭘 알고 싶은데요?"

"우선 올리비아가 누군지 알려줄래?"

"올리비아요."

"좋아. 근데 잘 모르겠어. 우리가 처음 만났을 때, 넌 올리비아한테 돌아가야 한다고 했어. 우연히 올리비아의 반지를 손에 넣었고 그걸 다시 돌려줘야 한다면서 나한테 도와달라고 그랬지. 맞지?"

엘로이즈는 잠자코 있었다.

"수 푸 선생님과 네 문제를 두고 이야기를 나눴는데 파월 가족, 특히 헤드웬 파월과 관련되어 있다고 그러셨어. 올리비아가 누군지 그리고 올리비아와 네가 어떻게 얽혀 있는지 자세히 들려주면 어때?"

엘로이즈가 마침내 몸을 일으켰다. 그리고 잠시 날 쳐다보더니 다시 시선을 돌렸다.

"올리비아의 성은 뭐야?"

엘로이즈는 대답하지 않았다.

나는 잠시 동안 그 질문이 허공에 떠 있도록 가만 내버려두었다.

"그냥 제가 모일브레로 돌아갈 수 있게 도와주세요." 엘로이즈가 마침내 입을 열었다. "여기가 싫어요. 파월네로 돌아가고 싶어요. 다 잘할게요. 말썽 부리지 않을게요. 약속해요. 그러니까 선생님은 절 모일브레로 보내주기만 하면 돼요. 제가 바라는 건 그것밖에 없어요."

"안타깝지만 그건 내 권한 밖의 일이야."

엘로이즈가 얼굴을 찡그렸다. "그럼 그냥 여기서 그만두는 게 낫겠네요."

"잠깐 엘로이즈, 여태까지 많이 노력했잖아. 첫 번째 난관에서 포기하지 말자. 내가 다른 방법으로 널 도와줄 수도 있으니까 계속 이야기해보자."

"말해 봐야 달라지는 것도 없는데요 뭐." 엘로이즈가 침울하게 대답했다.

"올리비아에 대해 말해줘. 나머지는 생각하지 말고. 넌 올리비아의 반지를 갖고 있고 그걸 돌려주고 싶다고 했어. 이 상황의 배경을 설명해줄 수 있을까? 올리비아가 누구야?"

엘로이즈의 어깨가 으쓱하나 싶었지만 이내 축 처졌다. "제 친구요."

"네가 올리비아를 얼마나 끔찍하게 아끼는지 목소리만 들어도 알겠다. 더 이야기해줄래? 다른 건 설명할 필요 없어. 그냥 올리비아에 대해 알고 싶어서 그래."

겨울

한참 동안 머뭇거리던 엘로이즈의 얼굴에 미소가 번지기 시작했다. "올리비아는 아름다워요. 머리카락은 저처럼 진한 갈색이고요. 곧고 윤이 나고 여기쯤 와요." 엘로이즈가 어깨 길이 정도를 가리키면서 말했다. "그리고 평소엔 머리를 뒤로 묶지 않아요. 두 눈은 정말 아름다운데… 갈색은 아니지만 그렇다고 파란색도 아니고, 그 중간쯤이에요. 왜 물속을 들여다보면 보이는 빛깔 있잖아요. 깊은 강물 속 말이에요." 엘로이즈는 벅찬 듯 한숨을 쉬었다.

내가 거들었다. "그렇구나. 네 말처럼 올리비아는 정말 아름다울 것 같아."

"게다가 진짜 똑똑해요. 해양생물학자가 꿈이에요. 방에 자기 컴퓨터도 있어요. 올리비아가 시험에서 에이플러스를 받아야 해서 에이플러스 컴퓨터라고 불러요. 파월 아저씨가 특별히 올리비아 쓰라고 공부용으로 사 준 거예요. 올리비아는 자기만 쓸 수 있는 컴퓨터가 갖고 싶댔어요. 남자애들이 게임한다고 컴퓨터를 항상 차지해버리니까 저희는 건드리기도 힘들었거든요. 근데 파월 아저씨는 올리비아 전용으로 컴퓨터를 사주는 건 돈이 너무 많이 들어서 곤란하고, 공부 말고 딴짓은 못하게 컴퓨터를 거실로 옮기자고 했어요. 근데 올리비아가 공부용 컴퓨터 사주면 에이플러스를 받겠다고 설득했어요. 해양생물학자가 되려면 전 과목에서 빠짐없이 에이플러스를 받아야 하거든요."

엘로이즈는 점점 활기를 띠기 시작했다. "올리비아는 자기 방 벽을 바다 사진으로 거의 도배해 놨어요. 전 잡지를 뒤져서 바다 사진을 찾아 올리비아에게 오려다 주었죠. 제가 사진을 주면 올리비아는 늘 다른 사진들 옆에 붙였어요."

"정말 각별한 사이였구나." 엘로이즈가 마침내 말을 멈추고 숨을 고를 때 내가 말했다. "그런데 파월 아저씨라고 말하는 걸 보면 헤드웬 이야기 같아."

"아니에요." 엘로이즈가 무미건조하게 답했다. 잠깐 말이 끊겼지만 그 애는 내 말을 못 들은 체하며 말을 이어갔다. "어쨌든 제가 올리비아 반지를 갖고 있고 걔한테 돌려줘야 돼요. 훔친 게 아니니까요. 누가 선생님한테 제가 반지를 훔친 거라고 했을지도 모르지만, 전 아니에요. 반지 보여드릴까요? 갖고 왔거든요." 엘로이즈가 핸드백을 가져와 열었다. 그리고 돌돌 말린 휴지 뭉치를 꺼내 휴지를 한 겹 걷어 은색 별이 달린 작고 부실해 보이는 반지를 꺼냈다. 별 중앙에 검붉은 돌이 박혀 있었다. 수정이나 별자리 운세와 함께 뉴 에이지 잡화점에서 볼 법한 싸구려 반지였다.

"이건 사도닉스예요." 엘로이즈가 반지의 돌을 어루만지면서 말했다. "사도닉스는 행운을 가져다주고 우정을 지켜준대요. 그래서 제가 이걸 갖고 있는 거예요. 올리비아는 저랑 제일 친한 친구니까요. 반지도 올리비아가 줬어요. 봐요, 딱 맞죠?" 엘로이즈가 손가락에 반지를 끼웠다. "이 반지 돌려줘야 돼요. 훔친 게 아니라 올리비아가 준 거니까요. 근데 샘이라는 꼬맹이가 올리비아 방에서 반지를 훔쳐놓고 저한테 뒤집어씌웠어요. 그리고 제가 잘못했다고 우겼어요. 전 그냥 반지를 안전하게 보관하는 거예요. 훔친 건 제가 아니라 샘이고요. 근데 제가

겨울

샘한테서 반지를 받아 왔으니까 이제는 올리비아가 걱정하지 않게 보여줘야 해요. 반지가 무사하다는 걸 걔한테 알려주고 싶어요."

"엘로이즈…."

"토머스 선생님이랑 수 푸 선생님이 반지를 제가 가져온 게 아니고 훔친 것도 아니라는 걸 이해하게 도와주세요. 전 반지를 지키려고 갖고만 있었던 거고 이젠 돌려줘야 돼요. 장담하는데, 올리비아도 그걸 바라고 절 기다리고 있을 거예요. 전 반지를 훔친 게 아니에요. 다들 그걸 헷갈리는데 전 안 훔쳤어요. 반지가 바로 여기 있고 올리비아한테 돌려주려고 애쓰고 있잖아요. 제 말 이해돼요? 이게 선생님이 도와줄 문제예요."

"그렇구나."

엘로이즈가 날 바라보았다. 우리는 서로의 눈을 보았는데, 그제야 엘로이즈가 나와 눈을 마주친 적이 거의 없다는 사실을 깨달았다. 그런데 지금 엘로이즈는 당돌하게 묻고 있었다. "이해가 돼요? 이해하셨냐니까요?"

"이리 줘봐." 나는 반지를 향해 손을 뻗었다. "만약 이걸 헤드웬에게 돌려주어야 한다면, 얼마든지 그렇게 해줄게. 네가 훔친 게 아니고 오해가 있었던 거라고 설명도 해줄 거야."

"안 돼요." 몸 쪽으로 반지를 움켜쥔 엘로이즈가 괴로운 표정을 지었다. "제 말 건성으로 들으시네요. 선생님이 아니라 제가 돌려줘야 된다고요."

나는 손을 거두었다.

엘로이즈는 두 손을 배에 포개 반지를 감추고 나와 멀리 떨어지려고 뒤로 기댔다. 엘로이즈의 몸이 걱정으로 서서히 굳었다.

한동안 싸늘한 침묵이 감돌았다. 우리를 간신히 이어놓은 가느다란 철사가 금방이라도 끊어져서 엘로이즈가 저만치 달아나버릴 것만 같았다.

"있잖아." 내가 차분한 목소리로 말했다. "우리 잠깐 쉬자. 따뜻한 것 좀 마셔보면 어떨까? 방이 춥잖아. 어때?"

난데없는 화제 전환에 얼떨떨해진 엘로이즈가 멍한 표정으로 날 바라보았다.

"나가서 뭐가 있는지 좀 찾아볼까? 변변한 마을회관이라면 이 건물 어딘가에 부엌이 있겠지. 변변한 부엌이라면 주전자랑 티백 정도는 갖춰놨을 테고. 안 그래? 나가서 확인해보자."

뜻밖의 요청에 엘로이즈는 어리둥절하다가 내가 일어나자 따라 일어났다. 함께 복도로 나섰다. 겨울의 해거름 녘이라 건물 전체가 어두침침해서 가는 곳마다 불을 켰다. 첫 번째 방은 넓었고 기다란 접이식 탁자 몇 개만 접힌 채로 벽에 기대 있었다. 두 번째 방은 작고 텅 비어 있었다. 세 번째 방에는 플라스틱 의자가 잔뜩 쌓여 있었다. 마지막으로 복도 맨 끝에 작은 부엌이 있었다. 아니나 다를까 조리대에 전기주전자가 놓여 있었다. 쓸 만한 주전자인지 뚜껑을 열어 들여다보았다.

영국 대부분의 지역과 달리 이곳의 물은 연수라서 전기주전자를 오랫동안 쓰지 않더라도 그 안에 더러운 갈색 물때가 끼는 일이 거의 없었다. 그래도 혹시나 해서 주전자를 한 번 헹군 다음 물을 채우고 전원을 켰다.

엘로이즈는 찬장을 뒤지고 있었다. "티백이 몇 개 있네요"라고 말하면서 큰 플라스틱 통을 내려놓았다.

하지만 나는 냉장고를 열어보고 실망했다. 우유가 없기 때문이었다. 누가 우유를 남겨둘 이유는 전혀 없었지만, 어쨌든 영국에서는 늘 차에 우유를 섞어 마시니까.

내가 엘로이즈에게 빈 냉장고를 보여주었을 때 그 애는 이미 머그잔 두 개를 찾아서 티백을 넣은 상태였다. "그냥 우유 안 넣고 마셔도 돼요." 엘로이즈가 말했다. "차가 너무 쓰지만 않으면 상관없어요. 티백 하나를 둘이서 나눠 쓰면 되겠네요."

나는 엘로이즈의 목소리로 그 애가 이런 일을 아주 좋아한다는 것을 알아채고 고개를 끄덕였다.

엘로이즈는 그때부터 팔을 걷어붙이고 차가 너무 진하게 우러나지 않도록 티백을 두 머그잔에 번갈아 넣었다 뺐다.

"다음 시간엔 우유도 좀 챙겨 와야겠어요."

"좋은 생각이네." 나는 웃으면서 말했다. 엘로이즈가 다음 시간에도 여기 오길 바란다는 사실을 알게 되었으니까.

우리는 차가 담긴 따뜻한 머그잔을 감싸쥐고 작은 방으로 돌아와서 탁자에 마주 앉았다. 나는 헤드웬이나 올리비아 이야기로 돌아가기가 꺼려졌다. 그 이야기는 분명 엘로이즈에게 심한 괴로움을 안겨주는 데다 나까지 커다란 혼란에 빠뜨리기 때문이다. 수 푸와 정황을 점검해보고 싶었다. 파월네에서 벌어진 일에 대해 좀 더 객관적인 관점을 견지하기 위해서였다. 나는 엘로이즈가 궁지에 몰리는 것처럼 느끼는 대화 주제라면 섣불리 뛰어들고 싶지 않았다. 이전의 경험에 비추어봤을 때 엘로이즈는 압박감을 느끼면 너무 움츠러들거나 남의 시선을 의식했기 때문이다. 함께하는 시간이 끝나갈 무렵이니 긴장을 누그러뜨리고 주의를 분산시키는 게 가장 적당한 시도일 것 같았다.

"선생님 좀 도와줄래?" 나는 갈색 가방을 들어올리면서 물었다. 그 안에는 다양한 아동 집단과 상담할 때 사용하는 온갖 물건이 들어 있었다. 겉으로는 평범해 보이지만 경이로운 것들로 가득 찬 작은 타디스* 같았다. 가방을 열어서 안을 들여다보았다. 엘로이즈와 대화 말고 다른 활동을 할 계획은 미처 세워두지 못했다.

나는 한 심화그룹치료에서 사용하는 수업 자료로 꽉 찬 파일을 탁자 위로 꺼내 열었다.

"이 카드 세트 보이지? 감정과 관련된 단어가 카드에 적혀 있고, 각 카드는 그 감정에 맞는 사진이랑 짝을 이뤄. 그런데 애들이 갖고 놀면서 엉망으로 헝클어놔서 가방에 집어넣을 때마다 완전 뒤죽박죽이 돼. 잠시 후에 그 애들 보러 가야 하거든. 카드 정리해줄 수 있을까?"

엘로이즈가 눈을 반짝였다. "그런 일이야 식은 죽 먹기죠. 이리 줘보세요."

엘로이즈가 사진들을 펼쳐 놓았다. 그리고 감정 카드를 집어 들어 간추린 다음 카드에 뭐라고 써 있는지 확인했다. 그리고 사진 위에 짝이 맞는 감정 카드를 올려놓기 시작했다. '행복하다', '신나다', '화나다' 등 대부분의 감정은 간단했다. 하지만

---

* 드라마 〈닥터 후〉에 등장하는 타임머신으로, 겉보기에는 평범한 전화박스지만 안으로 들어가면 전혀 새로운 차원이 펼쳐진다.

겨울

'막막하다', '안심하다', '샘나다' 등 미묘한 단어 몇 가지는 좀 더 고민해서 사진을 골라야 했다.

엘로이즈는 조잘거리면서 또 정리할 것 없냐고 물었다. 내 가방을 제 쪽으로 당겨 안을 들여다보더니 충격받았다는 듯이 과장된 표정을 지었다. "이 안에 훨씬 많은 공간을 만들 수 있겠는데요." 엘로이즈가 말했다. "선생님 가방 제가 정리하게 맡겨주세요. 안에 있는 거 다 꺼내도 돼요?" 내가 답하기도 전에 엘로이즈는 가방의 내용물을 사정없이 탁자 위에 쏟아부었다.

"우리 십 분밖에 안 남았어." 나는 반신반의하며 말했다.

"걱정 마세요." 엘로이즈는 밝게 답하며 볼펜과 매직을 정리하기 시작했다.

찻잔을 손에 쥐고 엘로이즈를 관찰했다. 엘로이즈가 방금 전까지 보였던 불안은 완전히 자취를 감췄다. 그 애는 차를 우릴 때처럼 이 일을 즐기고 있었다. 자신감뿐 아니라 나를 도와주고 그 일을 잘 해내고 싶은 의욕을 뿜어냈다.

나는 헤드웬 일을 곰곰이 생각해보았다. 헤드웬은 왜 올리비아라는 새로운 이름을 얻게 되었을까? 엘로이즈는 무엇을 노린 걸까? 그리고 반지는 대체 뭘까? 나는 그 반지가 헤드웬 거라고 생각했다. 엘로이즈가 그걸 훔쳤을까? 헤드웬과 있었던 일에 대한 엘로이즈의 설명에는 마술적 사고**의 징후가 있었고, 반지 역시 상상 속의 우정을 상징했다. 존재하지 않는 우

** Magical Thinking. 은연중에 매우 어리석거나 비합리적인 혹은 초자연적인 방법이 작동하는 사고. 자연 재해를 이기기 위해 인간을 제물로 바쳐야 한다고 믿는 것 따위가 있다.

정에 대한 불안감이 엘로이즈의 말문을 막은 걸까?

온갖 생각이 일면서 가슴에 저릿한 슬픔이 밀려들었다. 이 상황에서 효과적인 치료법은 옛날식 대화치료였다. 내가 느끼기에 엘로이즈는 집요하고 진정 어린 관심이 절실하게 필요한, 어디에도 마음 붙이지 못하는 외로운 아이였다. 우리가 대화치료를 지원받을 수 없다는 걸 알고 있었지만, 새삼스럽게 그러한 의료서비스를 제공할 자원이 있다면 얼마나 좋을까 싶어 아쉬웠다. 우리가 사는 시골 지역에서는 아이들이 정신건강 문제로 치료받는 데 곤란을 겪었다. 대부분의 의료서비스가 대도시에 집중되어 있었고, 그나마 가장 가깝게 이용할 수 있는 것도 차로 세 시간 거리인 잉글랜드 지역까지 넘어가야 했다. 그 정도로 멀리까지 가야 할 만큼 문제가 심각하다고 하더라도, 상담을 한 번 정도는 받을 수 있지만 지속적으로 치료받는 건 현실적으로 불가능했다. 우리 지역의 의료서비스는 참담할 정도로 열악했다. 돈이 있더라도 소용없었다. 아이를 위해 사설 치료라도 받게 하려는 부모들은 기약 없이 대기하거나 턱없이 먼 거리를 왔다 갔다 해야 했다.

위탁아동을 비롯해 사회복지 시스템 안에 속한 모든 아이들은 그 어떤 치료도 받기 어려웠다. 사회복지사업 소속 아동심리학자 벤 스톤의 검진 명단에는 2천 명이 넘는 아이들이 있는데, 그들을 돌아가면서 두루 만나려면 간단한 검사와 상담밖에 제공할 수 없었다. 정신건강에 필요한 자원은 대부분 입양가족을 지원하는 데 쓰였다. 입양을 기다리는 수많은 위탁아동이 결손가정 출신이라, 자신을 사랑해주고 환영해주는 가정으로 입양된다고 해도 적응하기 어려워하는 경우가 많았다. 그 시기에 정신건강에 필요한 치료를 제공하면 아동이 새 가정에 자리를 잡고 위탁기관으로 되돌아오지 않을 가능성이 높아지므로 여기에 자원이 집중되었다. 그러고 나면 다른 아동을 위해 남겨지는 예산은 턱없이 부족했다. 내가 속한 곳을 비롯해 여러 자선단체들이 이 지점에 개입했고, 나 같은 상담사가 그 단체의 일원으로서 심리 지원에 나섰다. 이런 상황에서 내가 할 수 있는 일이라곤 엘로이즈에게 인지행동치료에 기반한 6회짜리 세션을 제공하는 것뿐이었다.

나는 이미 하나를 날려먹었다.

인지행동치료의 시작

"이건, 음, 진짜 괴상한 탁자예요. 탁자
자체는 좁은데 다리는 너무 길고요. 진짜
쓸모없네요."
　　　잠시 말을 멈추더니 덧붙였다. "꼭
────　　 저처럼요."

인지행동치료는 심리적 문제를 상황, 생각, 감정, 신체적 감각
또는 느낌, 행동의 다섯 가지 영역으로 나누어 실용적으로 접
근하는 심리치료 방법이다. 다섯 가지 영역 모두가 전체의 일
부이고 서로 연결되어 있으며, 따라서 우리가 상황에 대해 생
각하는 것이 우리의 감정과 행동에 영향을 미친다는 것이다.
예컨대 우리가 사람들로 북적대는 방에 갇혔다면 그 상황은
'어떻게 여길 빠져나갈까?'라는 생각을 불러일으킬 수 있다. 이
런 생각으로 공포 같은 감정이 생겨나고, 이 공포는 공황이라
는 신체적 느낌으로 바뀐다. 우리는 그 방을 뛰쳐나가는 식으
로 반응한다. 인지행동치료의 목적은 치료 대상자가 이러한 사
고의 패턴을 인식하고, 궁극적으로 문제를 일으키는 생각이 느

낌과 행동을 자극하기 전에 그 생각을 의심하고 바꾸는 방법을 익히도록 돕는 것이다.

나는 인지행동치료적 개입을 훈련받았다. 인지행동치료는 특별한 환경이나 많은 시간을 필요로 하지 않고, 거의 모든 상황에 적용할 수 있어서 현장에서 유용하게 쓰이기 때문이다.

내가 속한 단체에서는 인지행동치료가 엘로이즈에게 가장 적합한 치료 프로그램이라고 판단했다. 하지만 나는 내가 사용하는 형식 안에서 엘로이즈만의 특수한 문제, 즉 헤드웬에 대한 집착을 집중적으로 해결할 방법을 찾아내는 데 고전하고 있었다.

스토킹은 심리치료사로서 한 번도 경험해보지 못한 사안이었다. 5회에서 6회 정도의 인지행동치료는 이 문제를 깨부수기에 턱없이 부실한 무기 같았다. 엘로이즈에게 문제의 핵심이 스토킹이라는 것을 아직 인지시키지 못했기에 더욱 그랬다.

두 번째로 만나는 목요일 오후 엘로이즈는 마을회관 앞까지 나와 나를 기다리고 있었다. 내 차가 멈추는 걸 보더니 함박웃음을 지으면서 쏜살같이 달려왔다.

"이거 보세요!" 엘로이즈가 활기 넘치는 목소리로 말했다. "우유 가져왔어요!" 그 애는 재킷 주머니에서 5백 밀리리터 병을 꺼냈다. "저지방 우유예요. 선생님도 맛있어하면 좋을 텐데. 선생님 저지방 우유 좋아해요, 아니면 그냥 우유가 좋아요? 지금 있는 집에서는 차에 그냥 우유를 넣으면 맛이 형편없다고 아줌마가 투덜거리는데 전 그것도 꽤 좋아하거든요."

"나도 저지방 우유 좋아해."

"우리 차부터 만들까요? 만들어서 방으로 가져가요. 그러면 몸이 좀 녹을 거예요. 날씨가 너무 추워요, 그죠? 방이 아마 발트해처럼 추울걸요? 차 먼저 만들어요. 부엌에 있는 티백이 너무 오래됐을지도 모르니까 티백도 챙겨 올까 좀 고민했는데 괜찮아요. 선생님한테 허락 받아야 될 것 같아서요. 이제 보니까 챙겨 왔어야 했는데. 다음 주에는 가져올게요. 얼른 차 만들러 가요."

이렇게 생기 넘치는 엘로이즈의 모습은 한 번도 본 적이 없었다. 엘로이즈가 차 한 잔에 쏟아내는 엄청난 열정과 그 애의 예상치 못한 모습이 놀라웠다.

마을회관으로 들어가 불을 켜고 방에 가방을 내려놓은 뒤 부엌으로 갔다. 엘로이즈는 이미 주전자에 물을 끓이고 있었다.

"우유 챙겨 와줘서 고마워." 내가 말했다. "그리고 차 만들어주는 것도."

"저 차 만드는 거 엄청 좋아해요." 엘로이즈가 미소 지으며 화답했다.

방으로 가면서 그 애가 말했다. "선생님 가방에 있는 다른 물건들도 정리해드릴 수 있을 것 같아요. 지난번엔 펜 종류 정리했는데 다시 어질러졌을 거예요. 그래서 작은 지퍼 백 몇 개 챙겨 왔어요. 그리고 이번엔 모든 카드를 순서대로 정리할 거예요. 가방 안에 물건들이 죄다 뒤죽박죽이더라고요."

"좋아, 지난번에는 네 덕을 톡톡히 봤어. 근데 우선 다른 일 먼저 해야 할 것 같아. 마지막에 가방 정리할 시간을 10분 남겨

거울

두면 어때?"

말을 마치자마자 분위기가 냉랭해졌다. 엘로이즈는 마음의
문을 닫아버렸다. 입을 꾹 다물고 눈을 질끈 감은 채 짧게 숨을
들이켰다. 그러고 나서는 숨을 쉬지 않는 것처럼 보였다. 엘로
이즈는 탁자 위에 천천히 머그잔을 내려놓았다. 그리고 두 번
다시 건드리지 않았다.

"네가 도움을 받아서 문제를 해결하길 진심으로 바란다는
거 알아." 내가 부드럽게 말했다. "도움을 청하려고 날 두 번이
나 찾아왔으니까. 이 문제에 진지하다는 거 알겠어. 근데 널 괴
롭히는 게 어떤 건지에 대해 이야기할 때마다, 넌 너무 두려워
서 앞으로 나아가지 못하는 것 같아."

자신의 손을 내려다보고 있던 엘로이즈가 살짝 어깨를 들썩
였다. 그리고 기어들어가는 목소리로 대꾸했다. "그냥 선생님
가방을 정리하고 싶었을 뿐이에요."

"알지, 정말 친절한 행동이야. 정리할 수 있는 시간을 따로
남겨두기로 하자. 네가 먼저 날 도와주겠다고 하니까 정말 고
마워. 그렇지만 그 전에 네가 느끼는 두려움에 대해 조금만 이
야기를 나눠보자. 네 감정이 어떤지, 어떤 지점에서 겁이 나는
지 좀 더 잘 이해하고 싶어."

엘로이즈는 턱이 교복 넥타이에 닿을 정도로 고개를 푹 숙
였다.

"변화를 시도할 때 두려움을 느끼는 건 지극히 정상이야. 난
아이들을 많이 만나봐서, 아이들이 변화를 얼마나 두려워하는
지 잘 알아. 그런 감정을 가져도 괜찮아. 그저 네 감정을 느끼면

서 지금의 너로 있어도 괜찮아. 달라질 필요 없어. 지금보다 더 강해지지 않아도 돼. 스스로를 더 통제하려고 하지 않아도 돼. 그냥 지금 그대로도 괜찮아."

엘로이즈는 내내 고개를 떨구고 있었다.

"네 문제를 털어놓으면 어떤 일이 일어날 것 같아?" 내가 물었다.

엘로이즈는 보일락 말락 어깨를 으쓱했다.

침묵이 이어졌다. 나는 느긋하게 의자에 등을 기대고 앉아서 편안한 분위기를 만들려고 애썼다. 내가 엘로이즈의 행동을 우려하지 않는다는 걸 알게 해주면 그 애의 불안이 다소 누그러질 거라고 기대하면서. 엘로이즈가 무언가를 말해야 한다는 압박을 느끼지 않는 분위기에서 서서히 용기를 낼 수 있었으면 했다.

나는 차를 홀짝거렸다. 그 애의 차는 식어가고 있었다. 그걸 보자 미안한 마음이 들었다. 엘로이즈가 날 위해 우유를 가져오고 차를 만들면서 전에 없이 행복해했는데, 어떻게든 일을 해내는 데만 집중하다가 티타임까지 망친 게 후회스러웠다.

"내 생각은 이래." 마침내 내가 입을 열었다. "헤드웬과의 문제…. 네가 누군가와 함께하길 간절히 바라고 그 애의 관심을 갈망하지만 정작 상대는 네가 가까이 오길 바라지 않는다면 분명 끔찍한 기분이 들 것 같아. 네 감정을 네 맘대로 멈출 수 없는데 다들 멈추길 바란다면 당연히 감당하기가 힘들지. 혼란스럽기도 할 거고. 너만 혼자 이쪽 편에 서 있고, 세상의 나머지는 반대편에 서서 너랑 싸우는 것 같을 테니까. 사람들은 그게 너한테 얼마나 큰 상처가 되는지 이해하지 못하니까."

엘로이즈는 턱이 떨리지 않도록 아랫입술을 깨물었다.

"네가 많이 힘들 것 같아." 내가 말했다.

엘로이즈의 볼을 타고 눈물 한 방울이 흘렀다. 엘로이즈는 한 손으로 눈물을 닦았지만, 눈물을 닦자마자 또다시 눈물이 흘러내렸다.

나는 문제를 분명히 표현함으로써 엘로이즈가 이해받는다고 느끼길 바랐고, 내 말을 듣고 울더라도 안도해서 그런 것이기를 바랐다. 하지만 상황은 기대와 달랐다. 엘로이즈가 울기 시작하자 나는 방 안의 긴장감이 줄어들기는커녕 고조된다고 느꼈고, 그 애가 달아나지 않을까 슬슬 걱정되었다. 기대와는 달리 엘로이즈는 내 말에 공감하지 않았다. 그저 뻣뻣하게 앉아서 눈물을 참으려고 애썼고 정말로 눈물을 흘리지 않는 데 성공했다. 나는 밀어붙이고 싶지 않아서 더 이상 말하지 않았다.

정적이 흘렀다.

나는 살얼음판을 걷는 심정으로 상황을 간파하고 최선의 방법을 알아내기 위해 고심했다. 내가 공감한다는 걸 거듭 강조해야 할까? 엘로이즈의 감정에 대한 내 생각을 계속해서 말로 표현해야 할까? 그게 이 애를 안심시킬 수 있을까? 달아나게 혹은 자해하게, 아니면 그보다 더 심각한 상황으로 내모는 건 아닐까? 그저 지금처럼 입을 열지 않고 침묵이 흐르게 내버려둬야 할까?

엘로이즈는 계속 고개를 떨구고 있었다. 더 이상 울지는 않았다. 뺨을 타고 흐르던 눈물도 이제 말라 있었다.

나는 좀 더 그럴듯한 말을 떠올리지 못했기에 그저 손을 내밀어서 엘로이즈 쪽으로 그 애의 머그잔을 밀면서 말했다. "차 식겠다."

엘로이즈는 나를 올려다보고는 이내 머그잔으로 시선을 돌렸다. 그리고 손을 뻗어서 머그잔을 집어 들고 차를 홀짝였다.

다시 침묵이 흘렀다.

잠시 뒤에 엘로이즈가 나직한 목소리로 말했다. "선생님 펜을 정리해주려고 지퍼 백을 챙겨 왔어요." 목소리에 비난이 약간 묻어났다. 거의 짜증에 가까웠다. 마치 내가 일을 일부러 망치기라도 한 듯이.

"정말 고마워. 날 위해 정리정돈을 도와주려 하다니 생각이 깊구나."

우리가 자리에 앉은 후 처음으로 엘로이즈가 내 눈을 바라보았다. "해도 돼요?"

"물론이지."

엘로이즈는 손바닥 아래쪽으로 눈물을 닦아낸 다음 일어나서 내 가방을 가져갔다. 그리고 가방을 열어 물건을 꺼내 자기 앞에 늘어놓기 시작했다. "이건, 음, 진짜 괴상한 탁자예요." 방금 전까지 아무 일도 없었던 것처럼 평상시의 목소리로 돌아와 있었다. "탁자 자체는 좁은데 다리는 너무 길고요, 진짜 쓸모없네요." 잠시 말을 멈추더니 덧붙였다. "꼭 저처럼요."

직감적으로는 엘로이즈의 말을 반박하고 그 애가 쓸모없지 않다고 말해야 할 것 같았다. 게다가 아이러니하게도 바로 그 순간 엘로이즈는 내 가방의 물건을 정리하면서 자기 말과 정확히 반대되는, 말 그대로 쓸모 있는 행동을 하고 있었다. 하지만 나는 말을 꺼내지 않았다. 그런 식으로 느끼는 게 옳지 않다고 말해주기보다 엘로이즈의 감정을 긍정하고 받아들이는 게 한층 도움이 되리라고 판단했기 때문이다.

내가 아무 말도 하지 않자 엘로이즈가 눈을 들어 나를 바라보았고, 나는 고개를 끄덕여주었다.

"그래. 나도 이 작은 탁자가 희한하게 생겼다고 생각하지만, 그래도 어쩐지 퍽 마음에 들어. 무슨 용도로 만들어졌을지도 궁금해."

"꽤 높은 의자랑 같이 쓰게 만든 탁자인가 봐요."

"응, 그렇겠지."

엘로이즈가 가방을 정리하는 동안 우리는 악의 없는 시시껄렁한 대화를 나눴다. 그 애는 모든 펜을 상표별로 분류해 지퍼백에 넣었다. 그런 다음 여러 가지 치료 카드들을 주제에 맞게 묶어서 포개놓았다.

정리하는 엘로이즈를 물끄러미 바라보았다. 우리는 이 시간을 허비하는 걸까? 정신건강 문제에 관해서 놀이치료가 보편적 치료법이던 옛날이라면 이런 방식이 적절하다고 여겨졌을 것이다. 하지만 이제 나는 6회 세션을 마치면 새로운 아이를 맡아야 했다. 특히나 정해진 규정을 따랐다는 증거가 없을 경우, 세션을 추가하려면 자선단체와 상당한 협상이 필요할 것이다. 우리는 책임의 시대를 살아가고 있다. 나는 담당 아동과의 상담이 끝날 때마다 매회 보고서를 작성하고 6회 세션에 걸친 진행 상황도 기록해야 했다. 이 세션에 대해서는 어떻게 보고할 수 있을까? '아동에게 수업 자료를 정리하도록 시켰다'고?

"헤드웬이랑 처음 만났던 때 얘기해줄 수 있어?"

엘로이즈가 흠칫하면서 하던 일을 멈추었다. 작은 손가락 인형 한 쌍을 내 가방에 집어넣으려던 참이었다. 엘로이즈의 손이 가방 입구에서 얼어붙었다.

"파월네에 막 도착해서 집 안으로 들어갔을 때를 떠올리면 뭐가 생각나?"

엘로이즈는 서서히 다시 움직였다. 가방에서 손을 내려 탁자 위에 손가락 인형을 올려놓았다. 숨을 깊이 들이마시고 나한테 들릴 정도로 크게 내쉰 다음 의자에 앉았다. 나를 쳐다보지는 않았다. 슬쩍 자신의 머그잔을 보더니 제 쪽으로 끌어당겼다.

"짐을 쓰레기봉투에 담아 갔어요." 엘로이즈가 나지막이 말했다. "우리 할머니가 저한테 여행 가방을 가져도 된댔어요. 근데 그 여행가방이 진짜 컸거든요. 절 데리러 온 사회복지사가 그렇게 큰 가방은 못 가져간다고 말렸어요. 가방이 못생겨서 두고 가도 상관은 없었어요. 백만 년쯤 된 것처럼 낡은 데다 흠집투성이었거든요. 어쨌든 할머니가 쓰레기장에서 주워온 가방처럼 보여서 그다지 갖고 싶진 않았어요. 사회복지사가 물건을 챙기라고 쓰레기봉투를 주면서 늦었으니 서두르라고 재촉했어요. 할머니 집에서 차를 타고 꽤 멀리까지 가야 된다고요."

엘로이즈는 잠시 멈추더니 머그잔을 들어 차를 후루룩 마셨다. 이어서 안에 뭐가 들어 있는지 궁금하다는 듯 잔 속을 들여다보더니 머그잔을 마저 비웠다.

겨울

"그때가 파월네 집에 처음 간 날이었어?"

엘로이즈가 고개를 끄덕였다. "저녁이 되어서야 그 집에 도착했어요. 그리고 집 안에 들어갔더니 이상한 냄새가 났어요. 사람들이 차랑 같이 스카우스*를 먹고 있었는데, 전 스카우스라면 딱 질색이거든요. 할머니랑 살 때 제가 그걸 안 좋아하는 걸 다 아니까 안 먹어도 누가 뭐라고 안 했어요. 대신 빵하고 버터를 먹으면 됐죠. 하지만 여기선 그 사실을 모를 거니까 겁이 났어요."

"좋아하지 않는 음식을 먹어야 할까 봐 걱정됐구나."

엘로이즈가 고개를 끄덕였다. "그런 다음 위층으로 제 짐을 날라야 했어요. 제 방이 위층에 있었거든요. 그런데 계단을 절반쯤 올라갔을 때 그만 쓰레기봉투가 터져버렸어요. 아래쪽에 시디를 넣었는데 케이스 모서리 때문에 비닐이 찢어진 거예요. 짐이 몽땅 계단에 쏟아졌는데 남자애 하나가 절 비웃더라고요. 이름은 기억 안 나요. 위탁아동 중에 하나였는데 곧 떠났으니까요. 알레드? 앨런? 뭐 그 비슷한 이름이었는데 정확히는 모르겠어요. 어쨌든 열여섯 살쯤 됐었는데 걔가 웃었고 전 난장판을 만들어서 무안하니까 금방이라도 울 것 같았어요. 근데 그런 모습을 보이긴 싫었어요. 사람들이 저를 어린애 같다고 생각할까 봐요."

"아무도 널 비웃지 않았다 해도 소지품이 계단에 쏟아져서 속상했겠다. 그래서 어떻게 됐어?"

* 딱딱한 빵을 가루로 만들어 고기, 야채 따위를 섞어 만든 스튜.

"올리비아가 식탁에서 일어났어요. 그리고 저한테 와서 물건 줍는 걸 도와줬어요. 짐도 같이 위층으로 나르고 제 방이 어디인지 알려줬고요."

"헤드웬을 말하는 거니?"

엘로이즈는 날 쳐다보지 않았다. "제가 올리비아한테 다들 스카우스 먹고 있던데 맞냐고 물었어요. 스카우스를 싫어해서 먹고 싶지는 않지만 엄청 배고프다고도요. 그러자 올리비아가 '그럼 뭘 좋아해?' 하고 되물었어요. 전 소시지, 감자튀김, 피자 그리고 우리 할머니가 만들어준 생선파이를 좋아한다고 했어요. 미트파이처럼 그레이비 소스를 넣은 생선파이인데 훈제 생선은 안 들어가요. 그러니까 사실 제가 좋아하는 음식은 한둘이 아니에요. 그냥 스카우스를 안 좋아할 뿐이에요. 할머니랑 같이 살 땐 저녁으로 스카우스를 먹는 날이면 대신 빵하고 버터를 먹게 해주셨다고도 말했어요."

엘로이즈가 말을 멈추었다. "올리비아가 그래도 스카우스를 먹어야 한다고 강요할까 봐 겁났어요. 엄마랑 같이 살 때 엄마가 그랬거든요. 애들은 주는 대로 먹어야 한다고 했고, 저도 거기 따랐어요. 밥을 다 먹을 때까지 식탁에 앉혀놨고요. 그러다가 제가 탈이 나도 신경 안 썼어요. 한번은 밥을 먹다가 식탁에 좀 토했는데 절 옷걸이로 때린 적도 있어요. 팔뚝 여기저기에 매 맞은 자국이 났고요."

"스카우스 때문에 홍역을 치렀구나, 그렇지?"

엘로이즈가 고개를 끄덕였다. "근데 올리비아는 자기 식구들이 스카우스를 억지로 먹이지 않을 거라고 안심시켜줬어요.

겨울

자기 방에 초콜릿이 있는데 그걸 좀 준다길래 방으로 따라갔어요. 오렌지 모양 테리스 초콜릿이 있었는데 완전 새 거였어요. 한 조각도 안 건드린 진짜 새 거요. 올리비아가 포장을 뜯더니 저한테 네 조각이나 줬어요. 저한테만요."

"정말 착한 아이다. 올리비아는 네가 얼마나 걱정하고 속상했을지 잘 이해해줬네, 그렇지?"

엘로이즈가 미소 지었다. 그리고 처음으로 고개를 들어 날 바라보았다. "네. 할머니가 저랑 더는 안 살고 싶다고 해서 비참했는데, 올리비아 덕분에 그 집에 간 게 다행이라고 느껴졌어요."

"네 말을 들으니 헤드웬이 너한테 얼마나 소중한 존재였는지 이해가 돼."

"제발 올리비아를 헤드웬이라고 부르지 마요." 엘로이즈는 고개를 숙이면서 나지막이 말했다. "그 이름 너무 별로예요. 헤드-으-으-으. 앞부분은 헤더라는 이름을 부르다 만 것처럼 들리잖아요. 헤드웬, 하면 헤더한테 언제when냐고 묻는 것 같아요. 적어놓으면 훨씬 더 꼴 보기 싫어요. 헤드윈이나 에드윈처럼 보여요. 남자애 이름 같아요."

"헤드웬은 네가 올리비아라고 부르는 걸 어떻게 생각했어?"

엘로이즈는 어깨를 으쓱했다. 내 질문이 꾸지람이라도 되는 양 그 애의 얼굴에 불편한 기색이 스치다가 이내 사라졌다. "전 첫날부터 올리비아를 올리비아라고 불렀어요. 걔는 미소 지으면서 그건 자기 이름이 아니랬어요. 그래도 전 올리비아라고 불러도 되냐고 했어요. 제가 제일 좋아하는 이름이고 올리비아는 정말 아름다우니까, 그게 올리비아에게 어울리는 이름이라고 설명하면서요. 올리비아는 허락했어요. 그리고 정말 마음씨가 곱다면서 절 칭찬해줬어요. 올리비아는 제가 자길 특별하게 대하는 걸 좋아했어요."

생각의 열차

"이 생각들은 다 연관되어 있어. 넌 어땠어?
——— 1분 동안 무슨 생각을 했어?"

크리스마스가 스쳐 갔다. 나는 자선단체에서 하던 일을 석 주간 쉬었고, 이듬해 1월의 첫 주가 되어서야 업무에 복귀했다.

크리스마스 파티가 끝도 없이 이어지던 이 기간 동안 두어 번 정도 멜레리와 우연히 마주쳤다. 그는 여전히 파월네 집에서 지내는 다른 위탁아동들의 사회복지사로 일하고 있었는데, 모두에게 매우 다행스럽게도 엘로이즈가 그 집에 나타나지 않았다고 일러주었다. 나는 업무에 복귀하기 전 수 푸에게 연락을 취해서 엘로이즈가 크리스마스 기간에 한 번도 가출하지 않았다는 사실을 확인했다. 하지만 나는 그게 주로 날씨 때문이 아닌가 의심했다. 모두에게 큰 피해를 준 눈보라가 크리스마스 연휴 기간 내내 이어졌으니까. 어쨌거나 엘로이즈가 약속을 지키려 노력하고 있어서 마음이 조금 놓이긴 했다.

마침내 1월 둘째 주 목요일이 돌아왔다. 엘로이즈는 한겨울 오후의 어스레한 빛이 내려앉은 마을회관 주차장에서 우유와 티백을 담은 쇼핑백을 단단히 움켜쥔 채 어김없이 나를 기다리고 있었다. 그 애는 과하다 싶을 만큼 반갑게 날 맞아주었다.

엘로이즈는 우리가 마실 차를 준비했다. 그 순간만큼은 그 일을 잘 해낼 수 있다는 자부심으로 빛이 났다. 우유는 신선했고, 티백은 엘로이즈가 제 돈을 아껴 산 새 티 박스에서 꺼내 온 것이었다. 심지어는 개봉한 티 박스의 티백을 다음번 만남까지 신선하게 담아둘 지퍼 백을 챙겨 오기까지 했다. "티백을 부엌에 그냥 놔둬도 될까요?" 엘로이즈가 내게 물었다. "다른 사람들도 들어올까요?" 우리의 티백을 다른 사람들도 쓸 수 있게 돼도 될지 고민하느라 얼마간의 시간이 흘렀다. 엘로이즈는 티백을 챙겨 갔다가 다음 주 목요일에 다시 가져오기로 결정했다. 그리고 우리는 방으로 갔다.

나는 대개 인지행동치료를 전적으로 지지한다. 스스로의 생각을 살피도록 돕기 때문이다. 너무나 많은 이들이 자기가 무슨 생각을 하는지 애써 의식하지 않은 채, 혹은 우리를 걱정하게 만들거나 곤경에 빠뜨리기도 하는 무익한 생각의 순환에 특별히 주의를 기울이지 않은 채 살아간다. 인지행동치료는 실용적인 접근법이라 아주 짧은 기간에 성공적으로 도움을 줄 수 있다. 하지만 참여를 유도하기 까다로운 내담자에게도 스스로의 적극적인 노력을 요구하는 방식인 데다가 모든 사람에게 딱

들어맞는 접근법도 아니다. 그러나 전체적으로 보면 인지행동치료는 유용한 치료 수단이다. 짧은 기간에 걸쳐 목표지향적으로 접근하기에, 시간과 비용이 부족해 만약 인지행동치료가 아니면 치료적 개입을 전혀 제공할 수 없었을 사회복지사업에 요긴하기 때문이다.

우리 자선단체 프로그램의 가장 큰 결점은 내담자 한 명이 제공받을 수 있는 인지행동치료 세션을 6회로 제한하고 있다는 것이다. 이는 비용과 인력 문제 탓이었다. 특히 가장 취약한 계층을 돕는 부문에서 프로그램을 진행할 수 있는 훈련 받은 전문인력이 턱없이 부족했다.

엘로이즈를 맡게 되었을 때, 자선단체에서는 내가 인지행동치료 세션을 6회 진행할 거라고 가정했다. 이 점이 치료를 진행하는 동안 나에게 압박감을 주었다. 엘로이즈는 복잡한 문제와 파란 많은 과거를 지니고 있었다. 내가 엘로이즈를 인지행동치료에 적극적으로 참여하게 할 수만 있다면 그 애에게도 도움이 되리라는 건 자명했다. 하지만 이번이 벌써 세 번째 세션인데도 아직까지 나는 짜여진 프로그램의 첫 단추조차 제대로 끼우지 못했다. 내가 엘로이즈와 유대를 쌓고 친밀한 관계를 맺을 수 있다면 함께하는 시간을 얼마간 연장할 수도 있을 것이다. 하지만 남은 세션만큼이라도 무의미하지 않게 보내는 게 우선이었다.

엘로이즈와 탁자에 마주 앉았을 때 나는 공책 한 권과 펜 한 자루를 꺼냈다. "차를 마시는 동안 간단한 활동을 해볼 거야. 잠깐 긴장 풀어도 돼…."

하지만 엘로이즈는 긴장했고 공책을 보자마자 일순 굳어졌다. 그리고 내가 말을 마치자 고개를 떨구고 자신을 팔로 껴안았다.

"아무 일도 일어나지 않을 거야. 앉아서 같이 간단한 스트레칭을 하는 것뿐이야. 그냥 근육에 집중해보자. 어깨랑 뒷목의 긴장을 풀면 돼."

엘로이즈는 내 말을 믿지 않았다. 그 애는 내가 무슨 꿍꿍이인가 싶은지 경계를 늦추지 않았다. "널 속이려는 게 아니야, 엘로이즈. 그냥 스트레칭하는 거야. 가만히 앉아 있기만 하면 돼. 몸의 긴장을 풀고, 머릿속에 떠도는 생각에 찬찬히 주의를 기울이는 거야. 그뿐이야. 정말 다른 거 없어. 그저 생각에만 주목해봐. 그 생각을 어떻게 하지 말고, 그 생각이 무엇인지 걱정하지도 마. 생각을 멈추거나 다른 생각, 아니면 다른 무엇으로든 바꾸려고 애쓰지도 마. 그냥 머릿속에 무엇이 있는지에만 집중해. 잠깐 동안만, 알았지? 그게 다야. 60초만 해볼 거야." 나는 손목시계를 풀어서 탁자 위에 올려놓았다.

"자, 해보자."

약속한 1분이 흘렀다.

엘로이즈는 꿈쩍도 하지 않았다. 내가 말하는 동안에도 말을 마친 후에도 그 애는 마치 주문에 걸린 것처럼 우두커니 앉아 있었다.

"여기에 앉아 있는 동안 내 머릿속에 떠도는 생각은 이런 거였어." 내가 말했다. "처음에는 여기 있다는 사실, 이 일을 하고 있다는 사실에 대해 생각했어. 되게 의식적으로 내 생각에 주

목하려고 노력했어. 차차 노력하고 있다는 것도 의식이 안 됐고 그저 생각만 했어. 이 방이 얼마나 추운지에 대해 생각했어. 그러다 보니 날씨에 대해 생각하게 되었어. 눈보라가 칠지 궁금했어. 그렇게 1분이 지났어. 저마다 주제가 다른 이 생각들을 묶어서 생각의 열차라고 해. 이렇게 부르는 이유는 일단 하나의 주제에 대해 생각하기 시작하면 보통 연관된 생각이 줄줄이 따라오기 때문이야. 내 생각의 열차 중 하나는 기온에 대한 거였어. 추위를 생각하니까 점점 추워지는 날씨에 대해서도 생각하게 됐어. 그게 또 겨울 날씨 생각으로 이어졌고. 이 생각들은 다 연관되어 있어. 넌 어땠어? 1분 동안 무슨 생각을 했어?"

엘로이즈는 시종 묵묵부답이었다.

"네가 맨 먼저 알아차린 생각이 뭐였어?"

그 애는 내 말을 완전히 무시하는 듯이 굴었다.

"이 방법을 익히는 데 때로 연습이 좀 필요하기도 해. 대부분의 시간 동안 우린 스스로의 생각에 갇혀 있어. 이 생각에서 저 생각으로 이동할 때 그 변화를 실제로 알아차리지는 못해. 생각의 열차를 바깥에서 바라보고 있는 게 아니라 그 안에 있으니까. 다시 한번 시도해보자. 1분 동안 네가 하는 여러 가지 생각을 알아차릴 수 있는지 살펴봐."

나는 다시 시계를 확인했고, 우리는 1분을 더 앉아 있었다. 그동안 나는 온통 엘로이즈가 이번에는 협조할지 말지에 대해서만 생각했다.

아무 일도 일어나지 않았다. 엘로이즈는 계속 차를 식게 내버려둔 채 그 자리에 꼼짝 않고 앉아 있었다.

"네 몸이 긴장한 것 같아. 이 활동이 버거운가 보다. 그렇지?"

엘로이즈는 반응이 없었다.

"이 활동을 할 때 너한테 무슨 일이 일어나는지 알려주면 도움이 될 것 같아. 네 느낌이 어떤지 말해줄 수 있을까?"

그 애는 여전히 반응이 없었다.

"우리가 이 활동을 왜 하는지 설명해볼게. 우리 마음은 생각을 만들어내. 수백만 가지 생각을. 언제나 말이야. 이 일은 지극히 당연해. 그게 마음이 하는 일이고 마음이 존재하는 이유야. 게다가 이 수백만 가지 생각은 종류도 제각각이야. 어떤 것은 우리가 하고 싶어 하는 일을 하게끔 도와주는 건설적인 생각이야. 넌 우리가 차를 마실 수 있도록 우유를 가져올 생각을 했어. 그건 건설적인 생각이었어. 어떤 생각은 그냥 즐거움을 위한 거야. 난 오늘 아침에 춤추는 고양이가 나오는 동영상을 봤는데 그 고양이를 생각할 때마다 피식 웃음이 나. 그러니 춤추는 고양이에 대한 생각은 재미있는 생각이야. 반면 불안을 일으키는 생각도 있어. 지난주에 딸아이랑 외출했을 때 공원에서 컹컹 짖는 커다란 개를 만났어. 그 개를 생각하면 다시 거기에 가기가 두려워. 또 그 개와 마주칠지도 모르니까. 그래서 그 개를 생각하면 난 불안해져. 그리고 단순히 파괴적이기만 한 생각도 있어. 그 생각들은 해결책을 찾게 도와주지 않고 기분만 나쁘게 만들어. 예컨대 내가 실수하면 때로 '넌 바보야, 그 일을 다시는 잘하지 못할 거야'라고 속삭이는 마음의 소리가 들리곤 해. 하지만 그건 사실이 아니야. 한 번 실수하더라도 다음에는 잘 해낼 수 있잖아. 이렇게 아무런 합리적인 근거 없이 나를 괴롭히는 생각이 파괴적인 생각이야."

엘로이즈는 머리를 숙이고 팔로 몸을 감싼 채 가만히 앉아 있었다.

"이런 여러 가지 생각을 인식하는 법을 배우면 정말 유용해."

그 애는 고개를 들지 않았다.

이번 세션은 침울한 분위기에 젖어 있었다. 내 귀에 들리는 거라곤 나 자신의 목소리뿐이었다. 내가 하는 모든 말이 전부 지루하고 소용 없게 들렸다. 시작할 때는 신나는 차 만들기로 유쾌했지만, 결국에는 눅눅한 작은 방에서 식어가는 차를 앞에 두고 침묵과 걱정만을 유일한 친구 삼아 이상하게 생긴 탁자에 앉아 있게 되었다.

나는 가방을 내 쪽으로 끌어당겼다. "카드 게임 할까?"

엘로이즈는 여전히 아무 반응도 보이지 않았다.

트럼프 카드 한 벌을 꺼내며 물었다. "스냅 게임 할 줄 알아?"

그 애는 보일 듯 말 듯 고개를 저었다. 나는 이 희미한 반응에도 그저 감지덕지해서 안개가 걷히는 듯한 기분이 들었다.

"재미있어. 어떻게 하는 건지 설명해줄게." 내가 카드를 섞었다.

"저 화장실부터 다녀와도 돼요?"

"그럼, 되고말고."

나는 엘로이즈가 돌아오길 기다리면서 여러 번 카드를 섞었다. 오랜 침묵 끝에 조금이나마 활기를 되찾으니 기분이 나아졌다. 내가 얼마나 경직된 자세로 있었는지 그제야 알아차리고 어깨를 돌려 근육을 풀었다.

이번에는 그 애가 돌아오지 않는다는 걸 깨닫기까지 그리 오랜 시간이 걸리지 않았다. 5분에서 6분 정도 지나자 불길한 예감이 목구멍에서부터 가슴을 타고 내려갔다. 그리고 파괴적인 생각들이 그러하듯이 또다시 그 애에게 속아 넘어간 나 자신이 너무나 어리석게 느껴졌다.

복도로 나왔다. 텅 비어 있었다. 아무도 없었다. 부엌에도 불이 꺼져 있었다. 화장실도 마찬가지였다. 모든 곳이 적막하고 고요했다. 엘로이즈는 달아났다.

엘로이즈는 행적을 완전히 감췄다. 그날 오후 마을에 있는 위탁가정에도 귀가하지 않았다. 그 애는 여드레 동안 행방불명되었다. 당연히 다음번 세션에도 오지 않았다. 마침내 발견되었을 때, 엘로이즈는 파월네 집 차고에 숨어 있었다.

나는 낙심했고 마음이 뒤숭숭했다. 엘로이즈는 도움을 원했지만, 한편으로는 원치 않았다. 협조적이었다가도 비협조적으로 백팔십도 돌변했다. 헤드웬을 스토킹하는 게 문제라는 걸 이해했지만 또 어떻게 보면 문제가 아니라고 생각했다. 게다가 이 상황에는 마음에 안 드는 코딱지만 한 흰 방에서부터 융통성 없이 고착된 인지행동치료 과정, 충동적인 데다가 자살 충동까지 느끼는 십대를 제멋대로 쏘다니도록 방치하는 허술한 시스템에 이르기까지 숱한 제약이 도사리고 있었다.

멜레리는 더 이상 엘로이즈 담당 사회복지사가 아니었지만, 이 상황에 대해 울분을 토로하고픈 내게 공감해줄 만한 다른 누군가가 떠오르지 않았다. 우리는 바닷가의 작은 피시앤칩스

레스토랑에서 만나 점심을 먹기로 했다.

진눈깨비가 흩날리고 살을 에는 듯 추운 날이었다. 관광철이 시작되지 않은 시기라 카페테리아 스타일의 긴 탁자를 차지하려는 사람들이 없어 한적했다. 그날 그 레스토랑에는 가끔씩 식사를 포장해 가는 손님을 빼면 멜레리와 나밖에 없었다. 장사가 안 되는 날이었다.

이제 엘로이즈의 담당 사회복지사는 수 푸였으므로 멜레리는 최근에 무슨 일이 있었는지 접하지 못했지만 상관없었다. 상담을 바라는 게 아니었다. 심지어 해결책조차 구하지 않았다. 그 시점에 무슨 해결책이 있을지 확신할 수 없었다. 그저 누군가 공감해주고 경청해주길 바랐고, 멜레리는 이 필요를 채워줄 수 있는 사람이었다.

"대체 엘로이즈를 어떻게 하면 좋을까요?" 내가 답답함을 토로했다. 그 애는 헤드웬을 계속 스토킹하는데, 나는 그 행동을 멈추게 하는 방법은 고사하고 스토킹이 문제라고 이해시키는 방법조차 알지 못했다. 엘로이즈는 상황이 자기 뜻과 조금만 달라져도 도망쳤고, 한 주가 지날 때마다 다음 세션에 그 애가 안 오는 건 아닐지 걱정됐다. 엘로이즈는 도움을 원했지만, 내가 돕겠다고 시도하는 모든 일이 그저 그 애를 놀래켜서 침묵에 빠트려 얼어붙게 하는 것 같았다.

우리는 긴 탁자 모서리 쪽에 마주 앉았다. 주문한 피시앤칩스가 종이를 깐 빨간 플라스틱 바구니에 담겨 나왔다. 멜레리가 함께 시킨 으깬 완두콩은 감자튀김 위에 엉망으로 뿌려져 있었다. 멜레리가 팔을 뻗어서 매끄러운 흰색 포마이카 탁자에 놓인 식초를 집어 들었다. 각자의 기호대로 양념을 뿌려가며 적당히 식은 튀김을 골라 먹는 동안 침묵이 흘렀다. 잠시 후 멜레리는 엘로이즈가 진단받은 우울증과 불안장애 이야기를 꺼냈다. 이 정신질환은 엘로이즈가 열네 살 때 받은 유일한 공식 진단이었다. "진단서를 보니까 너무 당연한 얘기라 '탐정 납셨네' 소리가 절로 나오더라고요." 멜레리가 말했다. "남동생은 학대로 숨겼고 여동생도 학대로 집을 떠났어요. 본인도 열 살 즈음에 성적으로 학대당하고 열네 살 땐 맡겨진 위탁가정으로부터 버림받았어요. 그런 마당에 우울증에 안 걸리는 게 더 이상하죠. 전 엘로이즈가 어떻게든 자기 상황을 직시하지 않으려고 버티는 게 그리 놀랍지 않아요."

비록 크게 희망을 걸 수 있는 사실은 아니었지만, 엘로이즈가 애착장애 또는 좀 더 심각한 주의력장애가 아니라 우울증과 불안장애를 진단 받았다는 게 그나마 다행이었다. 멜레리에게 엘로이즈가 어떻게 치료받고 있는지 물었다. 항우울제도 고려했지만 아직 나이가 어려서 처방하지 않았다고 했다. 화제는 엘로이즈의 자살 행동으로 넘어갔다. 엘로이즈는 여러 차례 자살하겠다고 협박하긴 했지만 아직 자살을 시도한 적은 없었다. 항우울제가 자살 행동을 심화시킬 수도 있고, 만약 엘로이즈가 약을 혀 밑에 숨겨 모아두기로 마음먹는다면 그 약이 약물중독 원인이 될 수도 있다는 우려가 제기되었다.

각자 생각에 잠겨 잠시 대화가 끊겼다. 멜레리가 다시 식초로 손을 뻗으며 말했다. "선생님이랑 함께 있을 때 엘로이즈가 보여주는 행동에서 어디까지를 자기방해로 봐야 할까요. 도움을 받고는 싶지만 자기가 원하는 걸 상대가 줄 수 없다고 가정하고 일을 시작하기도 전에 엉망으로 만들어버리려는 태도 말이에요.”

나 역시 같은 생각을 한 적이 있어서 고개를 끄덕였다.

멜레리가 말했다. “자기방해가 아니라면 거부하는 걸지도 몰라요. ‘난 도움을 원하지만 당신이 언젠가 날 거부하리라는 걸 알아. 그러니까 내가 먼저 거부할 거야’, 이런 식으로요.”

멜레리의 말을 곰곰이 되씹어보았다.

“아마도 엘로이즈는 자기 감정을 행동으로 표현하고 있는 것 같아요.” 멜레리가 진단했다. “어린애들이 놀이를 통해 표현하듯이요. 아이들은 같은 놀이만 질릴 정도로 되풀이하잖아요. 심하게 방치되고 툭하면 먹을 것도 없이 남겨졌던 어린 여자애가 기억나요. 그 애는 위탁보호 중에 계속 사람들에게 음식을 만들어주는 척했어요. 음식을 받으려고 하면 잽싸게 가져가며 늘 깔깔대고 웃었죠. 처음에는 게임이라고 생각했는데 그 애가 늘 당해왔던 것처럼 남들에게서 음식을 도로 빼앗아 가는 행동을 하고 있고 이게 자기가 겪은 학대를 해결하는 데 중요한 과정이라는 걸 서서히 깨닫기 시작했어요. 엘로이즈도 비슷하게 행동하는 게 아닐까요? 이를테면 도움을 청했지만 받아들여지지 못했던 자신의 과거 경험을 해결하려는 거죠. 엘로이즈가 도움을 요청할 때마다 선생님은 돕죠. 그러면 그 애는 도움을 거부해요. 거듭해서요. 이 행동은 ‘내가 어떤 기분이었을지 한번 느껴봐요. 다른 사람들과 우호적인 관계를 맺길 바라지만 늘 퇴짜맞는 기분이 어떤지 당해보라고요’라는 뜻 아닐까요?”

그런 식의 유사점에 대해서는 미처 생각해보지 못했다. 이게 바로 멜레리와의 대화가 유익하다고 느끼는 이유 중 하나였다. 나는 천성적으로 타인의 행동을 객관적으로 입증할 수 없는 방식으로 해석하길 꺼렸다. 모든 게 나 자신의 세계관을 통해 걸러진다는 사실이 달갑지 않았기 때문이다. 그러나 멜레리의 사고방식은 비록 내가 사용하는 방식은 아니더라도 이해를 풍성하게 해주었고 보지 못했던 부분을 보게 했다.

점심으로 시킨 피시앤칩스 바구니 바닥에는 얇은 감자튀김과 튀김옷 부스러기만 남았다. 멜레리는 잠시 말을 멈추고 남은 음식을 마저 집어 먹었다.

"그러니까 이런 거죠." 내가 요약했다. "엘로이즈가 도움을 청하면 저는 도와줘요. 그러면 그 애는 입을 꾹 다물어버려요. 엘로이즈가 인지행동치료 세션에 참여하고 저는 함께 인지행동치료 활동을 하려고 해요. 그러면 그 애는 또 입을 닫아요. 이럴 때 진짜 어쩔 줄을 모르겠어요. 엘로이즈가 유일하게 마음을 여는 순간은 같이 차를 만드는 때예요. 뭐가 문제냐고 묻는 순간 그 자리에서 대화가 바로 끝나버려요."

"저한테는 답이 분명해 보이는데요." 멜레리가 나를 올려다보면서 웃었다. "그럼 차를 만들면 되죠."

겨울

다른 접근법

린은 의자에 등을 기대고 앉아서 나를
평가하듯이 오랫동안 바라보았다.
———— "멀리 가지는 못했네요, 그렇죠?"

스쳐 지나가듯 하는 말이 종종 그렇듯이 멜레리의 말 속에는
진실이 담겨 있었다. 엘로이즈와 함께 차를 만드는 세션 초반
의 10분 동안 우리는 연결되어 있었다. 하지만 그 시간이 지나
면 엘로이즈는 다시 위축되고 불안해했다.

　나는 이 만남을 분석해보려고 했다. 차를 만드는 것 그리고
세션 마지막마다 내 가방을 정리하는 것이 엘로이즈에게 어떤
의미였는지 파헤치려고 애쓰면서 말이다. 엘로이즈가 그 활동
들을 좋아했던 건 자기가 상황을 통제하고 있다고 느꼈기 때문
일까? 아니면 차를 만들고 가방을 정리하면 자신이 쓸모 있고
가치 있는 존재라고 느껴졌기 때문일까? 아니면 그 활동이 그
냥 그 애가 좀 더 고통스러운 일에 주의를 집중하지 않게 돕는

회피 행동이었을까? 이 중 아무 데도 해당되지 않을까, 이 모두에 해당될까?

'차 만들기', 이 활동을 치료에 어떻게 이용할 수 있을까? 차 만들기를 치료 활동으로 활용하면 엘로이즈가 헤드웬 파월을 더 이상 쫓아다니지 않도록 할 수 있을까? 잘 모르겠지만 6회 인지행동치료 세션은 해답이 아닌 것 같았다. 전략을 수정할 필요가 있었다.

처음 들른 곳은 내가 일하는 자선단체였다. 선택지를 두고 의논해보기 위해서였다.

우리 지역의 관리자는 린 데이비스라는 여성이었다. 키가 크고 호리호리한 체형의, 오십대 후반쯤 되어 보이는 린은 내가 영국에 처음 왔을 때 계급의 상징이라고 인지하지 못했던 캐주얼하고 단정한 옷을 입고 다녔다. 영국의 계급 체계는 종잡을 수 없는 수수께끼였다. 현지인과 달리 나는 말하는 사람의 배경이나 사회적 지위를 파악할 수 있는 정보인 악센트를 구분할 수 없었다. 계급을 말해주는 미묘한 지표인 수많은 어휘 간의 차이점 역시도 분간하지 못했다. 이를테면 미국에서는 화장실을 말할 때 'toilet', 'lavatory', 'WC', 'loo' 같은 단어들을 별 구분 없이 쓰지만 영국에서는 그게 계급에 달려 있었다. 계급에 따라 어떤 이름이나 약칭을 쓰는지, 'lady'와 'Lady' 호칭이 어떻게 다른지도 알아차리지 못했다. 지금은 그때보다 영국 계급문화에 대해 훨씬 더 잘 꿰고 있지만 어쨌거나 린은 내가 얼마나 주의를 기울여야 하는지 알려준 좋은 본보기였다.

자선단체에서 처음 일하기 시작했을 때 린은 내 연수 담당

겨울

이었다. 신입 자원봉사자 연수의 상당 부분은 비판단적 태도를 배우는 데 중점을 두었는데, 스스로는 이 태도가 익숙하다고 늘 자신했다. 린을 만나기 전까지는 말이다. 린은 상대가 뭘 지레짐작하는지 매의 눈으로 알아차렸다. 첫 출근 날 연수 시간도 아닌 커피를 마시던 중 린에게 지적을 받았다. 그날 아침 린은 자기가 사는 동네에 대해 언급했고, 나는 그 동네 초등학교가 최근 멋진 운동장 덕에 상을 받았다는 사실을 기억해냈다. 린에게는 어린 자녀들도 있었다. 린과 즐겁게 대화를 나누고 싶어서 아이들이 그 운동장을 좋아하느냐고 물었다. "선생님은 가정을 하고 계시네요." 린이 신랄하게 쏘아붙였다. "선생님께 제가 어디에 사는지만 말씀드렸는데 제 아이들이 그 지역 학교에 다닌다고 가정하셨어요. 비판단적 태도의 첫 번째 원칙은 '절대 추정하지 말라'입니다."

물론 린의 말이 옳았다. 방금까지 비판단적 태도를 훈련하는 한 시간짜리 수업을 들어놓고선 천진난만한 발언을 한 게 부끄러웠다. 린의 아이들은 사는 곳에서 3백여 킬로미터나 떨어진 기숙학교에 다니고 있었다. 악센트를 파악하려고 했으면 알아차릴 수 있었을지도 모른다. 하지만 직전 45분 동안 비판단적 태도에 대한 수업을 듣고도 스스로의 배경지식만 가지고 가정했고 질타를 받았다.

이 사건 이후 린에게 경계심을 품게 되었다. 린의 거침없는 지적이 그야말로 연수를 시작한 첫날부터 이루어졌기에 그는 내 마음속에 허튼짓은 어림없고 앞뒤도 가리지 않는 유형으로 각인됐다. 판단은 정확했다. 린은 자기 생각을 서슴없이 말하고, 결과가 어찌 되든 밀고 나갔다. 하지만 자기 분야에서 더할 나위 없이 유능했다. 자선단체가 보살피는 아이들의 광범위한 욕구를 파악하거나 자원봉사자를 철저하게 훈련시키는 능력은 나무랄 데가 없었다. 그러니 얼마간 자존심이 상한다 해도 린에게 일을 배우는 데에는 대체로 그럴 만한 가치가 있었다.

하지만 아직까지도 린과 함께 있으면 좌불안석이었다. 꼭 필요할 때가 아니면 린을 만나러 가지 않았다. 연례 보고회야 피해 갈 수 없지만, 그 외에는 대체로 일을 착실하게 해나가고 마감 시간을 엄수해 보고서를 제출하면서 린의 관심이 나에게 과하게 쏠리지 않도록 애썼다. 하지만 이번만큼은 다른 선택의 여지가 없는 것 같았다. 나는 일을 맡았는데 잘해내지 못하고 있었다. 융통성을 발휘해야 할 때였다.

이번 만남 역시 이전과 별반 다르지 않았다. 린은 만나자마자 내가 진행한 인지행동치료 프로그램 과정을 단계별로 차근차근 점검하면서 가르쳐야 할 내용과 정확한 전달법을 제대로 아는지 물었다. 린이 상황을 확인하는 건 더없이 온당한 일이었다. 하지만 경찰을 만난 도둑이 제 발 저린 것 같은 느낌이 곧바로 들었다. 린이 내가 어떤 식으로든 인지행동치료를 잘못 진행했고 내 실력이 부족해서 엘로이즈와의 세션에 실패했다고 여길 것 같았다.

프로그램 전반의 진행 과정을 들려주었을 때, 린은 프로그램의 처음으로 돌아갔다. 프로그램에 대한 소개는 하셨어요? 네, 그런데 아무 반응도 없었어요. 1단계는 마치셨어요? 아니요, 소개 단계도 끝내지 못했는걸요. 어떤 반응도 이끌어내지

겨울

못했고요. 나는 연신 대답했다. 아니요. 아니요….

린은 의자에 등을 기대고 앉아서 나를 평가하듯이 오랫동안 바라보았다.

"멀리 가지는 못했네요, 그렇죠?"

"네." 나는 한없이 작아진 것만 같은 기분이 들었다.

그런데 뜻밖에도 린이 호탕한 웃음을 터뜨렸다. "선생님 판단이 옳은 듯싶네요. 뭔가 다르게 접근해봐야 할 것 같아요."

그다음 주 목요일 오후 마을회관에 도착했을 때 엘로이즈는 건물 밖에서 나를 기다리고 있었다. 티백을 움켜쥐고 있었지만, 차에서 내리는 나에게 달려오지는 않았다.

"선생님이 절 보고 싶어 할지 아닐지 몰랐어요." 엘로이즈가 조심스러운 목소리로 말했다.

"물론 보고 싶지. 지난주에도 보고 싶었어."

부엌에 먼저 들러 차를 만들었지만, 엘로이즈는 계속 가라앉은 상태였다. 나는 이 시간이 서먹서먹한 분위기를 깨뜨려주길 바라면서 그 애가 처음부터 끝까지 혼자서 차를 준비할 수 있게 내버려두었다. 엘로이즈는 차를 내리긴 했지만 별말이 없었다. 엘로이즈와 각자 머그잔을 들고 조용히 방으로 향했다.

"그동안 조금 생각해봤어." 내가 말했다. "결론부터 말하면 우리한텐 뭔가 다른 접근법이 필요해."

말하는 동안 엘로이즈의 표정이 어두워졌다. 이미 평소보다 더 가라앉아 있던 엘로이즈는 내 말이 떨어지기가 무섭게 그야말로 마음의 문을 닫아버렸다. 엘로이즈의 눈에 블라인드가 내려진 것 같았다.

"잠깐만." 내가 말했다. "끝까지 들어봐. 너한테 여러 선택지가 있어."

엘로이즈가 날 바라보았다. "이제 그만 만나야 된다는 거잖아요, 그쵸? 절 도와주는 일도 이제 끝이라는 거네요. 괜찮아요. 상관없어요."

"아니야. 내가 하려던 말은 그게 아냐."

"상관없다니까요. 진심이에요."

"엘로이즈."

엘로이즈는 어깨를 으쓱했다.

"그만. 그쯤 하고 들어봐. 선생님이 방금 뭘 알게 됐는 줄 알아? 방금 넌 손해 보지 않으려고 했어. 내가 그만하자고 말할 거라고 생각하고 먼저 그 말을 꺼내려고 한 거야."

"아니거든요."

대화는 잠시 난관에 봉착했다. 엘로이즈가 화장실에 다녀오겠다고 말하거나, 아니면 다른 식으로 빠져나갈 궁리를 하고 있을 거라고 짐작했다. 우리는 위태로운 지점에 서 있었다.

"우리가 썼던 접근법이 효과가 없어도 포기하지 않겠다는 말을 하려던 거야. 다른 방법을 시도해볼 거라고. 내가 하려던 말은 이거야."

엘로이즈는 계속해서 고개를 떨구고 있었다.

"함께 마실 차를 내리고 가방을 정리해주면서 선생님 일을 곧잘 도와줬잖아. 다른 일도 도와주고 싶지 않아?"

엘로이즈는 눈을 마주치지는 않았지만, 고개를 갸웃하면서

겨울

관심을 보였다.

"수요일마다 심화그룹치료를 진행하러 펜어가르스에 가거든. 매주 이 세션에 오는 대신 거기 같이 가서 날 도와줄 수 있겠어?"

"무슨 일을 도와줘요?"

"조수 역할을 하는 거지. 전부 어린애들이야. 제일 나이 많은 애가 고작 여덟 살이거든. 그 애들은 저마다 문제가 있어서 혼자서 뭔가 배우는 걸 어려워하고 일대일 관심이 정말 많이 필요해. 목요일마다 여기 오는 대신 선생님하고 같이 가서 그 아이들 보살피는 일을 거들어주면 돼. 해보고 싶지 않아?"

엘로이즈가 얼떨떨해했고, 그 애의 이마에 잔주름이 잡혔다.

"재밌을 것 같아?" 내가 물었다

"모르겠어요." 엘로이즈가 자신 없다는 듯이 대답했다. "어린애들은 잘 몰라요."

"우리 처음 만난 날 기억해? 네가 헤어우드에 있는 사무실 건물로 찾아왔잖아. 아이들이 둥그렇게 둘러앉아서 게임하던 날 말이야. 애들은 이마에 카드를 붙이고 거기 무슨 단어가 써 있는지 맞히려고 애쓰고 있었고. 기억나지? 이 그룹도 거의 그 또래 애들이야. 아이들이 게임이나 다른 활동을 하면, 너는 물건을 가지런히 정리하는 식으로 도와주면 돼. 내 가방이 엉망진창인 거 다 봤잖아. 내가 정리정돈하고는 거리가 멀어서 말야. 정신없이 바쁘니까 물건을 가방에 죄다 쑤셔넣거든. 가방이 항상 정리되어 있게 도와줘."

엘로이즈의 얼굴이 이내 밝아졌다.

"어때, 괜찮을 것 같아?"

엘로이즈가 천천히 고개를 끄덕였다.

"네. 그럴 것 같아요."

린과 나는 엘로이즈를 심화그룹치료에 포함시키기로 결정했다. 시간이 흐른 뒤에 좀 더 고전적인 치료법을 사용할 수 있게 라포*를 형성하는 수단으로서 말이다. 그렇게 결정하니 스토킹 문제도 은근하게 다룰 수 있었다. 엘로이즈가 파월네 집으로 찾아가는 경향은 수요일 오후에 최고조에 달했다. 파월 부부가 오후 여섯 시까지 일해서 헤드웬과 두 명의 위탁아동만이 집에 남는 때였기 때문이다. 수요일 오후에 엘로이즈를 학교에서 데려와 함께 펜어가르스로 간다면 활동을 마치고 그 애를 집에 내려주는 시간이 대략 오후 여섯 시가 된다.

그다음 주 수요일에 함께 차를 타고 이동하는 동안 엘로이즈에게 심화그룹치료에서 만날 아이들에 대해 들려주었다. 이 그룹에는 여섯 살에서 여덟 살까지 총 여덟 명의 아이가 있었다. 모두 취약계층이었다. 한 아이는 다운증후군, 한 아이는 자폐, 한 아이는 통합운동장애가 있었다. 나머지 다섯 명은 비특이성 발달지체로 학교 생활에 어려움이 있었다. 어떤 상황이 예상되는지도 간단히 설명했다. 어떤 아이가 화장실을 갈 때 도와달라고 할지, 누가 남들과 어울리길 좋아할지, 누가 수줍

* rapport, '마음의 유대'라는 뜻. 신뢰와 친근감을 바탕으로 한 관계로 상담이나 교육의 전제가 되곤 한다.

겨울

어하며 도망가서 숨을지…. 그리고 펜어가르스가 내륙 오지라서 아이들 태반이 제1언어로 웨일스어를 쓰고, 두어 명은 영어를 거의 못한다고 알려주었다. 나 역시 영어와 웨일스어 모두를 다 잘 구사하진 못하는지라, 대체로 두 언어를 섞어 쓰는 어수선한 상황을 마주하리라는 의미였다.

엘로이즈가 놀란 표정으로 나를 바라보았다. "저 웨일스어 못하는데요."

"걱정하지 마. 다들 서로를 참을성 있게 대하거든."

엘로이즈는 심호흡을 하고 창밖을 내다보았다. "저 웨일스어 수업에서 두 번이나 낙제했어요."

"아무 문제 안 돼."

대화가 한참 끊어진 뒤 엘로이즈가 말했다. "우리 할머니가 웨일스어만 썼어요."

"그게 힘들었구나."

엘로이즈가 고개를 끄덕거렸다. "그렇게 하면 제가 웨일스어를 배울 수 있을 거라고 했는데 전 끝까지 웨일스어 못했어요. 그래서 할머니랑 못 살게 됐고요."

"네가 여기로 돌아온 게 아빠랑 더 관련이 크다고 알고 있었는데." 내가 대꾸했다. "아빠, 할머니랑 살려고 이사한 지 얼마 되지도 않아서 아빠가 다시 감옥에 들어가셔서 그런 거라고."

"맞아요. 근데 만약 제가 웨일스어를 배웠다면 할머니가 절 계속 데리고 있었을지도 모르죠."

"일이 어그러졌을 때 자기 자신 때문이라고 느끼긴 너무 쉬워. 하지만 자책할 필요는 없어. 그 일은 웨일스어하고는 아무 상관도 없어. 네가 돌아온 건 아빠가 다시 감옥에 가셨고, 네 나이대 아이를 돌보기엔 할머니가 너무 연로하셨기 때문이야."

우리는 몇 킬로미터를 잠자코 달렸다.

"우리 엄마는 웨일스 사람들이 어리석다고 생각했어요. 엄마가 그랬어요. 쓰는 사람도 거의 없는 그런 언어를 대체 누가 배우겠냐고요. 프랑스어 같은 거라면 휴가 가서 거기 사람들한테 폼나게 말을 걸 수 있으니까 배우는 게 말이 된대요. 근데 웨일스어는 거의 써먹을 데가 없으니까 배우면 낭비래요."

"여긴 웨일스고 웨일스어는 이 지역 사람들이 쓰는 언어야. 그러니까 여기서는 웨일스어를 써먹을 수 있지. 너희 아빠나 할머니처럼 많은 사람이 웨일스어를 하니까."

"맞아요. 근데 엄마는 웨일스어 배우는 건 쓸데없는 짓이라고 계속 그랬어요. 여기 사는 사람들 다 영어도 할 줄 아니까요. 얼마 안 돼서 전 세계 사람들이 영어를 할 거예요. 그러니까 영어가 제일 쓸모 있긴 하죠."

"웨일스 사람들은 자기 나라에서 자신의 언어를 사용할 권리가 있다고 생각하는 게 맞지 않을까? 다른 나라에도 웨일스어를 사용하는 사람이 있느냐 없느냐는 중요하지 않아."

"우리 엄만 웨일스어만 봤다 하면 딴사람이 됐어요." 엘로이즈가 말했다. "제 책이 웨일스어로 된 걸 보고 몇 장 찢어버린 적도 있어요. 한번은 엄마한테 웨일스어를 썼는데, 그랬다고 제가 해놓은 숙제를 갈기갈기 찢어서 제 입에 쑤셔넣은 적도 있어요. 제가 대든다고요."

"엄마가 감정이 격양되셨구나, 그렇지? 그런 일을 겪었다니

거울

안됐다.”

“그땐 저한테 웨일스인 할머니가 있는지 몰랐어요. ‘맘구 Mamgu’ 말이에요. 웨일스어로 할머니를 그렇게 불러요. 아니면 ‘나인nain’. 할머니는 ‘나인’이라는 호칭을 더 좋아했어요. 근데 할머니는 제가 영어 쓰는 걸 싫어했어요. 저한테 계속 더러운 ‘사에스Saes’(영국인)가 되지 말랬어요.”

“엄마랑 할머니 사이에 끼어서 이러지도 저러지도 못했겠다.” 내가 말했다. “한쪽에서는 웨일스어가 나쁘다고 하면서 영어를 쓰라고 하고, 다른 한쪽에서는 영어가 나쁘다면서 웨일스어를 쓰라고 했으니까.”

엘로이즈가 어깨를 으쓱했다. “익숙했어요. 엄마랑 아빠는 서로의 모든 걸 싫어했거든요. 저까지 포함해서요.”

개인사

"엄마가 일부러 그런 건 아니었어요.
엄마한테 그럴 의도가 없었다는 건 알아요.
앞으로도 다른 애들처럼 지낼 수 없을 것
같아서 화나긴 했지만, 그건 그냥 술이나
그런 거 때문이었어요. 병 같은 거죠. 거기
한번 휘둘리면 완전 딴사람이 되고, 자기가
────── 사랑해야 되는 존재도 잊어버려요."

"선생님! 선생님! 이거 보이세요? 가스 웨디gath wedi(고양이가)
저 할퀴었어요!"

내가 문을 닫기도 전에 피온이 내 주위를 신나게 뛰어다니
면서 말했다. 잿빛 머리카락이 헝클어져 있는 피온은 호리호리
한 여섯 살짜리 여자애로, 웨일스어와 영어를 엉터리로 뒤섞어
쓰는 데 놀라운 재능을 보였다. 그 애는 자기 고양이가 팔을 할
퀴었다면서 상처를 보여주고 싶어 안달이 나 있었다. "에드러
흐흐Edrychwch! 에드러흐흐!"(보세요! 보세요!)를 연신 되풀이하
면서 옷을 걷어붙이고는 나와 엘로이즈에게 팔을 디밀었다. 엘
로이즈는 마치 피온이 막 할퀴려 덤비는 고양이라도 되는 양
주춤하면서 물러섰다.

겨울

다른 아이들이 달려왔고, 큰 러그에 모두를 둥글게 앉히려고 데려가는 동안 그 애들을 엘로이즈에게 일일이 소개했다. 루이스, 베선, 브린, 잭, 케이티, 리안 그리고 비디그.

우리는 1879년에 지어진 고색창연한 학교 건물을 사용하고 있었다. 마을 반대편 끄트머리에 학교가 새로 지어져서 이 건물은 공동체에 활용되도록 남겨졌다. 이 학교에는 교실이 두 개뿐이었는데, 둘 다 휑뎅그렁하고 썰렁했다. 화장실은 건물 밖 뒤편 작은 석조 창고에 있었다. 두 교실 모두 이전에는 벽난로로 난방을 했었는데 지금은 축열식 히터가 설치되어 있었다. 히터가 더 안전하긴 했지만 난방 효과는 썩 좋지 않았다. 비축해놓은 열의 대부분을 쓴 늦은 오후에는 특히 더 그랬다. 비록 춥기는 했지만, 튼튼하게 지어진 균형 잡힌 건물이라 심화그룹 치료 활동 장소로서는 훌륭했다. 무엇보다 마을 유치원 놀이학교가 오전마다 교실을 사용해서 우리가 활용해도 좋을 더없이 다채로운 장난감과 장비들이 구비되어 있었다.

우리 아이들은 저소득층 가정, 특히 아이들을 돌보느라 고군분투하는 한부모가정 아이들이었고 모두 특수교육이 필요해서 심화그룹치료에 배정되었다. 나는 보통 한 가지 심화활동에 집중하고, 노래나 전래동요 활동을 한 다음 마지막에 책을 한 권 읽어주는 방식으로 심화그룹치료를 진행했다.

이날은 밀가루, 소금, 물, 식물성 기름을 섞어서 간단히 놀이용 반죽을 만들 참이었다. 읽어줄 책으로는 훌륭한 아동문학 작가이자 삽화가 셜리 휴스의 『앨피에게 장화가 생겼어요』를 골랐다. 어린 소년과 새로 산 장화에 관한 이야기였다. 엘로이즈가 전에 어린애들과 지내본 경험이 없다 해도 이 두 가지 활동을 잘 해낼 수 있으리라고 굳게 믿었다.

첫 번째 활동은 놀이용 반죽을 위해 재료를 섞는 일이었는데, 반죽에 뜨거운 물이 들어가서 내가 직접 했다. 완성한 반죽을 식힌 다음 아이들에게 나누어주었다. 그리고 아이들이 저마다 원하는 식용색소를 골라 넣어 반죽을 직접 치대보게 하고, 상상력을 발휘해 뭔가를 만들어 집에 가져갈 수 있게 할 작정이었다.

나는 여러 식용색소를 엘로이즈에게 건네주며 아이들이 원하는 색깔을 나눠주면 된다고 설명했다. 하지만 곧바로 난관에 부딪혔다. 웨일스어를 못한다는 엘로이즈의 말은 과장이 아니었다. 지금까지 웨일스어 교육을 받았는데도 아이들이 외치는 '코흐coch'(빨강)와 '글라스glas'(파랑) 같은 기본적인 단어조차 구분하지 못했으니 말이다. 그 애는 "쟤 지금 뭐라는 거예요?", "이해가 안 돼요", "무슨 말인지 모르겠어요"라며 불평을 연발했다.

그러던 중 엘로이즈가 비디그에게 다가갔다.

그룹의 막내인 비디그는 여섯 살이었다. 나이에 비해 덩치가 커서, 내가 어릴 때였다면 '허스키'*라는 별명을 얻을 법했던지라 그만큼 어리다는 사실을 까먹기 일쑤였다. 옷차림은 때와 장소에 도통 어울리지 않았는데, 그렇다고 여섯 살배기처럼 귀엽게 입지도 혼자 차려입은 것 같지도 않았다. 옷들은 하나

---

* 체격이 건장한 사람, 거인이라는 의미.

같이 얼룩 하나 없이 깨끗했고 무엇보다 그 애의 통통한 배에 비해 상의가 늘 작아서 마치 기부 의류 상자에서 걸어나온 것 같았다. 여기에 결코 단정하게 묶이지 않는 곱슬머리가 눈에 띌 정도로 새빨간 데다가 켈트족 고유의 창백하디 창백한 피부가 더해져서 한번 보면 그 애의 용모를 쉽사리 잊을 수 없었다.

비디그의 문제를 정확히 아는 사람은 아무도 없는 것 같았다. 비디그는 신체장애로 짐작되는 문제 때문에 말을 할 수 없었다. 말을 하려고 해도 그 애가 낼 수 있는 소리는 쉭쉭거리는 소리 아니면 기관총에서 날 법한 날카로운 소리뿐이었다. 이런 소리들이 비디그의 의사소통 수단이었다. 더군다나 비디그는 수줍음을 많이 탔다. 여태까지 비디그의 장애를 다룰 만한 적절한 방법을 찾지 못했고, 그로 인해 그 애가 사람들과 교류하는 일을 꺼리게 되었을 거라고 추측된다. 안타깝게도 비디그는 형제자매가 여럿이라 더욱 가난한 한부모가정이었고, 1년 넘게 노숙 생활을 하다가 최근에서야 가까스로 주거지를 장만했다. 그래서 그동안은 비디그의 복지 사정** 관련 과정을 맡아줄 수 있는 사람이 아무도 없었다.

비디그의 표정을 보니 지금 우리가 대체 무슨 일을 하는 건지 감을 잡지 못한 눈치였다. 그 애는 계속해서 힐끗힐끗 다른 아이들을 쳐다보면서 행동을 따라 하려 애썼다. 엘로이즈가 다가가서 무슨 색깔을 원하느냐고 묻자 입을 벌리고 멍하니 엘로

** assessment, 교육적 의사결정에 필요한 양적·질적 자료를 수집하고 평가하는 과정이다. 이를 통해 아동에게 어떤 지원이 필요한지 파악하고 방향성을 결정하게 된다.

이즈를 쳐다보기만 했다.

내가 그쪽으로 다가갔다. "파 리우트 티 에이샤Pa liw't ti eisi-au?"(무슨 색 줄까?)

비디그는 두 손으로 얼굴을 가렸다.

나는 엘로이즈에게서 빨강 색소와 노랑 색소를 받아 든 뒤 비디그에게 내밀었다. "어떤 거, 카리아드cariad(아가야)? 빨간색? 아니면 노란색?"

비디그는 아무 반응도 하지 않았다. 한참 뒤 천천히 노랑 쪽을 가리켰다. 나는 노란색 색소를 엘로이즈에게 건네주었다. "비디그한테 이걸 줘."

아이들 모두가 저만의 놀이용 반죽으로 노느라 정신이 없을 때, 나는 남은 반죽을 엘로이즈에게 건네면서 색을 넣고 주물러보라고 했다. 엘로이즈는 받지 않으려고 버티다가 내가 고집을 피우자 마지못해 손가락으로 반죽을 집었다. "어떤 색깔요?" 엘로이즈가 괴로운 표정을 지으면서 물었다. 내가 대꾸했다. "어떤 색깔을 넣을지는 네가 골라야지." 엘로이즈는 답하지 않았다. 이 세션이 끝나면 모두가 두 가지 색의 반죽을 가져갈 수 있도록 선택지를 만들었으니 남은 반죽에 색을 좀 섞어달라고 부탁했다. 그런 다음 엘로이즈를 놔두고 돌아다니면서 아이들이 어떻게 하고 있는지 살폈다. 엘로이즈에게 돌아왔을 때, 그 애는 여전히 가만히 앉아 반죽을 노려보고 있었다.

책 읽어주는 시간이 되자 아이들이 러그에 모여들었고, 나는 아이들과 엘로이즈를 함께 앉혔다. 다운증후군이 있는 브린은 우리 그룹의 재간둥이였다. 벌어진 앞니를 드러내는 웃음, 흩날리는 갈색 머리가 특징인 일곱 살 아이였는데 누구를 만나든 좋아하고 따랐다. 엘로이즈가 러그에 앉자 브린이 팔로 끌어안았다. "누나 너무 예뻐!" 브린이 신나서 말했다. 엘로이즈는 탐탁지 않은 표정이었다.

"아이들이 너무 가까이 오는 게 싫으면 떨어져달라고 부탁해도 괜찮아."

엘로이즈는 여전히 얼어붙어 있었다.

"브린, 엘로이즈 누나 안아주는 거 보기 좋은데 그래도 여기 와서 리안 옆에 앉아줄래?" 내가 옆자리를 가리키면서 말했다. 그 애는 엘로이즈를 놓아주고 달려왔다.

아이들에게 책을 읽어주면서 이야기 속 장면을 연기해보게 했다. 주인공 앨피는 새 고무장화를 신고 빗물 고인 웅덩이를 골라 밟으면서 첨벙거렸다. "철벅, 처얼벅, 처어얼벅!" 아이들은 내가 읽는 소리에 맞춰 와자지껄 외치며 쿵쾅거리면서 교실을 돌아다녔다. 엘로이즈로서는 도대체가 감당이 안 되는 상황이었다. 그 애는 뒤쪽 탁자로 물러났다.

집으로 돌아가려고 차에 탔을 때, 엘로이즈는 지쳐 보였다.

"오늘 어땠어?" 내가 물었다.

엘로이즈가 긴 숨을 토해냈다. "헤어우드에서 만난 애들이랑 비슷할 거라고 생각했는데 애네가 훨씬 힘들었어요."

"어떤 점에서?"

"몰라요."

"좀 버거운 느낌이었어?" 엘로이즈의 감정을 적절히 설명했길 바라며 내가 물었다.

"잘 모르겠어요."

"버거웠어도 괜찮아. 처음엔 모든 게 너무 낯서니까 늘 조금씩 버겁지. 점점 익숙해지고 그럼 또 나아질 거야."

침묵이 이어졌다. 몇 분 동안 엘로이즈는 옆쪽 창으로 풍경을 내다보았다.

"전 그 어린애가 별로예요." 엘로이즈가 마침내 입을 열었다.

"누구 말이야?"

"그 빨간 곱슬머리 여자애요."

"비디그 말이구나."

"이름도 진짜 이상해요."

"비디그는 빅토리아의 웨일스식 이름이야."

"빅토리아로 안 들리는데요."

"그렇지. 웨일스어니까. 켈트의 '부디카'하고도 관련 있는 이름이야. 왜 있잖아, 로마제국 점령군에게 대항한 전사 같은 여왕 말이야."

"흉한 이름 같아요."

나는 대꾸하지 않았다.

"전 걔 싫어요."

"이유가 뭐야?"

"모르겠어요. 그냥요. 걔가 거기 없었으면 좋겠어요."

다음 주 수요일에 엘로이즈는 학교 버스 정류장에서 날 기

겨울

다리고 있었다. 밝은 얼굴이었고 내 차가 멈추는 걸 발견하곤 손을 흔들었다.

"기분 좋아 보이네?"

엘로이즈가 차에 타면서 미소를 지었다. "맞아요!"

"펜어가르스 가고 싶었어?" 나는 기대하며 물었다.

"그런가 봐요. 선생님한테도 펜어가르스 이야기 했어요."

"어떤 선생님?"

"모리스 선생님요. 우리 학교 가정 선생님이에요. 가정 시간에 라이스 크리스피 같은 과자를 만들었는데, 언젠가 펜어가르스에서 그 과자를 만들 수 있을지도 모른단 생각이 들더라고요. 그래서 모리스 선생님한테 제가 펜어가르스에 가서 선생님을 도와준다고 했어요. 아무튼 그때 만든 놀이용 반죽처럼 과자 재료를 눌러서 여러 가지 모양으로 만들 수 있어요. 우리도 할 수 있고, 심지어 애들이 먹고 싶으면 먹을 수도 있어요!"

"정말 근사한 생각이다, 엘로이즈. 마음에 쏙 들어."

"그 과자 맛있었어요. 저만 먹을 수 있게 한 냄비 가득 만들고 싶을 정도로요." 그 애가 짓궂게 말했다.

나는 소리 내어 웃었다.

"근데 애들이 만들면 재미있어할 것 같다니까 모리스 선생님이 대뜸 뭐라고 했는 줄 알아요? 어린애들이 화상 입지 않게 엄청 신경 써야 된다고 안 하는 게 나을 거래요. 냄비에서 반죽 꺼낼 때 되게 뜨겁다고요." 엘로이즈는 콧방귀를 뀌었다. "그걸 제가 모르겠어요?"

"모리스 선생님이 조심성이 많아서 그러셨을 거야. 선생님들은 다들 그러시잖아."

"어쨌든 전 여전히 좋은 아이디어라고 생각해요. 얼마든지 조심할 수 있어요. 지난주에도 그랬고. 선생님이 펄펄 끓는 물까지 썼잖아요."

"더 큰 문제가 있어. 쓸 만한 냄비가 없다는 거야."

"아, 거기까진 생각 못 했어요." 엘로이즈가 기죽은 목소리로 말했다.

"괜찮아. 여전히 좋은 아이디어라는 건 변함이 없으니까. 그리고 언젠가 실제로 해볼 수 있을지 누가 알겠어."

우리는 말없이 몇 킬로미터를 더 달렸다.

"이번 주는 완전 엉망진창이었어요." 엘로이즈가 내게서 시선을 거두고 제 쪽의 창밖 풍경을 바라보면서 말했다.

"어째서?"

"일단 올리비아가 아파요."

"그래?"

"식중독 걸렸어요. 거의 죽을 뻔했어요."

"정말 안됐구나. 식중독에 걸리면 불쾌했을 텐데."

"마요네즈 때문에요. 햄샌드위치에 들어간 마요네즈. 마요네즈 들어간 음식을 너무 더운 데 뒀다가 먹으면 크게 탈 날 수 있잖아요."

"그래, 맞는 말이야." 나는 장단을 맞추면서도 촉각을 곤두세웠다. 엘로이즈는 엉망진창인 주였다는 투정으로 대화의 물꼬를 텄지만, 식중독 이야기를 시작할 때 말의 분위기가 미묘하게 변했다. 딱히 친구를 걱정하는 것처럼 들리지는 않았다.

거울

실제로 그 애의 말투는 흥미로운 가십거리를 들고 온 사람 쪽에 더 가까웠다.

"올리비아가 캠핑 여행 하고 있었는데 일행이 샌드위치를 만들어서 야외 테이블에 그냥 뒀나 봐요. 그래서 그렇게 된 거예요. 상한 샌드위치를 먹고 심하게 탈이 난 거죠. 올리비아는 아픈 걸 너무 싫어하거든요. 몸이 아프면 되게 초조해하고 속상해하는데, 그때마다 걱정 말라고 제가 다독여줘요. 식중독이 고약하긴 해도 이겨낼 수 있다고 말해주고 열심히 보살펴줬어요. 올리비아가 토할 때 머리카락도 잡아주고, 토하고 나서 기분이 나아지게 이마에 차가운 물수건도 올려줬어요. 이제 거의 다 낫긴 했는데 저한테는 힘든 일주일이었어요. 피곤해서 말도 안 나와요."

솔직히 말해서 엘로이즈의 말을 어떻게 받아들여야 할지 몰랐다. 듣기에 수상한 구석이 있는 이야기였고 나는 여전히 올리비아와 헤드웬이 어떤 기준으로 구분되어 쓰이는 건지 확실히 이해하지 못하고 있었다. 엘로이즈는 지금 헤드웬에 대해 이야기하는 걸까? 엘로이즈가 헤드웬에게 어떻게든 가까이 있는 상황은 상상할 수 없었다. 엘로이즈의 이야기는 가상의 인물이 등장하는 실제 사건일까? 아니면 실제 인물이 등장하는 가상의 사건일까? 인물도 사건도 꾸며낸 걸까? 아니면 모두 실제로 벌어진 일일까? 올리비아는 헤드웬일까, 아니면 전혀 다른 누군가일까?

"식중독은 닷새쯤 가거든요." 엘로이즈가 말을 이어갔다. "쉬지 않고 토하는 건 아니지만 기분이 진짜 나쁘고요. 다시 기운을 차리려면 시간이 좀 지나야 돼요."

"경험에서 우러나오는 말 같아." 내가 말했다. "식중독에 걸려본 적 있어?"

"아뇨. 근데 엄마가 식중독 자주 걸렸어요. 먹는 데 별 신경을 안 써요. 그때마다 제가 엄마를 돌봐줘야 했어요. 통에 토를 받아서 그 통 비워주고요. 전 엄마가 확실히 통에다가 토할 수 있게 해야 됐어요. 대런은 그런 거 싫어했을 거고요. 확실해요. 대런은 엄마 남자친구였는데요, 초콜릿으로 만든 찻주전자만큼 쓸모없는 인간이었어요."

"그런 책임감을 떠안기엔 그때 넌 너무 어렸는데."

"그렇긴 하죠." 엘로이즈가 무심한 어조로 말했다. "근데 누군가는 책임을 져야 되잖아요. 확실히 우리 엄만 그런 사람 아니었고요. 그래서 모리스 선생님이 뜨거운 냄비를 신경 써야 될 거라고 했을 때 너무 어이없었어요. 전 한 여섯 살 때부터 조리기구를 썼거든요. 가스레인지 불도 쓸 줄 알았고요. 먹을 건 항상 제가 만들어야 됐으니까요. 선생님은 아마 못 믿겠지만, 엄마랑 대런이 어디서 마약에 취해 집에 안 들어오는 바람에 먹을 게 다 떨어진 때가 하루이틀이 아니었거든요. 맥도날드에서 케첩을 몇 봉 훔친 적도 있어요. 감자칩을 케첩에 찍어 먹으면 감자튀김 맛 나는 거 알아요?"

개인사를 너무 과하게 드러낸 뒤 흔히 그렇듯이, 엘로이즈가 갑작스레 말을 멈추었다. 잠시 동안 한 손으로 자기 입을 막았다가 조금은 부드러운 어조로 말했다. "엄마가 일부러 그런 건 아니었어요. 엄마한테 그럴 의도가 없었다는 건 알아요. 앞

겨울

으로도 다른 애들처럼 지낼 수 없을 것 같아서 화나긴 했지만, 그건 그냥 술이나 그런 거 때문이었어요. 병 같은 거죠. 거기 한 번 휘둘리면 완전 딴사람이 되고, 자기가 사랑해야 되는 존재도 잊어버려요."

"힘든 시간을 보냈구나. 너도 엄마도 힘들었겠어."

"가끔 엄마 걱정도 해요." 엘로이즈가 부드럽게 말했다. "엄마랑 이야기할 수 있게 사회복지사 선생님들이 허락해주면 좋겠어요. 크리스마스 같은 날뿐만이라도요. 전 엄마가 어떻게 지낼지 자주 생각하거든요. 그렇지만 엄마한테 이제 친권이 없어서 저 만나러 못 와요. 전 엄마가 어떻게 지내는지 영원히 모를걸요?"

"틀림없이 너와 엄마에게 가혹한 일이야."

엘로이즈가 고개를 끄덕였다. "맞아요."

끈질기게 좋아해주기

"우리는 부정적인 연상을 하는 경향이
있어서 때로 한 사람에게서 느낀 감정이 다른
사람에게로 옮아가곤 해. 내가 처음 선생님이
됐을 때, 우리 반에 개빈이라는 어린 남자애가
있었어. 정말, 아주 버르장머리 없었지."

펜어가르스에 갈 땐 계곡에서 강으로 이어지는 구불구불한 도
로보다는 산 위로 곧장 올라가는 작고 좁은 산길을 타는 게 더
빨랐다. 산길로 접어들면 드넓은 황야 지대의 탁 트인 풍경과
마주할 수 있었고, 스노도니아의 숨 막힐 듯 아름다운 경치를
널리 굽어볼 수 있는 구간도 만나게 됐다. 산맥의 풍광은 언제
든 볼 때마다 새로웠다. 비스듬하게 비치는 빛, 움직이는 산그
림자, 옅은 안개, 이 모든 게 어우러져서 산맥 특유의 마법 같은
풍경을 빚어냈다.

　엘로이즈는 이 길을 다니는 걸 즐거워했고, 이따금 우리가
산꼭대기를 지날 때 파노라마 같은 광경이 펼쳐지면 감탄하곤
했다. 어느 날 오후였다. "여기 정말 좋아요. 나중에 차가 생기

면 꼭 여기 올라올래요. 이 위쪽에서 살 수 있으면 좋겠어요." 엘로이즈가 말을 마치고 갑자기 웃음을 터뜨렸다. "양치기가 될지도 모르겠어요!"

잠시 뒤 그 애가 말했다. "올리비아는 산을 정말 좋아해요. 스노도니아에서 살 거래요. '어글리 하우스' 같은 작은 집을 하나 구해서요. 선생님 그 집 어딨는지 알아요? 본 적 있어요? 가 본 적은요?"

"안에 들어가보진 못했고 차 타고 지나가면서 본 적은 있어."

엘로이즈가 말하는 집은 스노도니아 국립공원에 자리한 작은 웨일스식 집이었다. 대충 깎은 회색 돌로 지어 외벽이 울퉁불퉁한 1400년대 건물이었는데 동화 같은 모습을 간직하고 있어서 관광 명소로 떠올랐다.

"언젠가 올리비아랑 같이 그렇게 생긴 작은 집을 살 거예요. 어글리 하우스는 너무 유명하니까 절대 못 사겠지만 비슷한 다른 집들도 있거든요. 덩굴로 뒤덮인 카페가 있는데, 거기서부터 시작되는 특별한 뒷길이 있어요. 예전에 다른 위탁가정에서 지낼 때 아줌마랑 아저씨가 여름이면 가끔씩 절 거기 데려갔어요. 그쪽에 놀 만한 호수가 있었거든요. 그 호수를 지나서 계속 가면 어글리 하우스가 나오는데 그 길에 어글리 하우스처럼 생긴 오래된 작은 집들이 늘어서 있어요. 집들이 드문드문 하나씩 있는데 진짜 아름다워요. 나중에 올리비아랑 거기 있는 집 하나를 사서 고칠 거예요. 동물을 키울 수도 있겠죠? 닭을 키우고 싶어요. 전 닭이 좋아요."

엘로이즈가 먼 곳을 바라보며 혼자 미소 지었다. 산언덕을 따라 내려오자 산들의 풍경이 저만치 사라졌는데도 여전히 산이 보이는 것처럼 계속 창밖을 응시했다.

"바다가 좋다는 사람들도 있잖아요. 늘 해변으로 달려가고 싶어 하고, 쉬는 날이면 모래와 바다가 보이는 더운 곳에 가고 싶다고 외치는 사람들이요. 블랙풀*이나 마데이라제도** 같은. 근데 전 아니에요. 올리비아도요. 우린 산이 제일 좋아요." 엘로이즈가 나를 바라보았다. "선생님도 그렇죠? 산속에 있는 작은 농장에 살잖아요. 선생님은 일 그만두고 해변 방갈로 같은 데 살진 않을 것 같아요."

나는 미소 지었다. "은퇴하려면 아직 멀었어."

"선생님 늙었잖아요."

"그렇게 늙지는 않았거든." 나는 활짝 웃으며 말했다. "어쨌거나 네 말이 맞아. 나도 산이 더 좋아."

"당연하죠." 엘로이즈가 흡족해했다. "산이 최고예요."

나는 여전히 올리비아가 누구인지 알아내려고 애썼다. 처음에는 가상의 헤드웬이라고 추측했지만, 엘로이즈의 수다를 들으면서 더 많은 일이 숨겨져 있다고 직감했다. 내가 볼 때 식중독 이야기는 미심쩍었다. 수 푸는 최근에 엘로이즈가 파월네 가족을 귀찮게 한 일이 없었다고 했고 헤드웬이 아프다고 언급한 적도 없었다. 엘로이즈가 지어낸 이야기일 가능성이 컸다. 산길을 지나면서 대화를 나눈 후 문제는 더 어려워졌다. 엘로

* 잉글랜드 북서부 랭커셔주에 있는, 아일랜드해에 면한 휴양지.
** 아프리카 북서부에서 약간 떨어져 있는 포르투갈령의 제도.

겨울

이즈는 처음에 헤드웬이 해양생물학자가 되고 싶어 한다고 말하지 않았던가. 해양생물학자는 산에서 살고 싶다는 사람한테 어울리는 직업은 아니었다.

올리비아 문제를 어떻게 처리하는 게 최선의 방법인지 생각해내기란 어려웠다. 단도직입적으로 물으면 엘로이즈는 침묵했다. 하지만 엘로이즈와 헤드웬 사이에 일어난 일을 이해하는 데 올리비아는 중요한 열쇠 같았다. 그 애가 이야기를 계속하도록 내버려두어야 했다.

엘로이즈가 먼저 올리비아를 대화에 끌어들였으니 올리비아 이야기를 이어가도 괜찮을 것 같았다. 내가 물었다. "올리비아한테 반지는 돌려줬어?"

갑작스레 대화 주제가 넘어가자 엘로이즈는 당혹스러워했다. 그 애는 이맛살을 찌푸리면서 나를 바라보았고, 상황을 판단하려는 듯 오랫동안 말을 잇지 못했다. 달리 말하자면 엘로이즈는 내 질문의 의도를 파악하려고 안간힘을 쓰고 있었다. 아니면 엘로이즈는 단순히 어떻게 대답할지 생각하는 데 대체로 긴 시간이 필요한 걸지도 몰랐다. 그 애는 조심스러운 목소리로 대답했다. "아뇨. 올리비아가 그냥 저 가지래요."

흥미로운 대답이었다. 엘로이즈가 처음 나에게 도움을 청한 건 올리비아에게 반지를 돌려주고 싶어서였고, 그 문제가 해결되었다면 그 사실을 내게도 알렸을 것이다. 하지만 엘로이즈는 그 문제를 말한 적이 없었다. 이건 엘로이즈가 나와 계속 만나기 위해 그 일을 숨겼거나 애초에 반지 이야기가 꾸며낸 것이라서 까맣게 잊어버렸다는 의미였다. 후자가 좀 더 그럴듯했다.

"그럼 반지는 더 이상 문제 되지 않는 거네?" 내가 물었다.

엘로이즈는 자기가 꾸며낸 이야기가 그럴싸하게 들리지 않는다는 걸 깨달았는지 뺨을 붉혔다. "저 때문에 화났어요?" 그 애가 내 눈치를 살피며 물었다.

"아니야. 그냥 궁금했을 뿐이야."

엘로이즈는 자신의 핸드백을 열어 안을 뒤적거렸다. 휴지를 펼쳐 반지를 꺼내 손가락에 끼우더니 손을 들어 내게 보여주었다. "보세요. 여기 있잖아요. 제가 안 훔친 거 올리비아도 알아요. 용서도 받았어요."

"그래, 잘됐다. 일이 해결되었다니 기뻐."

"선생님, 화났어요?" 그 애가 재차 물었다.

"화난 건 아니지만 조금 놀라긴 했어. 처음에 각별히 애를 써서 날 찾아왔고 그게 다 반지 때문이라고 설명했으니까."

오랫동안 대화가 끊겼다. 엘로이즈는 숨이 막히기라도 한 듯 가슴 위를 지나는 안전벨트를 어깨 밖으로 밀어내고 자세를 고쳐 앉았다. 그리고 모기만 한 목소리로 말했다. "이제 반지 돌려줄 필요 없는데도 도와줄 거예요?"

"여전히 널 도와주길 바라니?"

엘로이즈가 고개를 끄덕였다. "네. 그러면 좋겠어요."

"그럼 좋아. 우린 괜찮을 것 같다."

아이들은 늘 간절히 기다렸다는 듯이 엘로이즈를 반겼다. 그날 오후 우리가 도착했을 때, 피온은 엘로이즈의 팔을 붙들고 남동생에 대해 종잡을 수 없는 이야기를 늘어놓기 시작했

겨울

다. 피온의 동생은 우리에게 '어린 아기'라는 의미의 웨일스어 '바반 바흐Baban Bach'로 통했다. 피온이 엘로이즈를 의자 쪽으로 끌고 가자 다른 두 여자애가 킬킬거리며 그 뒤를 따라갔다.

엘로이즈는 여전히 아이들과 스스럼없이 교류하는 데 주저하긴 했지만 아이들을 조금씩 덜 두려워하게 되었다. 여기까지 오는 데에는 외향적이기로는 둘째가라면 서러운 피온이 많은 도움을 주었다. 처음 펜어가르스 심화그룹치료에서 만났을 땐 피온 때문에 정신이 없었다. 그 애는 늘 자기와 함께 놀아주길 바라고 옷을 잡아당기고 팔에 엉겨 붙고 내 머리와 얼굴을 쓰다듬는 데다가 무슨 이야기든 간에 쉴 새 없이 재잘거리는 활발한 성격이었다. 하지만 엘로이즈에게는 바로 그런 게 필요했을지도 모른다. 선의를 가지고 끈질기게 좋아해주는 것. 왜냐하면 피온은 이번 세션에서도 시작하자마자 엘로이즈에게 찰싹 달라붙어 손을 잡고 팔짱을 끼고 재잘거렸기 때문이다. 영어와 웨일스어가 뒤섞인 자신의 말을 엘로이즈가 알아듣든 말든 전혀 개의치 않았다. 오늘의 세션이 끝나갈 즈음, 엘로이즈는 피온에게 미소 지으며 옆에 와서 앉으라고 손짓했다.

그날 심화그룹치료에서는 율동과 함께 동요를 부르면서 왁자지껄한 시간을 보냈다. 세션이 끝날 무렵, 아이들을 진정시키기 위해 흥분을 가라앉히는 시각화 활동을 해보기로 했다.

"각자 설 자리를 찾아봐. 모두 제자리로 가줄래? 브린, 자리로 가. 루이스 도와주지 않아도 돼. 좋아, 준비됐지? 자, 모두 눈을 감자."

나는 아이들을 둘러보았다. "비디그. 눈 감으세요. 카이 디허가이드Cau dy llygaid(눈 감으렴)." 나는 손으로 내 눈을 만져 보였다.

비디그는 멍하니 나를 바라보았다. 다른 애들을 둘러보니 비디그를 제외한 모든 아이들이 눈을 감은 채 서 있었다. 엘로이즈도 동참했다. 피온은 엘로이즈 팔에 들러붙어 있었다.

다른 아이들이 시각화 활동을 시작하면 비디그도 눈을 감길 바라면서 그대로 놔두었다.

"우리가 눈사람이 됐다고 상상해보자. 어디에서 만들어졌을까? 아마 각자의 집 앞마당 아니면 뒷마당, 혹은 공원에 서 있을 거야. 어디든 좋아. 눈이 내리고 있고 주변은 드넓어. 잠시 시간을 들여서 크고 새하얀 눈사람이 됐다고 상상해봐. 마음속에 널 만드는 아이들 무리를 그려봐. 먼저 아이들이 배 부분을 만들려고 커다란 눈덩이를 굴리고 있어. 다음으로 너무 크지도 작지도 않게 가슴 부분의 눈덩이를 만들고 힘껏 들어서 배 부분 눈덩이에 올려봐. 그다음 작은 눈덩이를 빚어서 머리를 만들어. 아이들이 눈을 뭘로 만들어 달았을까? 연탄 부스러기? 돌멩이? 아니면 다른 거? 코는 어때? 당근으로 만들었을까? 입은 또 뭘로 만들었을까?"

"제 눈은 밤으로 만들었어요!" 베선이 불쑥 튀어나왔다. 그에 질세라 다른 몇몇 아이들도 저마다 제 눈이며 코가 무엇으로 만들어졌는지 말했다. 아이들을 진정시키고 다시 시각화 활동에 집중하도록 했다.

"너희들은 꼿꼿하고 당당하게 서 있어. 꼿꼿하고 당당한 눈사람이야.”

"제 팔은 나뭇가지sticks라서 이렇게 튀어나왔어요.” 루이스
가 자기 팔을 내밀면서 끼어들었다. "그래서 팔이 튀어나와 있
잖아요stick out." 말장난이 재미있다는 듯 웃었다.

"그래, 좋아, 루이스. 눈은 계속 감고 있어줘. 네가 얼마나 꼿
꼿하고 당당한 눈사람이 됐는지 보여줄래?”

곁눈질로 엘로이즈를 보니 다른 아이들처럼 꼿꼿하고 당당
하게 서 있었다. 엘로이즈가 참여하는 모습을 보고 있자니 뿌
듯했고, 유치해 보일까 봐 걱정하는 십대처럼 굴지 않아서 다
행스러웠다.

"그리고 이제… 서서히 해가 떠. 하늘은 맑고 푸르고, 햇살은
따스한 아름다운 날이야. 날씨가 점점 더 따뜻해져. 너희한테
무슨 일이 일어날까?”

"저는 춤춰요!" 케이티가 소리치더니 방을 빙빙 돌며 흥겹게
춤을 췄다. 물론 다른 아이들 몇 명도 덩달아 춤추기 시작했다.

"케이티. 넌 눈사람이야. 꼿꼿하고 당당한. 눈사람은 다리
가 없으니까 돌아다니면서 춤출 수 없겠지? 다른 친구들도 마
찬가지야. 너희들은 다리가 없어! 그러니까 꼿꼿하고 당당하게
서 있어야지. 선생님이 했던 말을 잘 생각해 봐. 해가 뜨고 날씨
가 점점 따뜻해지고 있어. 그러면 눈사람에게 무슨 일이 벌어
지지?”

"녹아요.” 엘로이즈였다. 엘로이즈는 그렇게 대답하고는 나
만큼이나 놀란 것 같았다. 당황했는지 눈을 번쩍 뜨며 손으로
입을 가렸다. 나는 조용히 웃었다.

"딩동댕! 밝은 해가 뜨면 눈사람은 녹아. 눈사람이 녹는 동작을 해볼까? 천천히, 천천히 녹는 거야. 먼저 머리가 녹기 시작해. 머리에 따뜻한 햇빛이 내리고 있어. 머리가 온통 부드럽고 질척질척하게 변해. 점점 너희들의 팔이 아래로 처지기 시작해….'"

나는 계속해서 녹아내리는 눈사람을 차례차례 묘사했다. 대부분의 아이들이 이 과정을 잘 따라 하면서 바닥으로 녹아내리는 시늉을 하고 있었다. 비디그만은 예외였다. 그 애는 시각화 활동 내내 눈을 감지 않았고, 눈썹을 찌푸린 채 나를 쳐다보았다. 이 활동을 웨일스어로 진행할 수 없는 게 못내 유감스러웠다. 영어로 진행해서 비디그에게는 분명 더 어렵게 느껴졌을 것이다. "두트 틴 토디Dwt ti'n toddi."(너는 녹고 있어.) 나는 비디그에게 녹으라고 하기는 했지만, '시늉하다'를 웨일스어로 어떻게 말할지 몰랐다. 그래서 비디그의 당황스러운 표정이 그 애가 내 웨일스어를 이해하지 못했기 때문인지, 아니면 뜻은 이해했지만 내가 왜 자기를 녹이고 싶어 하는지 알 도리가 없어서 그러는 건지 분간할 수 없었다.

다른 아이들은 이내 바닥으로 주저앉으며 잔잔한 물웅덩이를 표현하더니, 서서히 눈을 뜨기 시작했다. 엘로이즈는 약간 녹았지만 완전히 녹지는 않아서인지 바닥에 앉지는 않은 상태였다. 참견하는 데 선수인 피온은 비디그가 여전히 서 있는 걸 알아차리고 그 애에게 다가갔다. 그리고 한바탕 웨일스어를 쏟아내더니 비디그의 양쪽 어깨를 누르며 강압적으로 바닥에 주저앉히려 들었다. 비디그는 저항하면서 소리를 빽 지르더니 달

겨울

아났다.

"선생님, 쟤는 투푸twp예요. 계속 가만히 있어요." 피온이 고자질했다.

"그렇게 말하면 못써. 여기서는 친구들에게 나쁜 말 쓰면 안 돼." 내가 가볍게 나무랐다. "그리고 비디그가 이 활동을 하고 싶어 하든 아니든 그건 중요하지 않아. 이 활동은 그냥 재미로 하는 거야. 긴장 풀고 즐거운 기분으로 집에 돌아가야 좋겠지? 그러니 이제 각자 짐을 챙겨서 엄마나 아빠를 찾아보자."

"아니면 나인nain(할머니)!" 피온이 외쳤다. "다우 버 나인Daw fy nain!"(전 할머니가 데리러 와요!)

"그래. 엄마, 아빠, 나인, 돌봄 선생님, 활동이 끝나면 데리러 오시는 분을 찾아봐."

이내 아이들에게 비옷을 입히느라 여느 때처럼 북새통이 벌어졌다. 마지막 아이가 문을 나서는 순간 갑자기 고요해졌다.

물건을 챙기러 방으로 다시 돌아왔을 때 내가 혀를 쑥 내밀며 지쳤다는 티를 냈다.

"네. 저도 완전 녹아버렸어요." 엘로이즈가 눈을 반짝이면서 말했다.

그 애의 입가에 작은 미소가 번졌다. "화장실 가는 길에 뒷문 있잖아요, 그 옆에 작은 부엌이 있더라고요. 집에 가기 전에 차 한잔 마시고 싶어요." 엘로이즈가 뻐기듯 말하며 자기 가방을 열었다. "같이 마실 티백 챙겨 왔어요. 그리고 우유도!"

찻잔을 품에 안고 의자에 앉으며 엘로이즈가 말했다. "그런데 비디그 걔는 뭐가 문제예요?"

"발달지연이 있어."

"저능아라는 거죠?"

"그런 단어로 사람을 설명하는 건 부적절해."

"뭐, 저도 투푸가 무슨 뜻인지 정도는 알아요. 그리고 비디그가 오늘 한 활동을 조금도 이해 못했다는 거 몰라보는 사람이 어딨어요?"

"비디그는 아주 어려운 환경에서 자랐어. 게다가 의사들도 알아내지 못한 유전적 문제를 안고 있거든. 그래서 오늘 활동을 좀 어려워했어."

"에이, 아닌 것 같은데요. 걘 눈사람 흉내도 못 냈어요." 엘로이즈가 무시하듯 말했다.

"그건 문제가 안 돼. 비디그는 준비가 되면 시각화 활동도 따라올 거야."

"애들이 비디그 안 좋아해요. 걔가 이상하다고 생각해요. 선생님이 안 보는 틈을 타서 걜 괴롭히는 애들을 제가 뜯어말려야 돼요. 베선은 비디그한테 침도 뱉었어요. 여자애들이 화장실 갔을 때요."

"네가 바로 말렸길 바란다."

"당연히 그랬죠." 엘로이즈가 언짢은 목소리로 말했다. "그럼 제가 어떻게 했을 거라고 생각했어요? 같이 침이라도 뱉었을까 봐요?"

대화가 끊겼다. 엘로이즈는 작은 부엌을 이리저리 돌아다니다가 다시 나를 바라보았다.

"걜 보면 제 여동생이 생각나요."

거울

"비디그?"

"동생도 비디그처럼 빨간 머리였고 곱슬도 심했어요. 엄마는 비디그가 쓰는 머리끈이랑 똑같은 걸로 동생 머리를 묶어줬어요. 전 그 머리 모양 너무 흉한 것 같아요. 더구나 비디그는 머리숱도 거의 없어서 곱슬곱슬한 빨간 솜덩어리를 두 개 달아놓은 것처럼 보이잖아요. 그런 머리를 하면 누가 말해주지 않아도 투푸처럼 보여요."

"전에도 그 앨 좋아하지 않는다면서 이유는 말하지 않았어. 그렇게 강렬한 감정을 느낀 게 그 이유인 것 같아?" 내가 물었다. "비디그를 보면 네 여동생이 생각나서?"

"아뇨." 엘로이즈가 씩씩댔다.

잠시 침묵이 흘렀다.

"제 동생은 '발달지연' 없는데요. 걔는 눈사람 흉내 정도는 식은 죽 먹기로 해냈을 거예요. 겨우 네 살이었다고 해도요."

"우리는 부정적인 연상을 하는 경향이 있어서 때로 한 사람에게서 느낀 감정이 다른 사람에게로 옮아가곤 해. 내가 처음 선생님이 됐을 때, 우리 반에 개빈이라는 어린 남자애가 있었어. 정말, 아주 버르장머리 없었지. 그래서 꽤 오랫동안 개빈이라는 이름의 남자애들을 좋아하기 어려웠어. 그 이름이 버릇없이 행동하는 누군가를 자꾸만 떠오르게 했거든."

엘로이즈가 혐오스럽다는 표정으로 나를 바라보았다.

"와, 그렇게 쉽게 휘둘린다니 선생님이 제 학교 선생님이 아니라서 천만다행이네요. 개빈이란 애들이 불쌍해요. 선생님이 오래전에 안 좋아했던 애랑 어쩌다가 이름만 같았을 뿐인데."

엘로이즈가 따지듯 말했다.

그 말이 바로 내가 하려던 말이라고는 덧붙이지 않았다.

엘로이즈는 흥분이 가라앉지 않은 것 같았다. "아무튼 그건 저랑 상관없어요. 제 여동생 이름은 에비고 전 선생님이 방금 말한 것처럼 행동한 거 아니니까요."

겨울

봄

투명인간

"선생님한테 전 그냥 여러 사례 중에
하나잖아요. 진단명, 체크박스 몇 개, 짜증
나게 높이 쌓인 서류 더미일 뿐이라고요.
───── 선생님은 절 볼 줄 몰라요."

엘로이즈는 매주 수요일마다 펜어가르스의 심화그룹치료에
함께 왔다. 아이들과 지내는 걸 좋아하는 성격은 아니었지만,
나와 차를 타고 거기까지 오가는 건 분명히 즐거워했다. 우리
가 가장 흥이 나서 대화를 나눌 수 있었던 것도 바로 그 시간이
었다. 그때의 대화가 깊이 있고 진지한 심리적 통찰로 가득 차
있었다는 말은 아니다. 엘로이즈는 가벼운 주제로 대화를 이끌
어가는 데 능숙했고 주로 드라마며 리얼리티 쇼 스타들, 화장
품과 화장법에 관한 이야기를 주절거렸다. 엘로이즈는 차 만드
는 것만큼이나 이런 대화를 즐겼고 우리는 서로 기꺼운 마음으
로 이 시간을 기다렸다. 나는 엘로이즈의 조용한 성격과 건조
한 유머 감각을 차츰 좋아하게 되었다.

엘로이즈는 서서히 피온에게 마음의 빗장을 열었다. 아마도 피온이 정말, 진심으로 엘로이즈를 좋아했고 엘로이즈가 하는 모든 일마다 감탄하며 그 마음을 조금도 숨기지 않았기 때문일 것이다. 엘로이즈는 매니큐어에 집착하는 것 같았다. 다양한 색깔을 칠해보는 걸 무척 좋아했는데, 피온은 그 모습에 탄복하곤 했다. 피온은 매주 엘로이즈가 어떤 색 매니큐어를 칠했을까 궁금해하며 기다렸다.

엘로이즈는 통합운동장애를 가진 리안에게도 더할 나위 없이 자상했다. 리안은 장애 때문에 몸의 움직임이 섬세하지 못하고 어설픈 데다가 언어장애까지 있어서 자꾸만 남의 눈치를 살폈다. 엘로이즈는 리안이 단체활동에 참여하길 꺼린다는 걸 알아차린 후 그 애를 빠뜨리지 않도록 챙기면서 활동에 참여하게끔 구슬리는 일을 잘해냈다.

매주 심화그룹치료 활동을 할 때마다 엘로이즈는 당황했다. 활동에 빠짐없이 참여하긴 했지만 자의식을 완전히 내려놓을 수는 없어서인지 늘 어떤 역할을 연기하는 것처럼 부자연스럽게 행동했다. 유치한 활동을 해볼 기회가 거의 없었던 어린 시절의 학대 경험 때문인지, 아니면 그저 바보처럼 보일지도 모른다는 청소년기 특유의 걱정 때문인지 분간할 재간이 없었다.

세션이 끝나면 차 한잔을 만들어 마시는 것이 우리가 갖는 일종의 의례였다. 엘로이즈는 필요한 물품을 챙겨 오는 것부터 시작해서 차를 끓이고 내오기까지 차와 관련된 모든 과정을 즐거워했다. 15분 정도 마주 앉아 차를 마시는 시간까지. 그때는 주로 가벼운 기분으로 방금 마친 세션에 대해 수다를 떨었다.

봄

엘로이즈는 웃으면서 아이들이 보인 재미있는 행동에 대해 들려주기도 했다. 때로 자기가 어떤 활동을 제대로 이해하지 못했을 때 그 활동의 의미를 명확하게 알려달라고 하기도 했다. 하지만 우리의 대화는 그저 무해한 잡담이었다. 나는 이 시간 자체, 함께 차를 마시면서 수다를 떠는 지극히 평범한 일에 왜 엘로이즈가 적극적으로 반응하는지를 곰곰이 따져보았다. 엘로이즈의 세계에서 '평범함'은 안전한 성인과 맺은 일대일 관계일 때 더욱 소중하고 흔치 않은 것임에 틀림없었다. 불현듯 엘로이즈에게는 '평범함'이 실제로 치료제가 될지도 모르겠다는 생각이 들었다.

편하게 대화를 나누는 도중에도 두 가지 주제는 결코 등장하지 않았다. 하나는 헤드웬이었다. 엘로이즈와 함께 보낸 시간 전체를 통틀어서 보아도 그 애가 자진해서 헤드웬을 언급한 적은 한 번도 없었다. 이상한 일이었다. 헤드웬 파월은 틀림없이 엘로이즈의 머릿속에서 무척이나 많은 공간을 차지하고 있었을 테니까. 엘로이즈가 헤드웬을 언급하지 않는 게 헤드웬에 대한 집착이 옅어지기 시작했다는 징표였으면 싶었다. 엘로이즈는 나와 함께 펜어가르스를 오가던 지난 몇 주 동안 단 한 차례도 파월네 집으로 달려가지 않았다. 3주, 4주 그리고 5주가 흘렀다. 엘로이즈의 행동은 다른 부분에서도 개선되고 있었다. 수 푸가 전화를 걸어 달뜬 목소리로 엘로이즈가 학교도 빼먹지 않고 수업에도 참여하고 무단결석도 하지 않았다고, 6주 넘게 가출도 안 했다고 알려주었다.

대화에서 사라진 또 하나의 주제는 올리비아였다. 차에서 식중독과 반지 사건 이야기를 나눈 적이 있긴 하지만 그 두 번이 끝이었다. 그 후로는 엘로이즈가 올리비아를 입에 올린 적이 없다. 그 때문에 나는 헤드웬과 올리비아가 동일인이고 올리비아는 아마도 가상의 헤드웬이며, 헤드웬에 대한 엘로이즈의 관심이 줄어들면서 올리비아에 대한 관심도 식었다는 것을 그 어느 때보다 확신했다.

물론 헤드웬과 올리비아에 대해서 엘로이즈에게 단도직입적으로 물어볼 수도 있었지만 굳이 그럴 필요가 없었다. 이젠 6회의 세션 내에 엘로이즈에게서 정보를 얻어내야 하는 제약도 사라져서 시간도 충분했다. 그러니 엘로이즈가 스스로 나서서 본인 이야기를 들려주도록 내버려두는 편이 좋을 거라 판단했다. 이렇게 엘로이즈가 대화 내용을 주도할 수 있게 해서 그 분위기에 힘입어 결국 그 애가 나를 더욱 편안하게 신뢰할 수 있었으면 했다. 하지만 엘로이즈가 주제를 이끌어가도록 유도하면서도 대화의 전체적인 '풍경'을 파악하는 일도 못지않게 중요했다. 얼마나 다양한 주제를 다루든, 그 주제가 언제 등장하든, 엘로이즈가 그 주제를 어떤 식으로 펼쳐가든 말이다. 이를 통해 엘로이즈의 사고가 어떻게 전개되는지, 엘로이즈가 무엇에 우선순위를 두는지 그리고 어떻게 문제를 해결하는지에 대한 통찰을 얻을 수 있었다.

봄이 왔다. 농장에서 연중 가장 노동집약적인 작업이 이루어지는 시기가 닥쳤다. 양의 출산을 준비해야 했다. 나는 검은 웨일스 산양 예순 마리를 기르고 있었다. 습하고 산이 많은 웨

봄

일스 시골에서 잘 자라는, 작지만 튼튼한 원시 품종이었다. 4월 한 달은 모든 일이 양의 출산과 관련되어 있었다.

　농지와 큰 관련 없이 사는 이들로서는 솜털이 보송보송한 어린 양의 출생 때문에 일주일에 7일, 하루에 24시간 동분서주하는 삶을 상상하기 어렵다. 하지만 봄이 되면 양을 키우는 이 나라의 모든 농장에서는 6주 동안 평범한 일상이 송두리째 중단된다. 농부들은 새끼 양을 살뜰하게 보살피기 위해 하루 종일 헛간을 들락날락해야 한다. 삶과 죽음을 가르는 경계선이 위태로울 정도로 흐릿한 시기이기 때문이다. 이런저런 이유로 새끼 양이 스스로 어미 양의 몸에서 나오지 못하면 새끼 양들을 천천히 '잡아당겨' 꺼내야 한다. 또한 새끼 양들이 걸음을 떼고 어미의 헝클어진 양털에 파묻힌 젖을 찾아 먹을 수 있도록 도와야 한다. 때로는 꿈지락거리는 축축하고 작은 덩어리가 자신의 새끼임을 받아들이지도 돌보지도 않는 어미 양을 설득해야 한다. 운이 없으면 어미는 설득에 넘어가지 않을 테고, 그러면 별 수 없이 꼭두새벽에 일어나서 끓인 물에 새끼 양 전용 조제분유(실제로 이런 분유가 있다)를 타 밥 먹기 싫어하는 새끼 양에게 젖병을 물려야 한다. 이런 상황이면 아주 잠깐씩만 눈을 붙일 수밖에 없다.

　이런 이유로 심화그룹치료는 몇 주 동안 중단되었다. 자연스럽고 당연한 일이었다. 이 지역 사람들은 대부분 시골에 살아서 갖가지 이유로 양이 필요했기에 양의 출산에 매달려야 했다. 설령 내가 심화그룹치료를 중단할 필요가 없었다 해도, 아이들 가정의 상당수가 양을 돌보느라 눈코 뜰 새 없이 바빠서 아이들을 세션에 데려다주고 데려가는 일이 무리였다. 결국 심화그룹치료 활동은 잠시 멈추게 되어 나는 엘로이즈에게 미리 이 사실을 여러 차례 알렸다. 그 애는 괜찮다며, 우리가 만나지 못하는 이유를 이해했고 5월 초에 다시 만나길 기대한다면서 날 안심시켰다.

4월 하순이 되면서 양들 대다수가 새끼를 낳았기에 이제는 어미 양의 보살핌을 받지 못하는 새끼 양을 주로 돌봐야 했다. 내가 돌보는 양들은 대부분 세 쌍둥이 중 막내였다. 양은 젖꼭지가 두 개밖에 없어서, 새끼를 세 마리 낳으면 골고루 젖을 먹이기 어려워 결국 가장 약한 새끼 양은 죽는다. 특히 좁은 방목지에서 살아가는 산양에게는 비일비재한 일이다. 따라서 세 쌍둥이가 태어나면 그중 가장 비실비실한 양을 어미에게서 데려와 분유를 먹여 살리려고 한다. 처음에는 이 일에 어마어마한 품이 든다. 새끼 양은 한 번에 먹는 양이 적어서 네 시간마다 젖병을 물려야 하기 때문이다. 하지만 일단 분유를 먹고 나면 잠들고 보통 그사이에 얼마간 다른 일을 할 수 있는 틈이 생긴다.

4월 한 달 내내 날씨가 더없이 청명했다. 어느 날 나는 새끼 양들에게 분유를 먹인 후 텃밭으로 나갔다. 밭을 갈고 감자 심을 준비를 하기 위해서였다.

양쪽에 산울타리가 쳐진 전용 진입로를 따라 들어오면 우리 집과 농장 건물이 있었고, 텃밭은 진입로 바깥에 조성되어 있었다. 텃밭에서 쇠스랑으로 땅을 일구는데 건너편에서 누가 산울타리를 따라 걷는 기척이 들렸다. 흔히 있는 일이 아니었다.

봄

우리 집은 마을과 동떨어진 외딴곳에 자리해서 걸어다니는 사람이 거의 없었다.

아침나절이라 남편은 회사에 딸은 학교에 가 있을 시간이었다. 나와 래브라도 강아지 미키만 집에 남아 있는데 인기척이 들려서 약간 당황했다. 산울타리에 가려서 누구인지 알 길이 없었기에 텃밭 문을 열고 헛간 쪽으로 나갔다. 미키는 겁이 많았지만 이런 상황에서는 로트와일러 같은 용맹한 사냥개로 돌변할지도 모른다는 기대를 안고 데려갔다.

엘로이즈가 서 있었다.

그 애는 마치 어제 만난 것처럼 나를 향해 해맑게 웃었다.

"선생님 만나러 와야겠더라고요. 못 본 지, 음, 너무 오래됐잖아요. 양들 좀 봐도 돼요?"

"여기까지 어떻게 왔어?" 내가 다그쳤다.

"버스요." 엘로이즈가 밝게 대답했다.

"여기서 제일 가까운 버스 정류장도 5킬로미터나 떨어져 있는데."

"알아요. 정류장부터 걸어서 왔죠." 엘로이즈는 어쩜 그렇게 바보 같은 질문을 하냐는 듯 말했다. "저번에도 와봤잖아요. 기억 안 나세요? 그때 밤에 왔다고 엄청 화내서 오늘은 낮에 왔어요." 천진난만하기 그지없는 어조였다. 엘로이즈는 착한 학생처럼 내 조언을 충실히 따랐다는 데 적잖이 만족하는 듯했다.

"지금 학교에 있어야 할 시간 아니야?"

엘로이즈는 대충 어깨를 으쓱하더니, 내 뒤쪽을 가리키면서 말했다. "저기 수선화도 선생님이 심은 거죠? 너무 예쁘다."

마음 같아서는 엘로이즈의 명랑한 행동에 똑같이 반응하고 싶었다. 그 애는 날 만났고, 밝은 대낮에 아름다운 풍경 속에 서 있어서 정말 기쁜 것 같았다. 엘로이즈에게 텃밭도 보여주고, 함께 농장도 한 바퀴 돌고, 양에게 젖병을 물리게도 해보면 재미있을 것이다. 하지만 한편으로는 그런 일들이 도무지 내키지 않았다. 여러 측면에서 옳지 않았기 때문이다. 학교에 가지 않았다는 걸 무심히 인정하는 태도에서 엘로이즈가 무단결석을 대수롭지 않게 여기는 것도 모자라 나 역시 마찬가지일 거라 기대한다는 느낌을 받았다. 우리 집에 느닷없이 나타나는 건 그보다 더 심각한 문제였다. 부적절한 행동이었고, 생각해보니 엘로이즈가 지난번에 불쑥 나타났을 때 이 점을 분명하게 짚어주지 않았던 것 같다. 그냥 혼자 시골길을 걸을 때 생길 수 있는 안전 문제에 그치는 일이 아니라 명백히 선을 넘는 일이었다. 파월네 집에 불쑥 찾아가는 게 적절하지 않은 것과 마찬가지로 우리 집에 난데없이 나타나는 것 역시 부적절한 일이었다. 이 문제를 아무렇지 않다는 듯 넘어가고 싶지는 않았다.

"저건 딸 자전거예요?" 엘로이즈가 마당 너머를 가리키면서 물었다.

"일단 여기서 기다리고 있어. 씻고 와서 학교로 바래다줄게."

"집 구경해도 돼요?"

"엘로이즈, 들어봐."

"저 그네도 선생님 딸이 타요?"

"엘로이즈, 잘 들어. 우린 차를 탈 거고, 넌 학교로 돌아갈 거야."

봄

엘로이즈는 손을 뻗어 미키를 쓰다듬으려고 했다. "애는 이름이 뭐예요?"

"내 말 들어. 안 돼. 이런 식으로 행동하면 안 돼. 파월네 집에 불쑥 찾아가는 게 적절하지 않은 것처럼 우리 집에 난데없이 찾아오는 것도 마찬가지야. 미안하다."

불현듯 상황을 이해했는지 엘로이즈의 얼굴이 충격에 휩싸였다. 그 애의 표정이 마치 내가 휘두른 칼에 찔리기라도 한 것처럼 일그러졌다.

"짜증 나, 그냥 개 이름이 궁금했을 뿐이에요. 이름이 뭔지만 물어봤잖아요!" 엘로이즈가 애처롭게 소리쳤다. "그게 그렇게 잘못이에요?" 미처 대답하기도 전에 그 애는 갑자기 돌아서더니 총알처럼 진입로를 내달려 도로로 향했다.

나는 백 미터쯤 뛰어서 따라가다 멈춰 섰다. 신고 있는 장화가 불편해서 계속 달리다간 넘어질 것 같았다. 차를 타야 엘로이즈를 붙잡을 수 있었지만, 모든 걸 멈추고 쫓아가기에는 상황이 그리 간단치 않았다. 곧 어린 딸이 학교에서 집으로 돌아올 시간이었고, 헛간에서는 아까부터 새끼 양들이 매애 하고 울며 식사를 기다리고 있었다. 엘로이즈를 붙잡아 이야기를 나눈 다음 안전하게 집까지 데려다주어야 한다는 것을 알았지만, 그 전에 해치울 일들이 산적해 있었다.

시아버지와 함께 산다는 게 그나마 다행이었지만 그분은 아흔일곱이셨다. 연세에 비해 정정하고 정신도 또렷해서 아이의 스쿨버스를 기다리고 양에게 젖병 물리는 일을 기꺼이 대신해 주셨을 것이다. 그렇다고 해도 소독된 통에 알맞은 분량의 분유를 탈 때의 자질구레한 사항을 제대로 따라 하기까지는 어려운 일이라 내가 직접 처리하고 떠나야 했다.

15분이 지나고서야 엘로이즈를 찾으러 차에 올라탈 수 있었다. 나는 엘로이즈가 다시 버스 정류장이 있는 마을 쪽으로 돌아가고 있을 거라 확신했고, 아직 버스 정류장에 도착하지 않았기를 바랐다. 짐작이 적중했다. 엘로이즈는 집에서 2.5킬로미터쯤 떨어진 지점에서 갓길을 따라 걷고 있었다.

엘로이즈와 보조를 맞추어 따라가는데 그 애는 날 못 본 체했다. 창문을 내리고 차에 타라고 외쳤다. 엘로이즈는 내 말을 무시하고 계속 걸었다. 갓길로 차를 몰아서 그 애 앞을 가로막았다.

"차에 타줄래?" 내가 말했다.

엘로이즈는 빠져나가려고 안간힘을 썼지만, 도로 폭이 아주 좁아서 범퍼와 산울타리 사이에 틈이 없었다.

"엘로이즈. 차에 타, 얼른. 차에 타."

엘로이즈는 고개를 가로저으면서 울기 시작했다.

"여기 길이 아주 좁아, 엘로이즈. 언제든 언덕 너머로 다른 차가 올 수도 있어. 누가 이런 식으로 길을 막고 있을 거라곤 전혀 예상 못 할 거야. 너도 나도 크게 다칠 수 있어. 우리 둘 다. 그러니 얼른 타. 당장."

한참을 주저하던 엘로이즈가 마침내 차 문을 열었다. 하지만 조수석이 아니라 뒷좌석에 탔다. 나는 아동보호용 잠금장치를 눌렀다.

마을을 향해 달리면서 룸미러로 엘로이즈를 쳐다봤다. "아가, 들어봐. 일이 이렇게 돼서 미안해. 내 말이 분명히 내가 널 안 보고 싶었던 것처럼 들렸을 거라고 생각해. 사실은 그렇지 않아. 널 볼 수 있어서 기뻐. 하지만 이런 식으로 행동하는 건 적절하지가 않아."

엘로이즈는 계속 울었다.

내 말은 역효과만 냈다. 뭐가 문제인지 설명하려고 애쓸수록 말은 점점 더 복잡해졌고 엘로이즈는 더욱더 서럽게 울었다. 처음엔 엘로이즈를 학교에 바래다줄 작정이었지만 지금 같은 상태로 보내고 싶지는 않았다. 엘로이즈는 문제가 생길 때마다 도망치곤 했지만, 그렇더라도 시간을 들여서 그 애의 말을 들어주거나 경청받는다는 느낌을 받을 기회라도 주는 게 중요했다. 이때쯤 차는 중앙분리대가 있는 큰 해안도로로 접어들었다. 도로변에 카페가 있었다. 건너편 주차장에 차를 세웠다.

"차 한잔 하자." 내가 말했다.

"싫어요."

"내가 마시고 싶어서 그래." 엘로이즈에게 말한 뒤 차에서 내렸다. 그 애가 도망갈까 봐 뒷문 옆에서 기다렸다.

카페에 들어서서 칸막이로 둘러싸인 창가 자리에 앉아 차 한 주전자와 쿠키를 주문했다. 엘로이즈는 의자에 구부정하게 앉아 있었다. 울음은 그쳤지만 눈은 붉게 충혈되고 부어 있어서 창피해했다. 종업원이 음식을 가져오자 한 손으로 계속 눈을 가렸다. 뒤로 기대 앉아 엘로이즈가 주전자를 흔들어 차를 따라주는 '엄마' 역할을 할 수 있는 기회를 주었다. 하지만 엘로이즈는 주전자를 쥐지도 차를 마시지도 않았다. 제 몫의 쿠키도 옆으로 밀어놓은 채 거들떠보지 않았다. 하는 수 없이 내가 주전자를 흔들었다. 찻잔 두 개에 우유를 붓고 차를 따른 후에 편안한 자세로 앉아 쿠키에 버터를 발랐다.

"왜 이래요?" 엘로이즈가 물었다.

"뭘 말하는 거야?"

"이러는 거요, 이거. 절 놀리고 있잖아요."

놀라서 엘로이즈를 바라보았다. "놀리는 거 아니야. 같이 이야기할 시간이 필요해서 가던 길을 멈추고 이 카페에 들어온 거지. 차도 마시고 쿠키도 곁들이면 기분이 나아질 수도 있잖아. 왜 내가 널 놀린다고 느꼈어?"

"선생님이 지금 그러고 있잖아요."

"엘로이즈, 그런 거 아니야. 정말로. 우린 그냥 차 한잔에 쿠키를 먹고 있는 거야. 다른 뜻은 없어."

"전 안 먹어요." 엘로이즈는 쿠키가 담긴 접시를 더 멀리 밀어냈다.

"먹기 싫으면 안 먹어도 괜찮아. 너 하고 싶은 대로 해."

"맞잖아요! 지금도 놀리잖아요."

나는 대체 이게 무슨 상황인지 알 수 없어 몹시 허둥댔다. 초대받지 않고 우리 집에 찾아오는 게 부적절하다고 지적하는 일이 어떻게 엘로이즈에게 차와 쿠키를 사주면서 '놀리는 것'으로 이어지는지 도저히 알 수 없었다. 내가 어떤 경계를 정해서 엘로이즈가 화났다는 것까지는 이해할 수 있었다. 하지만 우리는 그 문제를 지나, 더는 아니더라도 똑같이 불편한 다른 문제로 옮아간 것 같았다.

봄

"요즘 시간을 충분히 함께 보내지 못해서 미안해. 나도 네가 보고 싶었어. 방금 우리 집에서 있었던 일도 미안했고, 이야기를 나눠봐야 할 것 같았어." 내가 말했다. "그래서 차를 세우고 여기 온 거야. 그게 유일한 이유야. 기분 나쁘게 할 의도는 조금도 없었어. 놀리는 것도 아니고, 그냥 같이 차를 마시고 싶어."

"제가 안 그러고 싶다고 했잖아요!" 엘로이즈가 외쳤다.

"우리 집에서 일어난 일에 대해 이야기해보고 싶어. 거부당하는 것처럼 느껴졌을지도 모르니까. 근데 그건 사실이 아니야. 그 이야기 좀 해보자. 차와 쿠키를 먹으려고 했을 뿐인데 상황이 심각해진 걸 보면 다른 문제가 있는 거야. 난 지금 네가 '눈에는 눈, 이에는 이' 같은 작전을 쓰는 건지 궁금해. 내가 널 거부당했다고 느끼게 했으니까 이제 나도 거부당했다고 느끼게 하려는 건지."

"아닌데요." 엘로이즈가 톡 쏘아붙였다. "그건 바보짓이죠. 말도 안 되는 짜맞추기라고요. 여섯 살짜리라면 그렇게 생각할 수도 있지만…. 절 무슨 유치원생처럼 보는 거예요?"

"그럴 리가. 그냥 널 이해하려고 애쓸 뿐이야."

"선생님이 어떻게 사람들하고 어울리면서 일하는 직업을 갖게 됐는지 모르겠어요. 그런 거 되게 못하면서."

나는 내 쿠키를 모두 먹었다.

엘로이즈는 다시 울기 시작했다. 눈물 한 방울이 조용히 볼을 타고 흘러내렸다. 그 애는 고개를 숙이고 주먹 쥔 손으로 몸을 기댔다.

엘로이즈에게 휴지를 한 장 건넸다.

그 애가 눈물을 훔치고 나를 바라보았다. "선생님이 저한테 얼마나 중요한 사람인지 듣고 싶어요? 선생님이 절 거부한 게 저한테 중요한 일이라고 생각하죠? 착각하지 마요, 아니니까요. 선생님이 거부해 봤자 아무렇지도 않아요. 엄마도, 아빠도, 할머니도 절 거부했잖아요. 그러니까 누가 거부해도 아무렇지 않다고요. 얼마든지 당해도 상관없어요. 선생님 때문에 우는 것도 아니에요. 그냥 다 지겹고 못 견디겠어서 우는 거예요."

엘로이즈가 진심으로 이야기하는 것을 알았다.

한동안 어색한 침묵이 흘렀다. 이 이야기를 제대로 끝맺지 못하리라는 건 거의 분명해 보였다. 같이 시간을 좀 더 보내고 싶었지만, 카페가 문을 닫을 다섯 시에 가까워지고 있었다. 더군다나 주전자에 있는 차를 거의 혼자서 다 마셔버려서 화장실에 다녀오고 싶기까지 했다. 하지만 엘로이즈가 도망갈 게 불 보듯 뻔해 그 애를 자리에 혼자 남겨둘 수는 없었다.

엘로이즈는 긴 머리카락을 잡아 어깨 높이에서 잠시 한 갈래로 붙잡고 있다가 풀었다. "저거 안 먹어요." 좀 전에 실랑이를 벌였던 쿠키를 그 애가 다시 가리켰다.

"괜찮아."

"그냥 버릴 거예요."

"버려도 돼."

엘로이즈는 오랫동안 차가운 눈길로 나를 바라보더니 작게 고개를 가로저었다. "무슨 일에든 되게 쿨한 척하네요. 선생님은 자기가 멋지다고 생각하죠? 누구든 이해할 수 있고 공감 능력도 뛰어나다고요. 근데 전에도 말했던 것처럼 선생님 같은 사람 많이 봤어요. 짜증 나는 디즈니 공주처럼 반짝이나 뿌리면서 돌아다니는 선생님 같은 사람한테 절대 안 속는다고요."

예상과 달리 차분한 목소리였다. "선생님한테 전 그냥 여러 사례 중에 하나잖아요. 진단명, 체크박스 몇 개, 짜증 나게 높이 쌓인 서류 더미일 뿐이라고요. 선생님은 절 볼 줄 몰라요. 아니라고 생각하겠지만 착각이에요. 사실 선생님한테 난 투명인간이라고요. 딴 사람들한테도 그런 것처럼."

진실과 진짜

엘로이즈가 싱긋 웃음을 지었다.
"선생님, 진짜 최고예요. 지금까지 누가 해준
──── 이야기 중에 제일 멋져요."

엘로이즈 말이 맞았다. 나는 그 애로 살아간다는 게 어떤 건지 알지 못했다. 비록 보잘것없는 집안에서 태어났지만, 엘로이즈가 거쳐온 삶에 비하면 호강을 누렸다. 늘 남부럽지 않은 사랑을 받았고, 먹는 것도 전혀 부족함이 없었다. 엘로이즈가 느낀 박탈감이 어느 정도일지 짐작조차 할 수 없었다.

그런가 하면 엘로이즈 말이 틀리기도 했다. 거부와 경계 설정 모두 고통스러운 느낌을 안겨줄 수 있긴 하지만 전혀 다른 것이기 때문이다. 그 애는 적절한 경계가 없다시피 한 환경에서 자랐다. 미취학 아동일 때부터 술을 진탕 마시고 우울증에 허덕이는 엄마를 돌보는 등 자주 어른 노릇을 해야 했다. 돌아오는 건 없었다. 엘로이즈는 엄마에게 보살핌 받거나 안전하게

봄

보호받지 못했다. 아빠는 걸핏하면 범죄에 엮여 감옥을 드나드느라 제대로 된 관계를 맺을 겨를이 없었고 새아빠 격인 대런은 십대 무렵의 엘로이즈를 성적으로 학대했다. 건강한 관계가 뭔지 엘로이즈가 대체 무슨 수로 알겠는가? 문제 많은 어른들 속에서 엘로이즈가 자기 욕구를 충족하기 위해 쓸 수 있는 실용적인 접근법이란 사람들에게 불쑥 끼어들어 주목을 끄는 것뿐이었다. 나는 적절하게 설정된 경계들이 익숙지 않은 사람에게는 경계 지어지는 것이 거부당하는 것과 비슷할 정도로 고통스럽다는 걸 깨달았다.

카페에서 나와 차로 엘로이즈를 위탁가정에 데려다주었다. 그 애는 여전히 내게 화나 있었고, 차를 타고 가는 내내 입도 뻥긋하지 않았다. 나는 엘로이즈를 내버려두었다. 엘로이즈 집 진입로로 들어서면서 말했다. "다음 주 수요일부터 심화그룹치료 다시 시작해. 그때 보자."

엘로이즈는 차가 멈추자마자 뛰어내려 문을 쾅 닫고 뒤도 돌아보지 않고 가버렸다. 나는 그 애가 집 안으로 들어갈 때까지 진입로에 그대로 있었다.

농장으로 돌아와 그날 오후에 일어난 사건을 찬찬히 곱씹어 보았다. 엘로이즈가 사람과의 관계에서 경계가 부적절했거나 없는 채로 살아온 점을 생각하다 보니 헤드웬을 향한 집착에 대해 궁금증이 일었다. 초기 아동기에 있었던 복잡하기 이를 데 없는 성적 학대 이력을 고려해볼 때, 엘로이즈가 열다섯 살이더라도 성적 행동을 과도하게 드러내는 게 그리 놀라운 일은 아니었다. 하지만 그 애에게서 그런 행동을 관찰한 사람은 여태까지 아무도 없었다. 엘로이즈가 분명 헤드웬을 짝사랑하긴 했지만, 동성에게 호감을 느끼는 건 열다섯 살 소녀에게는 일어날 수 있는 일이었다. 그 애는 헤드웬에게 그 어떤 로맨틱한 또는 성적인 의도를 드러낸 적이 없었다.

그렇기에 헤드웬을 향한 집착이 스토킹이라기보다 경계를 오해해서 빚어진 문제가 아닐까 하는 생각이 들었다. 친밀함에 대한 욕구가 커져서 곧바로 행동에 옮겨야 한다는 강박에까지 이른 듯했다. 그 애는 자기 행동이 부적절하다는 것, 또는 내가 그 행동을 달가워하지 않을 수도 있다는 것을 전혀 눈치채지 못한 채 꽤나 특이한 방식으로 세 번이나 불쑥 나를 찾아왔다. 어릴 때부터 많은 혼란을 겪으면서 엘로이즈는 독단적인 사람이 되어버렸다. 그 애는 타인과 관계를 맺고 싶으면 무턱대고 다가갔다. 관계란 쌍방적이라는 사실을 이해하지 못했다.

수요일에 펜어가르스에 가기 위해 엘로이즈를 데리러 갔다. 나를 기다리는 엘로이즈를 보니 마음이 조금은 놓였다. 지난주에 엘로이즈와 헤어졌을 때 그 애가 도망을 치거나 최소한 나를 피하거나 어떤 식으로든 행동을 취할 거라고 확신했다. 하지만 아무 일도 일어나지 않았다. 엘로이즈는 문을 열고 반갑게 인사하면서 차에 올라탔다. 그렇기는 해도 차 안의 분위기는 여느 때와 달랐다. 엘로이즈는 뾰로통하진 않았지만 가라앉아 있었고, 바깥 풍경을 바라보면서 그저 잠자코 앉아 있었다. 나는 엘로이즈를 자극하지 않았다. 어떤 일들은 저절로 해결되게끔 놔두는 게 상책이니까.

5월 초 즈음이었지만 봄 날씨는 아니었다. 바람 부는 추운 날씨가 끝을 모르고 이어지는 것 같았다. 고지대에는 때늦은 눈이 내렸고 계곡에 진눈깨비가 흩날렸다. 날씨 때문에 야외 활동은 도저히 즐길 수 없었다. 우리 아이들은 미처 발산하지 못한 에너지를 쏟아내며 설쳤다. 마치 짖는원숭이 무리가 날뛰는 방에 꼼짝없이 갇힌 것 같은 기분이 들었다.

그날은 레고로 알파벳 글자 만들기를 주요 활동으로 진행할 예정이었다. 저마다 자신의 이름을 알파벳으로 만드는 식이라서 아이들 각자가 따라 할 수 있는 견본도 미리 준비했다. 하지만 활동을 시작하니 아이들은 에너지를 주체하지 못했고 귀청 터지게 소리를 지르면서 서로에게 레고 조각을 던져댔다. 모두를 집중시키려고 시도했지만, 네 번이나 실패로 돌아가고 나서야 그 활동을 진행하기는 틀렸음을 깨달았다. 계획을 바꿔서 아이들에게 바닥에 원형으로 모여 앉으라고 소리쳤다.

"요즘 날씨에 싫증 나는 사람 있니?"

"저요! 저요! 저요! 저요!" 사방에서 열화와 같은 반응이 쏟아졌다.

"선생님은 우리한테 뭐가 필요하다고 생각하고 있을까?" 나는 과장해서 열정적인 척하며 물었다. "휴가야! 다들 맘껏 뛰어놀 수 있는, 날씨 좋고 햇살 비치는 곳으로 떠나는 휴가! 우리 어디로 떠날까?"

저마다 적극적으로 가고 싶은 곳을 제안했다. "할머니네로?" 배선이 먼저 말했다.

"너희 할머니는 스페인에 사시니까 베선 너만 갈 수 있겠어."

"슈퍼마켓으로?" 루이스가 제안했다.

"슈퍼마켓은 햇살이 안 비치는데?" 케이티가 반박했다.

"더군다나 슈퍼마켓이 뛰어놀기에 좋은 장소일까?" 내가 거들었다.

"저 알아요! 저 알아요! 저 알아요!" 피온이 소리를 질렀다. "런던으로요! 런던이요! 여왕님을 보러요."

나는 피온에게 미소를 지어 보였다. "고양이가 그랬던 것처럼 말이구나.* 런던도 근사한 장소다. 모두 그럴듯한 장소야. 하지만 선생님 생각에 우리가 떠나면 좋을 곳은 바로 해변이야! 해변은 멋지고 따뜻하고 햇살이 비치잖아. 다들 뛰어다닐 수도 있지."

비디그를 뺀 모든 아이들이 와 감탄하면서 소리를 질러댔다. 비디그는 러그에서 보푸라기를 떼어내고 있었다.

"저 마요르카** 가고 싶어요! 거기 해변 있어요." 루이스가 말했다.

"근데 우리 여행 가방이 없는데." 피온이 풀 죽은 투로 끼어들었다.

"우리가 가려는 곳은 여행 가방 없어도 돼." 아이들을 달랜

---

* 1805년 영국에서 출간된 『어린이 동요 모음집』에 실린 동시 「야옹이 야옹이 시」의 내용을 가리킨다. 다음은 시 전문이다. "야옹아 야옹아, 어디 갔다 왔니?/ 여왕님을 뵈러 런던에 갔다 왔지/ 야옹아 야옹아, 거기서 뭘 했니?/ 여왕님 의자 아래 웅크리고 있는 작은 쥐를 놀래켜줬지/ 야옹".
** 스페인 동부의 발레아레스 제도에 속한, 휴양지로 유명한 섬.

봄

후 다들 각자의 상상력을 이용해 여행을 떠나게 될 거라고 설명했다. 내 말을 듣고 아이들은 얼마간 자신 없는 반응을 보였다. 모든 활동에서 상상력을 잘 발휘하지 못하는 경향이 있는 베선이 특히 그랬다.

나는 모두에게 눈을 감아보라고 했다. 아이들이 조금 진정되고 나서 시각화 활동을 진행했다. 먼저 해변에 도착하는 상황을 묘사했다. "쾌청하고 화창한 날이야. 날씨가 정말 따뜻해. 우리는 주차장에 도착했고 차에서 내렸어. 해변으로 이어진 길을 걸어가고 있어. 바닥을 바라봐. 길에 풀이 나 있어? 맨발인지 아닌지, 발가락으로 풀이 느껴지는지 살펴보자. 우리는 계속해서 길을 따라 해변으로 걸어가. 모래는 무슨 빛깔일까? 모래사장이 해안을 따라 드넓게 펼쳐져 있는 광경이 보여? 바닷물을 봐. 청초한 연푸른색 바다에 아름답고 화창한 하늘이 비쳐. 이제 모래사장을 걷고 있어. 모래는 굉장히 따뜻하지만 너무 뜨겁지는 않아. 상상할 수 있겠어? 발에 닿는 따스한 모래를 말이야."

나는 시각화 활동을 정말이지 좋아했다. 보이지 않는 것을 상상하는 활동은 아이들을 진정시키는 효과가 있었다. 시작할 땐 스트레스를 많이 받아 불안한 상태였을지라도, 상상의 여행이 끝나갈 무렵이 되면 부산스러운 아이들조차 차분해지곤 했으니 말이다.

나는 조수웅덩이에 사는 작은 물고기, 해초, 게와 바람에 나부끼는 머리칼을 상세히 묘사했다. 해변에 간 이야기를 길게 이어가면서 모두가 잘하고 있는지 확인하기 위해 눈을 떠보았다. 두어 명은 양손을 내뻗은 채 자신을 둘러싼 보이지 않는 환경을 느끼고 있었다. 자폐가 있는 잭은 눈을 뜨고 가만히 앉아 있었다. 비디그는 방 뒤쪽 탁자에 앉아 레고 조각을 만지작거리고 있었다. 무엇인가를 만드는 게 아니라 그저 손가락으로 이 조각 저 조각 건드렸다. 나는 여전히 비디그가 제2언어인 영어 때문에 내 설명을 제대로 따라올 수 없는 건지, 아니면 활동 자체를 전반적으로 어려워하는 건지 갈피를 잡기 어려웠다. 그저 직감으로 후자일 거라고 느꼈다. 비디그의 행동은 누구에게도 방해되지 않았기에 그대로 두었다. 엘로이즈를 포함한 다른 아이들은 모두 눈을 감고 주의를 집중한 채 시각화 활동에 몰입해 있었다.

나는 상상의 해변 여행에 자그마치 30분을 할애했다. 활동을 마친 후 실제로 해변을 여행한 이야기를 하며 세션의 나머지 시간을 매듭지었다. 아이들은 편안하고 명랑했으며, 어디 가서 무얼 했는지 저마다 나누고 싶던 이야기를 풀어놓았다. 세션을 마무리하기에 더없이 좋은 방식이었다.

차를 타고 펜어가르스에 오는 동안 엘로이즈는 조용했었다. 지난주에 언쟁하며 생긴 앙금이 여전히 남아 있었던 것이다. 세션이 진행되는 동안 앙금이 사라질 거라고 기대했지만, 집에 돌아갈 때에도 엘로이즈는 내내 입을 굳게 다물고 있었다. 그 애는 고개를 돌린 채 조수석 창밖을 하염없이 바라보았다. 낮게 깔린 구름 때문에 산의 풍경이 전혀 보이지 않았는데도 말이다. 고도가 높은 도로로 올라서자 안개가 워낙 짙게 낀 나머지 도로 양쪽을 따라 펼쳐진 낮은 돌담 너머 말고는 정말 보이는 것이 아무것도 없었다.

막 산길을 벗어나서 큰길에 다다랐을 즈음 드디어 엘로이즈가 입을 열었다. "선생님은 아까 했던 그런 활동으로 해변을 진짜로 볼 수 있어요?"

"마음속에 상상 속 장면을 시각화할 수 있냐고 묻는 거야? 당연히 그렇지."

"거기에 가 있는 것처럼 그 풍경을 더없이 생생하게 볼 수 있다는 거예요? 그러니까 진짜 손으로 만지는 것처럼 모래 알갱이를 느낄 수 있냐고요."

"그럼, 느낄 수 있지." 내가 대답했다. "난 시각적인 사고방식에 익숙해. 주로 보이지 않는 것을 상상하면서 생각하지. 그래서 보고 싶은 걸 쉽게 그려낼 수 있어. 너는 어때? 해변을 그릴 수 있었어?"

엘로이즈는 입술만 달싹이며 대답하지 않았다.

나는 그 애가 세션의 시각화 활동이 어렵다고 느끼거나, 그것도 아니면 이 상황에 불안해하고 있을까 봐 신경이 쓰였다.

"어떤 사람들은 머릿속에 상황을 시각화하는 일을 힘들어해. 하지만 그렇다 해도 이상할 건 전혀 없어. 그런 사람은 주로 언어, 어떨 땐 그냥 개념만으로 생각하거든. 사고방식에 따라 생각하는 법도 다른 거야. 둘 중 어느 한 가지 방법이 더 낫다고 할 수는 없어. 서로 다를 뿐이지."

"마음의 소리를 들을 수 있어요?" 엘로이즈가 물었다.

"그렇고말고." 내가 대답했다.

"그러니까 제 말은, 단어가 들리냐고요."

"머릿속에 떠오르는 생각이 방송에 나오는 해설처럼 들리냐는 말이야?"

"아뇨, 제 말은 선생님한테 단어 자체가 들리냐고요. 음, 마음속으로 해변에서 놀고 있는 아이들을 떠올리면 걔네가 무슨 이야기 하는지도 들려요? 마음속에서 이야기가 들려요? 아니면 뭐, 갈매기 울음소리 그런 것도 들리냐고요."

"들을 수 있어. 넌 어떤데?"

"냄새도 맡아요?" 내 말은 계속 무시한 채 엘로이즈가 질문을 연발했다. "그러니까, 선생님이 마음속으로 해변에 가 있을 때, 바다 냄새가 나요?"

"물론이지. 넌 어때?"

엘로이즈는 대구하지 않았다.

고개를 돌려 엘로이즈를 바라보았다. 그 애는 여전히 날 외면한 채 조수석 창밖만 응시했다.

"그래서 내가 글을 쓰는 거야." 내가 말했다. "글을 쓰면 현실 세계에서처럼 보고 듣고 냄새 맡을 수 있는, 그렇지만 현실과는 완전히 다른 세계가 내 마음속에 존재하는 것 같거든. 마음속으로 어떤 것이 부드럽거나 매끄러운지, 가벼운지 무거운지도 감각할 수 있어. 내부 세계에서 마치 현실처럼 온갖 감각을 똑같이 느낄 수 있으니까 글을 적으면서 실감나게 구현하려고 애쓰는 거지."

"그게 대체 뭔 말이에요?" 엘로이즈가 물었다.

"시각화 활동에서 그렸던 해변을 생각해봐. 해변에는 태양,

봄

부드럽고 선선한 산들바람, 조수웅덩이에 갇힌 작은 물고기, 발가락을 간질이는 따뜻한 모래가 있지. 생각을 멈추면 그 멋진 것들이 한순간에 몽땅 사라지지만 글로 옮겨놓으면 이 세상에 남아. 종이 위 글자들로 생생한 현실이 만들어지고 그 해변으로 돌아갈 수 있어. 종이에 적힌 글을 읽을 때마다 해변은 현실이 되지."

엘로이즈가 고개를 돌려 나를 빤히 쳐다보았다. "선생님은 머릿속에 있는 걸 다 믿어요?"

"어떻게 믿느냐고 묻는 거야?"

"믿으니까 글로 써서 남기는 거예요?"

나는 여전히 엘로이즈의 질문을 제대로 이해했는지 확신하지 못해서 좀 더 자세히 설명해달라고 부탁했다.

"무슨 말이냐면, 선생님이 생각하는 게 진짜 있다고 생각하냐고요. 그러니까 어떤 식으로든 해변이 진짜냐고요. 다른 사람 아무도 못 본다고 해도 선생님만은 그걸 볼 수 있냐고요."

"정말 까다로운 질문이네." 나는 난감했다. "내 머릿속에 있는 세계는 나한테는 진짜지만, 그 세계가 실제 세계, 즉 현실처럼 '진짜'라고 할 순 없겠지."

"근데 선생님이 방금 말했잖아요. 글로 쓰면 그 세계가 생긴다고요." 엘로이즈가 말했다. "머릿속 생각을 종이에 써요. 그러면 그게 이 세상에 진짜 존재하게 돼요. 선생님 생각이 진짜가 되고 다른 사람이 선생님 글을 읽으면 그게 그 사람들한테도 진짜가 돼요. 그런 말 아니에요? 선생님 하려던 말이 그거죠? 그렇게 진실이 된다는 거죠?"

나는 엘로이즈를 향해 방긋 미소를 지어보였다. "그래. 네 말이 맞는 것 같아. 그렇지만 진실true과 진짜real는 다른 거야."

"무슨 뜻이에요?" 엘로이즈가 물었다.

엘로이즈의 집에 도착했고 차는 진입로에 접어들었다.

"조금만 더 있어도 되죠?" 엘로이즈가 말했다. "선생님 대답이 궁금해요."

"우리가 감각으로 경험하고 있는 바로 이 세계가 '진짜'야. 반면 진실은 개념이야. 참되다는 의미지." 나는 엘로이즈가 내 말을 이해하면서 잘 따라오고 있는지 가늠해보려고 잠시 말을 멈추었다. 우리가 예상치 못하게 이런 추상적인 대화 속에 빠져서이기도 했고, 내가 정확히 설명하고 있는지 장담할 수 없었기 때문이기도 했다. 하지만 엘로이즈의 표정은 혼란스러움과는 거리가 멀었다. 놀랍게도 지금껏 내가 보아온 그 어느 때보다 대화에 몰두해 있었다. 그 애는 자세를 바꿔 내 쪽으로 돌아앉아 나를 유심히 바라보았다.

"오래전에, 그러니까 내가 지금 너보다 훨씬 더 어렸을 때 머릿속으로 거대한 상상의 세계를 만들었어. 상상 속 친구 딜라일라가 생긴 대여섯 살 무렵부터였지. 딜라일라에게는 가족도 있었어. 그 가족은 어떤 마을에 살았고, 그 마을은 어떤 나라에 있었어. 이 모든 설정에 점점 더 살을 붙여가며 상상했지. 해가 가면서 난 그 애의 언어와 생애와 종교에 대해서도 생각해보게 됐어. 그 세계에는 정부도 신화도 있었어. 딜라일라가 사는 세계에 대한 상상은 아주 어릴 때 시작해서 어른이 될 때까지 이어졌어. 갈수록 그 안의 모든 사람들이, 그 모든 것들이 너무 소중해졌어. 네 나이쯤 되었을 땐 짬이 날 때마다 그 일에 온통 몰두했었어. 그 상상 속 세계에 대해 글을 쓰면서 구체화했지. 그 시간이 믿기 힘들 정도로 재미있었어."

"와." 엘로이즈가 낮은 목소리로 감탄하며 고개를 비스듬히 기울였다. "그럼 그 세계가 선생님 머릿속에만 들어 있었던 거예요?"

나는 고개를 끄덕였다.

"선생님은 그 세계가 진짜가 되길 바란 적 있어요? 선생님이 가서 머물 수 있는 진짜 장소가 되기를요."

나는 미소 지었다. "그럼. 네 나이쯤일 때 그랬었지. 열네 살이나 열다섯 살이 되는 건 힘든 일이었고 상황이 달라졌으면 했어. 그래서 내가 사는 세계가 아니라 딜라일라가 사는 세계에서 살아갈 수 있기를 바랐어."

엘로이즈는 내 말을 듣는 내내 고개를 끄덕거렸다.

"머릿속에 그런 세계를 그리는 나를 많은 사람들이 약간 미친 거 아닐까 걱정했어. 그 사람들은 이해 못 했지. 자기들이 그런 경험을 해본 적 없으니까 내가 어떤 상황인 건지 상상할 재간이 없었던 거야. 나도 다른 사람들처럼 된다는 게 어떤 건지 상상할 수 없기는 마찬가지였어. 그 사람들 마음속은 분명 아무것도 들어 있지 않은 커다란 빈 공간일 거라고 생각했어. 대체 어떻게 상상 속 세계 없이 시간을 보낼 수 있는지 의문이었고. 이제 대부분의 사람들이 나보다는 그 사람들 같다는 걸 알게 되긴 했지만, 나 스스로가 미쳤다고 생각하진 않아. 그냥 서로 다를 뿐이지."

"상상의 세계 속에 진짜인 게 뭐 하나라도 있었다고 생각해요?" 엘로이즈가 물었다. "선생님의 세계가 뭐 평행우주 그런 데 있었을 수도 있잖아요."

"잘 모르겠네. 세월이 가면서 진짜에 대한 정의가 달라졌거든. 딜라일라가 사는 세계가 어딘가에 진짜 존재한다고 생각하진 않아. 그래도 그 세계는 현실reality이야. 나만의 현실이고 마음속 여러 감각을 통해 그 세계를 경험할 수도 있지. 하지만 그건 실제 세계 같은 현실은 아니라서 몸의 감각으로 직접 경험할 순 없어."

엘로이즈가 싱긋 웃음을 지었다. "선생님 진짜 최고예요."

나는 빙그레 웃었다.

"지금까지 누가 저한테 해준 이야기 중에 제일 멋져요." 엘로이즈는 차 문을 열고 나가면서 외쳤다.

"다음 주 수요일에 봬요."

봄

트라우마 1

"그런 일이 있었다는 거 오랫동안 잊고
지냈거든요. 근데 푸딩을 보니까 생각났어요.
푸딩이 제 머릿속에서 그때 기억을
————— 되살아나게 했어요."

그날 오후 날아갈 듯 기분 좋은 상태로 집에 돌아왔다. 차에서
대화를 나누는 동안 처음으로 엘로이즈와 완벽하게 마음이 통
했고 '손발이 척척 맞는다'고 느꼈다. 지금까지 문제는 나 자신
이었다는 걸 깨달았다. 엘로이즈는 내 도움을 원한다고 똑똑히
밝혔고 실제로 적극적으로 나를 찾아왔지만, 이제껏 한 팀이라
고 느낄 만한 관계에 도달하지는 못했었다. 지금까지 내가 뭔
가를 시도하면 그때마다 엘로이즈가 거부했다. 나는 황무지를
지나 집으로 운전하면서 생각했다. 마침내 우리가 출구를 찾았
다고.

　엘로이즈가 현실에 대해 어딘가 특이한 관심을 보인 건 그

애의 머릿속에서 일어나는 일에서 비롯된 반응 같았다. 한동안 엘로이즈와 지내보니 그 애에게는 생생한 내면의 삶이 있고 그게 헤드웬 파월과 관련된 행동에 영향을 미쳤을지도 모른다는 생각이 들었다. 즉 엘로이즈가 현실의 헤드웬과는 상당히 다르게 반응하는 가상의 헤드웬이 있는 내면의 삶을 창조했을 것이고 그 애가 곤경에 빠진 것 역시 이런 부조화 때문이었다고 말이다. 현란한 상상 속 세계에 대한 내 개인적인 경험을 엘로이즈와 공유하면서 나는 그 애가 자기 머릿속에서 일어나는 일을 좀 더 편안하게 드러내길 바랐다.

자동차는 치료가 일어나기에 더없이 좋은 공간이다. 운전하면서 눈맞춤에 대한 부담을 덜고 대화의 긴장감을 누그러뜨릴 수 있는 한편 목적지에 다다르면 대화를 자연스럽게 마무리하게 되기 때문에 대체로 자기제어적 효과도 볼 수 있기 때문이다. 엘로이즈의 경우 도중에 달아날 우려가 없다는 이점도 덤으로 붙었다. 지난 수요일 오후에 차 안에서 맛본 연대감이 훼손되지 않길 바라면서, 다음에 펜어가르스로 갈 때 헤드웬에 대한 집착을 두고 조심스럽게 이야기해보기로 마음먹었다.

"처음 네 문제에 발을 들여놓게 된 주된 이유는 너와 파월네 가족 사이에 일어난 일 때문이었어." 내가 말을 꺼냈다. "그런데 너도 알다시피 그동안은 그 문제에 대해 이야기를 많이 나누지 못했잖아. 그 일이 불편한 주제라는 걸 아니까 널 압박하지 않은 것도 있어. 난 어떤 상황을 막무가내로 밀어붙이면서 다루는 스타일이기보단 일이 어떻게 되어가는지 두고 보는 쪽에 가깝거든. 사람마다 성장하고 변화하는 고유한 속도가 있고, 때가 무르익으면 수면 위로 떠올라 이야기를 나눌 수 있기 마련이라고 생각하니까. 우린 지금껏 충분히 기다리고 지켜보았잖아. 우리에게 얼마만큼의 성장과 변화가 이루어졌는지 확인해볼 때가 된 것 같아.”

“전 지금 상태 괜찮은데요.” 엘로이즈가 말했다.

“그래. 지금이 편할 수 있지. 그래도 영원히 그 상태에만 머물 순 없어.”

“왜 안 돼요? 저랑 있는 거 싫어요?”

“좋지. 너랑 같이 있는 거 당연히 좋아. 아주 좋지만 지금은 그 얘길 하는 게 아니야.”

“저 보러 더 이상 안 오고 싶은 거예요?” 엘로이즈가 상처받은 목소리로 물었다. “이제 저랑 그만 만나려고 그러는 거죠?”

“그럴 리가 없잖아. 수 푸 선생님이 네가 지난 목요일 밤 파월네 집 밖에서 붙잡혔다고 말해줘서 그 이야기를 해보고 싶은 거야. 한동안 안 그랬는데 다시 거기 간 자초지종이 궁금해서.”

엘로이즈가 어깨를 으쓱했다.

“수 푸 선생님 의견은 들었어. 네 입장에서 설명해줘.”

엘로이즈가 다시 한번 어깨를 으쓱했다.

침묵이 흘렀다.

“우리가 세션에서 했던 카드 게임 방법 알고 있지? 감정이 적힌 카드가 있고, 그 감정이 몸에 어떤 영향을 미치는지 표현하는 게임 말이야. 만약 ‘행복하다’가 적힌 카드를 뽑았다면, 입가가 올라가고 눈가에 잔주름이 잡히고 즐거운 표정이 된다고, 내면에서 좋은 감정이 피어나기 시작한다고 설명하겠지? 그

게임 기억나?"

"네."

"지금 그 게임 해보면 어때?"

"싫어요." 엘로이즈가 투덜거렸다.

"그러지 말고, 한 번만 해보자. 선생님 기분 좀 맞춰줘."

엘로이즈는 숨을 죽인 채 씩씩거렸다.

"파월네 집에 간다고 상상해봐. 난 그 행동이 옳은지 그른지, 해야 하는지 하지 말아야 하는지에는 하나도 관심 없어. 그보단 네가 그 일을 어떻게 느끼는지 궁금한 거야. 감정 카드 중 하나라고 생각하고 묘사해봐."

"그러기 싫어요."

"내가 널 평가할까 봐 아직 신경 쓰이는구나. 안 그럴게. 선생님은 신체적 감각에 관심이 있을 뿐이야. 네 근육이 어떻게 반응하는지 궁금하거든."

"안 해요."

"해야 해."

침묵이 뒤따랐다. 아무 반응 없이 오랜 시간이 흘렀다. 이번 대화는 실패했다고, 엘로이즈가 끝내 대답하지 않을 거라고 생각하면서 주제를 바꾸려고 했다. 그 순간, 그 애가 숨을 길게 들이쉬면서 말했다. "어떻게 말을 꺼내야 되는지 모르겠어요."

"이건 그냥 게임이야. 생각나는 대로 자유롭게 말하면 돼."

"좋아요." 엘로이즈가 거의 속삭이듯 말했다. "기분이 좋아요. 근데… 나쁘기도 하고…."

"어떤 점에서?"

봄

엘로이즈는 한동안 말을 멈추었다.

"살아 있는 기분이에요. 거기 가면 제가 살아 있다는 느낌이 들어요. 기분을 좋게 해주는 약이라도 먹은 것처럼 마음이 깨어나는 것 같고요. 전 대체로 죽은 상태나 다름없어요. 올리비아 생각할 때만 빼고요."

"방금 나쁜 점도 있다고 하지 않았어?"

"그 생각이 제 마음을 다 지배해버려요. 이렇게만 표현할 수 있어요. 올리비아를 보겠다는 생각만 들어요. 처음엔 기분이 좋은데 마음이 점점 지쳐요. 햄스터가 된 것처럼요. 왜 있잖아요, 상자 속 쳇바퀴에서 계속 돌기만 하는 애들요. 마음속에서 그 생각이 떠나질 않아요. 진짜 나쁜 소식을 들었을 때처럼. 아시죠? 누가 갑자기 죽었다는 충격적인 뉴스 같은 걸 보면 그 소식이 마음을 완전히 차지하는 느낌 들잖아요. 그거 말고 다른 건 생각할 수도 없고 그 생각에 빠져서 허우적대는 자기를 멈출 수도 없어요. 그런 일이 일어나는 거예요, 저한테. 올리비아 생각이 계속 반복되니까 그 집에 찾아가요. 생각을 멈출 유일한 방법이라서요."

나는 심화그룹치료에서 꽤나 우스꽝스럽고 너저분해지기 십상인 활동을 해보기로 계획했다. 바로 푸딩 페인팅이다. 미국에서 교사로 일할 때 아이들이 가장 좋아하는 활동이었고, 근감각을 길러주기 때문에 웨일스에서도 도입하려고 했다. 하지만 지금껏 미국에서 쓰던 '푸딩'이 여기에는 없다는 단순한 이유로 주저하고 있었다. 미국에 있는 푸딩처럼 간단하고 저렴한 것을 찾기 위해서는 서로 다른 재료들을 꽤 많이 섞어가며 실험해 봐야 했다. 마침내 우유로 만든 디저트용 가루인 앤젤 딜라이트로 낙착을 보았다. 미국 푸딩처럼 부드러운 질감은 아니었지만, 구할 수 있는 것 중 그나마 가장 비슷해서 만족스러웠다.

푸딩 페인팅은 식용 물질을 사용하는 핑거 페인팅 활동으로 뛰어난 감각적 경험을 선사한다. 푸딩은 촉각뿐 아니라 시각도 자극하고, 먹을 수도 있어서 냄새며 맛과도 관련이 있다. 또 손이 작아도 쉽게 다룰 수 있어서 운동기능이 부족한 특수아동에게 특히 유익하다. 말할 것도 없이 재미있기도 했다.

나는 초콜릿맛 앤젤 딜라이트 분말을 커다란 용기에 잘 섞어 세 통 준비한 다음 아이들 각각에게 나눠줄 비닐 앞치마, 신문지를 충분히 챙겨 왔다.

햇살이 내리쬐고 봄 내음이 물씬 풍기는 눈부신 5월의 오후여서, 교실이 아닌 건물 뒤편의 오래된 운동장에서 활동을 진행하기로 했다. 야외이긴 해도 푸딩 페인팅 자체가 주변을 지저분하게 만드는 활동이라, 바닥에 신문지를 깐 다음 그 위에다 핑거 페인팅 종이를 놔두었다. 나는 아이들에게 일일이 비닐 앞치마를 둘러주고 앤젤 딜라이트 통을 가져와서 각자의 종이 위에 넉넉하게 한 컵씩 나눠주었다.

아이들은 내가 미친 게 아닌가 하는 시선으로 바라보았다. 한명도 빠짐없이 말이다. 아이들은 약속이나 한 듯 앳된 얼굴에 찜찜한 표정을 담은 채 종이 앞에 미동도 않고 앉아 있었다.

"선생님?" 모두가 입을 꾹 다물고 있을 때, 피온이 마침내 머뭇거리면서 입을 열었다. "땅바닥에서 이걸 먹어요?"

봄

"아니, 먹는 게 아니야." 나는 재빨리 대답하면서 핑거 페인팅을 할 거라고 다시 한번 설명해주었다. 푸딩은 그림을 그리기 위한 물감일 뿐이라고 말이다.

하지만 누구 하나 움직이지 않았다. 나는 사정하는 눈빛으로 아이들 뒤에 서 있는 엘로이즈를 힐끗 쳐다보았다. 아이들이 움직이게끔 좀 도와주었으면 하는 바람을 담아서 말이다. 하지만 엘로이즈 역시 아이들만큼은 아니지만 미심쩍은 표정을 짓고 있었다. "제 생각에, 음, 이런 건 미국에서나 하는 거예요. 틀림없어요." 그 애가 정중하게 말했다.

보다 못한 나는 아이들 앞에 책상다리를 하고 앉았다. 핑거 페인팅 종이 한 장을 가져다 앤젤 딜라이트를 한 컵 퍼 올린 후 손바닥에 문질렀다. "전에 핑거 페인팅 해본 적 있어?" 내가 아이들에게 물었다.

아이들은 하나같이 고개를 가로저었다.

맨 먼저 시도해본 아이는 루이스였다. 그 애는 조심스럽게 손가락으로 푸딩을 찍어서 빨아먹었다.

"푸딩은 물감으로 쓸 거야. 손에 발라봐." 나는 루이스에게로 기어가서 그 애의 손을 부드럽게 잡아 푸딩에 찔러 넣었다. 루이스는 공포와 즐거움이 섞인 비명을 질렀다.

"이제 너도 한번 해봐." 내가 루이스 옆에 앉아 있던 피온의 등을 떠밀었다. 나는 피온에게 기대를 걸고 있었다. 보통 땐 뭐든 빼는 법이 없는 아이였으니까. 하지만 이번에는 아니었다. 그 애는 고개를 절레절레 흔들었다.

"왜들 이래, 애들아. 이거 재미있어. 한번 해봐."

나는 어쩔 수 없이 여전히 아이들 뒤에서 머뭇거리고 있는 엘로이즈를 올려다보았다. "피온 옆에 앉아서 페인팅 시작하게 좀 도와줘."

엘로이즈는 주저했다.

"여기!" 나는 마치 개를 훈련시키듯 땅을 두드리면서 단호하게 말했다.

엘로이즈가 못 이기는 척 루이스와 피온 사이에 앉았다.

"전에 핑거 페인팅 해본 적 있어?" 내가 물었다.

엘로이즈는 고개를 저었다.

"그렇구나. 진짜 쉬워. 그냥 손으로 물감을 쓰윽 뜨면 돼. 푸딩이 물감인 셈이야."

"똥 같아요." 엘로이즈가 낮은 목소리로 말했다.

그 단어가 얼어 있던 분위기를 순식간에 깨트렸다. 한번 그렇게 보이기 시작하면 결코 그 생각에서 벗어날 수 없기 때문이다.

"또옹!" 피온은 기쁜 비명을 내지르면서 손을 평평하게 해서 푸딩을 짓이겼다.

"똥!" 몇몇 아이들이 따라 했다.

"나 봐봐! 똥 먹는다." 베선이 소리지르면서 초콜릿 푸딩 한 줌을 입 속에 쑤셔 넣었다.

그때부터 아이들은 발동이 제대로 걸렸지만 결코 핑거 페인팅 활동을 한 것은 아니었다. 대신 그 시간은 똥을 짓이기고 집어 먹는 세션으로 변질되었다. 하지만 아이들은 분명 감각적 경험에 흠뻑 빠져들었다. 앤젤 딜라이트가 종이 위와 비닐 앞치마, 팔뚝과 얼굴에 범벅이 되었다. 나는 비디그가 앤젤 딜라이트를 머리에 바르는 것만 가까스로 제지할 수 있었다.

이 활동을 어려워하는 유일한 아이는 잭이었다. 그 애는 푸딩이 손에 닿는 느낌이 불쾌하다고 했다. 여자애들 중 하나가 잭이 손가락으로 푸딩을 찔러보는 걸 봤다고 하긴 했지만, 잭이 정말로 시도하려 했는지조차 확실치 않았다. 내가 본 건 아이들이 늘어선 줄 끝에 앉아서 난처해하는 잭의 모습뿐이었다.

놀이에 빠져 와자지껄한 다른 아이들을 보면서 잭이 너무 큰 부담을 느낄까 봐 걱정이 됐다. 나는 엘로이즈에게 푸딩을 조금 덜어 종이와 함께 들고 잭을 교실로 데려가서 한번 해볼 수 있게 격려해달라고 부탁했다. 그러면서 이게 엘로이즈에게도 푸딩을 가지고 놀 기회가 되어주길 바랐다. 엘로이즈가 내가 보는 앞에서 활동하는 걸 쑥스러워하는 게 아닌가 싶었기 때문이다.

하지만 기대한 일은 일어나지 않았다. 아이들을 이끌고 교실로 돌아왔을 때, 엘로이즈는 독서 코너에서 잭을 무릎에 앉혀놓고 함께 동요를 부르고 있었다. 교실 중앙에 놓인 앤젤 딜라이트 덩어리와 핑거 페인팅 종이에는 손도 대지 않은 상태였다.

집으로 돌아오는 차 안에서 엘로이즈와 함께 수업에 대해 분석해보았다. 그 애는 내가 신중하게 계획한 수업이 '똥 페인팅'으로 난장판이 되어버린 사실이 너무 웃긴다면서 낄낄거렸다. 웃긴 건 나에게도 마찬가지였으니까 공감하면서 따라 웃었다. 하지만 내가 웃은 건 아이들이 날 골탕 먹였다는 사실에 엘로이즈가 몹시 통쾌해하고 있음을 알아차렸기 때문이다. 나는 그 시간이 예상과 달리 엉뚱하게 흘러갔다는 사실은 인정했지만, 그리 나쁘지 않다고 자평했다. 똥 페인팅이 핑거 페인팅에 결코 뒤지지 않을 효과를 거둔 데다, 다들 원 없이 웃을 수 있었으니까. 나는 그 나이대 아이들이 대체로 똥과 오줌, 그 밖의 여러 신체 배설물에 무섭도록 집착한다는, 그래서 그런 이야기만 나오면 여지없이 빵 터진다는 연구 결과가 있다고 알려주었다.

그 뒤로 몇 킬로미터를 달리는 동안 우리는 평화로운 정적 속으로 빠져들었다.

"전 그거 안 건드리고 싶었어요." 엘로이즈가 나지막이 말했다. 어느새 목소리에서 웃음기가 빠져 있었다.

"그래. 그런 줄 알았어. 그래도 괜찮아. 다들 조금씩은 머뭇거리는 것 같았거든."

"다 같이 활동하는 그 순간에는 그런 생각 안 했어요. 그 활동이 내키지 않는다는 거 말고는요. 근데 지금은… 생각 중이에요. 기억이 나거든요."

엘로이즈는 한참 동안 말없이 조수석 창밖만 뚫어져라 쳐다봤다. 그러다 부드럽게 물었다. "무슨 얘기 하나 해도 돼요?"

"물론이지."

"그 사람이 초콜릿 소스를 뿌렸어요…. 아이스크림 위에 끼얹는 걸쭉한 그런 거요. 그걸 자기 고추에 뿌렸어요. 제 앞에 서서 자기 고추에다 초콜릿 소스를 구불구불 발랐어요. 푸딩을 보니까 그 생각이 났어요…. 그 사람이랑 앤젤 딜라이트랑은 아무 상관 없긴 한데 그걸 보니까 생각이 났어요. 있어야 할 곳이 아닌 데 음식이 있고, 제가 초콜릿 소스가 묻은 그 사람 고추를 만져야 했던 거요. 그 사람은 그걸 제 입에 넣고 싶어 했어요."

나는 엘로이즈가 언급하는 사람이 구체적으로 누구인지 알지 못했다. 그저 그 애의 불법 촬영물을 찍어서 유포했던, 엄마의 남자친구 대런일 거라고 짐작만 했을 뿐이다. 하지만 묻지 않았다. 이야기를 방해하고 싶지 않았다.

"엄만 없었어요. 엄마가 있을 땐 절대 그 짓 안 했어요. 엄마가 일 나갈 때만 노렸어요. 그 사람은 일을 안 해서 절 돌보기로 돼 있었어요. 그 짓이 절 돌보는 일이랬어요."

"그렇지만 그건 돌보는 게 아니잖아, 안 그래?" 내가 말했다. "게다가 그런 일이 일어난 건 네 잘못이 아니야. 알잖아, 그렇지? 그 사람은 절대로 그래선 안 됐어."

"이런 얘기 선생님한테 해도 돼요? 그러니까… 고추 빠는 그런 얘기요."

"그럼, 당연하지."

"선생님은 저 믿어요?"

"네가 한 말 사실이야?"

"네."

"그럼 난 널 믿어."

"우리 엄만 안 믿었어요. 엄마한테 말하니까 더러운 이야기를 지어낸다면서 저보고 쓰레기 같은 계집애라고 혼냈어요. 전 지어낸 얘기 아니라고 대들었어요. 근데 엄만 제가 거짓말쟁이라고 몰아붙였어요."

"너무 끔찍했겠어. 그런 일을 겪었다니 정말 안됐다."

"그런 일이 있었다는 거 오랫동안 잊고 지냈거든요. 근데 푸딩을 보니까 생각났어요. 푸딩이 제 머릿속에서 그때 기억을 되살아나게 했어요."

봄

여름

멈추고, 보고, 듣기

> "사람들이 때때로 우리 안의 뭔가를 건드리긴 하지. 그런데 그 이유가 뭔지 생각해보는 것도 그만 한 가치가 있어. 그런 생각은 대개 —— 우리가 처한 상황을 이해하게 해주니까."

두어 주 동안 평화로운 날들이 이어졌다. 봄에서 여름으로 계절이 넘어가고 있었다. 낮이 길어지고 날은 점차 따뜻해졌다. 웨일스에는 '보송하다'고 묘사할 만한 시기가 거의 없지만, 이 즈음만큼은 수요일 오후마다 심화그룹치료 활동의 대부분을 야외에서 진행해도 될 정도로 날씨가 쾌청했다.

이즈음 엘로이즈의 얼굴은 활짝 피었다. 매주 수요일 오후에 학교로 그 애를 데리러 갈 때마다 쾌활하고 열정적이었다. 드라이브 시간은 대부분 엘로이즈가 학교에서 겪은 일에 관한 수다로 채워졌다. 그 애는 열다섯 살이 되어 '중등교육 자격검정시험'을 준비하기 시작했다. 엘로이즈 또래의 학생들은 그즈음 자신의 장래를 좌우하는 교사평가를 거치고 있었다. 이

평가를 통해 어떤 과목을 공부할지, 그리고 향후 몇 년 동안 직업교육을 받을지 학문적인 경로를 택할지 판가름 났다.

엘로이즈는 학습 동기가 있는 학생은 아니었다. 무단결석하지 않고 그저 학교를 꼬박꼬박 다니는 것만으로도 잘하고 있다고 느꼈다. 그럼에도 엘로이즈는 뜻밖에 중등교육 자격검정시험에서 어떤 과목에 응시할지 열정적으로 이야기했다. 나는 그애가 결국에는 직업과정을 밟을 가능성이 큰 것을 알았기에 이런 선택지에 대해서도 이야기를 나누었다. 엘로이즈는 케이터링에 가장 관심이 많았다. 친구들 중 하나가 하려는 일이었기 때문이다.

몇 주가 지나는 동안 심화그룹치료 활동은 이전과 같이 순풍에 돛 단 듯 순조롭게 흘러갔다. 우리는 좋은 날씨 덕을 톡톡히 보면서, 운동장 울타리 바로 너머에 흐르는 작은 시냇가에서 동요에 나오는 '테디 베어의 소풍날' 같은 즐거운 시간을 보내기도 했다. 보물찾기도 했는데, 아이들보다 엘로이즈가 더 즐거워했다. 알고 보니 내가 준비한 단서들이 아이들에게는 너무 어려운 수준이었다. 결국 엘로이즈가 거의 대부분의 실마리를 찾아냈다. 그리고 웨일스의 국가적 문화 행사인 아이스테드바드eisteddfod*의 지역 예선에 참가하기 위해 연습을 시작했다.

우리는 유명한 웨일스 전래동요 〈염소 세기Cyfri'r Geifr〉를 부르기로 했다. 후렴구가 강렬하고 반복적인 재미있는 노래였다. 그래서 나는 아이들이 이 노래를 제대로만 익힌다면 아이스테

---

* 웨일스에서 개최되는 시, 음악 경연대회.

여름

드바드가 열리는 날 부모님들이 무척 자랑스러워할 거라고 자신했다.

지역 예선은 학기의 마지막 주인 7월 중순에 열릴 예정이었다. 그다음 주부터 6주 동안은 여름방학이 이어진다. 그동안에는 심화그룹치료 활동도 휴식을 취하고, 모두가 9월 초에 다시 만나게 될 것이었다.

6월 중순의 어느 수요일 오후, 나는 여느 때처럼 엘로이즈를 데리러 갔다. 거의 더울 정도로 따뜻한 날이었다. 그 애는 교복 차림이긴 했지만 재킷은 어깨 위에 걸치고 넥타이 없이 블라우스 위쪽 단추를 풀어 헤친 상태였다. 엘로이즈가 차에 올라타면서 안도의 한숨을 내쉬었다.

"휴우, 안녕?" 내가 인사했다. "오늘 바깥 날씨 덥다, 그치?"

그 애는 순순히 동의했다.

한참 동안 말이 없던 엘로이즈가 입을 열었다. "저 뭐 좀 달라진 거 없어요?"

나는 그 애를 위아래로 훑어보았다.

엘로이즈가 볼륨을 살리듯이 자기 머리를 톡톡 건드려서 헤어스타일에 뭔가 변화가 있다는 건 재빨리 눈치챘지만, 학교 갈 때 보통 뒤로 묶는 머리를 지금은 풀고 있다는 것 말고는 뭐가 달라졌는지 알 수 없었다. 엘로이즈의 머리카락은 원래 곱슬이라서 늘 단정치 않게 흐트러져 있었다. 머리를 전부 뒤쪽으로 빗어 넘겨 고무줄로 묶고 다니는 여느 여학생들과 달리, 엘로이즈는 머리숱이 주체할 수 없을 만큼 많아서 보통 한쪽으로 가르마를 타고 앞머리가 얼굴을 가리지 않도록 소박한 머리핀으로 고정한 다음 뒤로 묶었다. 그 애의 머리카락을 보면서 든 생각은 끝이 너무 삐죽삐죽해서 좀 고르게 다듬어야 할 것 같다는 것뿐이었다. 하지만 엘로이즈는 머리 길이를 목숨처럼 소중히 여겼다.

"선생님 관찰력은 영 별로네요." 내가 우물쭈물하면서 답을 내놓지 못하자, 그 애가 다정하면서도 약간 잘난 체하는 투로 말했다.

"그래, 뭔지 알려줘." 내가 재촉했다.

"염색했잖아요, 파란색으로요. 거의 다 빠지긴 했지만 아직 알아볼 만큼은 남아 있는데. 안 보여요?"

나는 여전히 큰 차이를 못 느꼈지만, 운전대를 잡고 있어서 안전이나 뭐 그런 것들 때문에 자세히 볼 수 없어 알아차리지 못한 모양이라며 얼버무렸다.

"클럽에 가기로 했었던 금요일 밤에 했어요."

나는 아무 말도 하지 않았다.

"올리비아랑 저랑 둘 다요. 걔가 좀 일찍 도착해서 같이 할 수 있었어요. 올리비아는 분홍색, 전 파란색으로요. 부츠*에서 한 봉지씩 살 수 있는데 그냥 머리에 바르기면 하면 염색돼요. 엄청 좋아요."

"차에서 내리면 더 자세히 볼게."

"올리비아가 머리 잘랐거든요. 어깨쯤 오는 길이로요. 그래

* 의약품과 화장품을 취급하는 소매점.

여름

서 염색하기 훨씬 쉬웠어요. 걔 머리카락이 짙은 갈색이라서 분홍색이 잘 어울리더라고요." 엘로이즈는 더할 나위 없이 행복하게, 거의 꿈꾸는 듯한 미소를 짓고 있었다. "올리비아는 머릿결이 좋아서 반짝반짝 윤이 날 정도예요. 그리고 완전 생머리예요. 왜, 완벽한 직모 있잖아요. 만져보면 비단결 같아요. 진짜로요. 저도 그랬으면 좋겠어요."

나는 웃으면서 말했다. "맞아, 나도. 우리처럼 곱슬머리인 여자들은 진짜 억울한 것 같아."

"아무튼 올리비아랑 염색했어요. 그다음 화장도 했어요. 제가 올리비아한테 화장해줬어요. 저 화장 좀 하거든요. 나중에 메이크업 아티스트 돼도 좋을 것 같아요. 그쵸? 진짜 될 수도 있죠. 제대로 된 직업이고요. 메이크업 아티스트 하고 싶다고 진로상담 선생님한테 말씀드려볼까 싶기도 해요. 영화 촬영장 같은 데서 일할 수도 있을 거예요."

내가 웃으면서 말했다. "되게 재미있을 것 같다."

"어쨌든 올리비아가 완전 화려해 보이고 싶어 하더라고요. 그래서 제가 화장해줬어요. 올리비아한테 분홍색 립스틱이 있더라고요. 근데 솔직히 말해서 걔가 어디서 그걸 슬쩍한 것 같아요. 로레알이었는데, 거의 9파운드짜리거든요. 아무튼 색깔은 대박이에요."

엘로이즈는 올리비아와 보낸 금요일 밤에 대해 점점 더 살을 붙여가면서 이야기를 몇 분 더 이어갔다. 나는 그 애가 들려주는 모든 이야기가 상상의 산물이라는 걸 거의 확신했다. 엘로이즈의 위탁가정이 있는 마을에는 클럽이 없고, 해안 도시들에는 분명 클럽이 있겠지만 엘로이즈가 그중 어딘가에 들렀을 거라곤 상상하기 어려웠다. 그 애는 더도 덜도 아닌 딱 열다섯 살로 보이고, 행동 역시 대체로 나이에 걸맞게 했다. 버스를 타고 혼자 그 지역을 돌아다닐 정도로 야무지긴 해도 그 애보다 몇 살 많은 여자아이들만큼 세상 물정에 밝지는 않았다. 그 애가 들려준 이야기는 클럽에 가기 전, 즉 밤 나들이를 하기 전에 할 법한 일들을 상상한 결과물이었다.

엘로이즈가 그 일을 계속 상세히 묘사하는 동안, 나는 어떻게 반응하면 좋을지 고심하고 있었다. 이번에는 올리비아가 헤드웬 파월을 말하는 것 같지 않았다. 그 점을 파헤쳐서 내가 올리비아에 대해 파악할 수 있을지 알아보고 싶었다. 그러려면 어떻게 반응해야 할까? 아무에게도 방해받지 않고 천연덕스럽게 이야기하는 엘로이즈에게 재를 뿌리고 싶지 않았다. 그 애가 내게 이런 식으로 이야기하는 일은 극히 드물었기 때문이다. 게다가 나는 엘로이즈가 지금 하는 이야기의 사실 여부를 놓고서 그 애와 왈가왈부하고 싶지 않았다.

"재미있었나 보다." 내가 말했다.

"당연하죠. 해안에 있는 미키스 클럽에 갔어요. 미키스 아세요?" 엘로이즈가 물었다.

미키스에 대해서는 잘 알았다. 아니 적어도 간접적으로나마 알고 있었다. 입구 위에 화려하고 커다란 네온사인이 달린 낮은 현대식 건물로, 그 지역의 유일한 대형마트와 같은 길에 있어서 지나가면서 볼 수밖에 없는 위치였다. 특히 우리 집 개 이름이 미키라서 그 상호가 눈에 확 띄었다. 우리 가족은 그 클럽을 보면서 미키가 부업으로 운영하는 곳이라며 썰렁한 농담을 주고받곤 했다. 차를 타고 그 앞을 지나갈 때면 우리 가족 중 누군가는 지나치지 않고 꼭 말했다. "미키가 저기서 사료값 벌어오는 거야."

엘로이즈에게 뭐라고 대꾸하기도 전에 그 애는 자기 이야기에 푹 빠져서 쉴 새 없이 조잘거렸다. "거기서 어떤 남자들을 만났어요. 대충 스물한 살하고 스물네 살이었을 거예요. 걔네가 우리랑 해변에 가고 싶어 했는데 올리비아가 거절했어요. '음, 곤란한 일에 휘말리게 될 수도 있으니까 안 가는 게 낫겠어.' 근데 그 남자들이 같이 가면 애플 사이다를 좀 나눠주겠다는 거예요. 올리비아는 그래도 싫댔어요. 그래서 클럽에 남았어요. 스물일곱 살짜리 남자도 만났는데, 파란색 위키드 보드카를 한 병 사줬어요. 진 그걸 '블루 위키드Blue Wicked'라고 해요. 마시면 진짜 그렇게 되거든요.* " 엘로이즈가 날 바라보면서 히죽 웃었다. "그리고 올리비아가 그렇게 돼버렸어요. 완전 취한 거예요. 결국 토까지 했어요. 진짜 안됐죠. 전 걔 머리카락을 뒤에서 잡아줬어요. 손으로 이마도 짚어보면서 괜찮은지도 확인했어요. 걔가 나아질 때까지 거의 몇 시간을 화장실에 같이 있었어요. 근데 나중에는 그걸 떠올리면서 둘이 막 웃었어요. 올리비아가 너무 많이 토했거든요. 게다가 토가 파란색이었다니까요!"

* 술 상표명 '위키드WKD'와 '불쾌하다'에 가까운 의미의 단어 'wicked'의 발음이 같다는 점을 이용한 말장난.

"와, 흥미진진한 이야기네." 내가 말했다.

순간 엘로이즈가 눈살을 찌푸렸다. "선생님은 제 말이 무슨 소설이라고 생각하는구나, 그쵸? 제가 지어냈다고 생각하는 거예요."

나는 엘로이즈를 바라보았다.

"선생님은 제가 거짓말쟁이라고 생각하죠." 그 애의 목소리가 분노로 흔들렸다.

"진실과 진실이 아닌 것에도 여러 종류가 있어. 난 네가 거짓말하는 거라고 생각하진 않아. 그래도 네가 들려준 게 하나의 이야기라고 생각하기는 해." 내가 말했다.

엘로이즈는 밑도 끝도 없이 화를 터뜨리면서 외쳤다. "제가 왜 지금까지 선생님한테 아무것도 말 안 한 줄 알아요? 선생님은 제 말을 하나도 안 믿잖아요. 아무도 제 말 안 믿어요. 아무도 제 말은 안 들어준다고요."

"내가 지금 들어주고 있잖아, 엘로이즈."

"아뇨, 선생님은 귓등으로도 안 들어요. 꼭 내가 여기 없는 것처럼. 벽에 대고 말하는 느낌이라고요. 제가 뭐라고 말하든 선생님은 있는 그대로 받아들이질 않잖아요. 제 말을 안 듣는 거죠." 그 말을 끝으로 그 애는 팔짱을 낀 채 남은 드라이브 내내 아무 말도 하지 않았다.

펜어가르스로 가는 길에 이런 대화를 나누었다는 게 안타까웠다. 엘로이즈가 기분이 정말 안 좋은 상태로 아이들을 만나게 되었기 때문이다. 차에서 내리고 싶어 하지 않을 정도였다. 하지만 나는 엘로이즈가 차에 남아 있게 허락할 만큼 어리석지는 않았다. 도망칠 확률이 높았으니까. 어떻게든 나와 함께 교실로 들어오게 했다. 활동을 위해 모든 아이들을 불러 모았을 때, 그 애는 작은 의자에 털썩 주저앉았다.

"언니 왜 그래요?" 피온이 내게 물었다.

"엘로이즈가 화가 조금 났어." 내가 말했다.

"제가 앞에 없는 것처럼 제 얘기 하지 좀 말아주세요." 엘로이즈가 신경질적으로 소리를 질렀다.

"테이샤 쿠치T'eisiau cwtsh?"(안아줄까?) 피온이 더없이 다정한 목소리로 외친 뒤 달려가서 두 팔로 엘로이즈를 끌어안았다.

"하지 마!" 엘로이즈가 악을 쓰며 피온을 거칠게 밀어냈다.

"엘로이즈!" 내가 엘로이즈를 째려보면서 소리 질렀다.

느닷없이 봉변을 당한 피온은 표정이 일그러지면서 울음을 터뜨렸다.

"아가, 이리 와. 선생님이 안아줄까?" 나는 두 팔로 피온을 감싸안았다.

그날의 첫 번째 활동은 치료 게임 중 하나였는데, 실제로는 게임과 거리가 멀었다. 나는 그 활동을 게임이라고 표현하는 게 사기성이 짙다고 늘 느꼈다. 하지만 무작위로 카드를 집어 들며 이야기를 시작하는 방식 덕에 어려운 주제를 두고 토론하기가 한결 쉬워지는 것 같기는 했다.

이 게임의 목적은 아이들이 화가 났을 때 스스로를 위로하는 여러 방법을 배우도록 도와주는 것이었다. 집을 나서기 한참 전부터 계획한 활동이었지만, 엘로이즈는 곧바로 그 활동이 자신을 겨냥한 것이라 느꼈고 그래서 다시 한번 발끈했다.

모두가 러그 위에 둥그렇게 모여 앉았을 때, 엘로이즈에게 내 맞은편에 앉아서 그쪽 아이들이 카드 읽는 것을 도와달라고 부탁했다. 몇몇 아이들이 글을 읽을 줄 몰랐기 때문이다. 이어서 나는 분위기를 잡고, 화날 때 기분을 한결 나아지게 만들어주는 유용한 일들이 있다고 설명했다. 카드에는 그런 일의 예시가 적혀 있었다. 우리는 돌아가면서 카드를 뽑은 다음 거기 적힌 내용에 대해 토론하고 직접 연습해볼 참이었다.

내가 시범 삼아 맨 먼저 카드를 뽑았다. 거기에는 "멈추고, 보고, 들어라"라고 써 있었고, 슈퍼히어로처럼 갖춰 입은 사람의 모습이 그려져 있었다. 나는 이 카드가 나 자신이 처한 환경을 자세히 알아차리기 위한 시간을 잠시 갖도록 독려한다고 설명했다. 흔히 화가 날 때면 나쁜 기분에만 온통 사로잡혀서 다른 모든 것을 놓치기 때문이다. 우리의 감각들(보는 것, 듣는 것, 만지는 것)이 말해주는 것을 세밀하게 알아차리기 위해 잠시 멈추면 자기 자신으로 돌아오는 데 도움이 된다. 슈퍼히어로가 그려져 있는 건, 카드에 적힌 대로 멈추고 보고 들을 때 마치 관찰이라는 슈퍼파워를 지닌 것처럼 한껏 주의를 기울이고 싶어 한다는 의미라고 설명했다. 그리고 슈퍼파워를 지닌 것처럼 보고 듣고 만져서 세밀한 부분까지 알아차려야 한다고 덧붙였다. 우리가 활동을 마치고 나면 아이들이 자기 내면에 있는 슈퍼파워에 관심을 기울이고 내적 감각에 주목하길 바랐다. 근육은 무슨 일을 하고 있었는지, 생각은 어땠는지. 나는 그 카드를 아

여름

이들에게 보여준 다음, 그 순간 내가 그런 슈퍼파워를 통해 내적으로나 외적으로 알아차리게 된 바에 대해 묘사했다. 그런 다음 아이들에게도 시도해보라고 했다.

내 곁에 앉아 있던 리안은 자기 차례가 오자 "화가 날 때면, 스트레칭이나 이완 운동을 해서 긴장을 누그러뜨려라"라고 적힌 카드를 뽑았다. 다 함께 몇 가지 스트레칭과 심호흡을 시도해보았다. 다들 그렇게 순서대로 자신이 선택한 카드를 읽고, 그 카드가 시키는 대로 해보았다.

비디그 차례가 되었다. 그 애는 자신이 느끼는 감정을 어떤 동물로 상상해보라는 카드를 뽑았다. 그런데 글을 읽을 줄 몰랐기에 도와달라는 의미로 원 안쪽으로 카드를 내밀었다.

비디그 가까이에 있던 엘로이즈가 손을 뻗어서 그 카드를 집어 들었다. "네가 느끼는 감정을 동물이라고 생각하고 그 동물을 흉내 내보래." 엘로이즈가 설명하듯 말했다.

"호랑이!" 루이스가 갑자기 튀어나왔다. "화날 때 난 호랑이가 돼요. 어흥!"

"너 말고 비디그 차례야." 엘로이즈가 날카롭게 내쏘았다. "비디그, 얼른. 봐봐. 넌 어떤 동물처럼 느끼는데? 카드를 봐."

비디그의 표정을 보니 그 애는 지금 무슨 일이 벌어지는지 파악하지 못하고 있었다.

"카드 보라고." 엘로이즈가 단호하게 말했다. "봐. 보여? 공룡이 있잖아. 그게 널 물어. 그게 카드에 있는 애가 느끼는 감정이야. 걔는 금방이라도 널 물어버릴 것 같은 공룡이 된 기분이야. 세게."

"엘로이즈." 내가 진정하라는 경고의 뜻을 담아 낮은 목소리로 제지했다.

물론 이때쯤 다른 아이들 몇 명은 공룡 주제를 이어갔고, 두어 명의 작은 티라노사우루스들이 자리에서 일어났으며, 브린은 좀비 흉내를 내고 있었다. 비디그는 뒤로 움츠러들었다. 양갈래로 짧게 묶은 그 애의 곱슬머리가 위아래로 까닥거렸다.

"카드를 보라니까?" 엘로이즈가 쥐 잡듯이 다그쳤다.

비디그는 끝내 울음을 터뜨렸다.

"아아악!" 격분한 엘로이즈가 악을 쓰며 카드를 집어던졌다.

세션이 이어지는 동안 엘로이즈의 심술은 권태로 바뀌었다. 엘로이즈가 평상시에 갈등을 해소하는 기술은 주로 회피였다. 상황이 버겁게 느껴지면 그냥 사라져버렸다. 나에게 잔뜩 골이 났던 데 이어서 아이들과의 활동에서 좌절한 상태로 끝까지 자리를 지켜야 했던 엘로이즈는 피곤하고 질린 상태였다. 세션을 마치고 나서야 우리 둘 모두 한시름 놓았다.

"오늘 썩 좋은 날은 아니었어. 그치?" 내가 주차장에서 차를 빼면서 말했다.

엘로이즈는 골이 나서 흥 하는 소리를 냈다.

"기분이 어때?" 내가 물었다.

"더 이상 아무 말도 안 하고 싶은 기분인데요."

그런 줄은 알고 있었으므로 재촉하지 않는 편이 낫겠다 싶어 입을 닫았다.

마을 골짜기를 벗어난 차가 산언덕을 올라 탁 트인 시골로 접어드는 동안, 우리는 멋진 풍광에 시선을 두면서 각자의 시간을 가졌다. 힘든 하루를 보내고 나서 음악을 들으면 꽤 위로가 되기에, 라디오를 켜볼까 하는 생각이 들었다. 게다가 나는 운전할 때 음악 듣는 걸 특히 좋아했다. 그중에서도 클래식 음악이 제일 좋아서 자동차 라디오 주파수를 항상 클래식 음악 채널에 맞춰 두었다. 드넓게 펼쳐진 자연과 가장 궁합이 좋은 음악이 나에게는 클래식이었다. 엘로이즈가 클래식을 좋아하진 않는다는 걸 알고 있었지만, 그 애가 좀 더 젊은 취향으로 채널을 바꾸고 싶어 한다 해도 괘념치 않을 작정이었다.

내가 막 제안하려고 했을 때, 엘로이즈가 입을 열었다. "전 비디그 싫어요. 진짜 바보 같아요. 걔만 보면 돌아버리겠어요."

"그래. 나도 네가 걔랑 잘 못 지내는 거 눈치챘어."

"선생님한테 무슨 얘기 좀 해도 돼요?"

"그럼, 해도 되지."

"좋은 건 아니에요. 듣고 나서 선생님이 절 안 좋게 볼 수도 있어요."

"말해봐."

"저 걔를 괴롭히고 싶어요."

"네 생각엔 왜 그런 것 같아?"

"몰라요. 근데 그 생각이 계속 들어요."

엘로이즈는 한참 동안 말을 멈추었다.

"어떻게 남들한테 아무런 피해도 안 주는데도 남들이 자길 괴롭히고 싶게 만들 수 있을까요?" 그 애가 물었다.

"'왜 난 누구를 괴롭히고 싶을까?'라고 물어야 더 정확할 것 같은데?"

"그 말이 그 말이죠."

"아니, 달라. 넌 비디그가 어떻게 하면 남들이 걔를 괴롭히고 싶어 하게 만들 수 있는지 물어봤잖아. 그렇지만 비디그가 뭘 어떻게 한 건 아니지. 반응은 네 안에 있거든. 비디그가 너에게 보여준 행동들을 또 다른 누군가한테 똑같이 했다고 해도 그 사람들이 비디그를 괴롭히고 싶어 하지는 않을 수 있어. 그러니까 걔가 무슨 행동을 했느냐에 달린 게 아니야. 그게 네 안의 어떤 부분을 건드렸는지에 달린 문제지. 관계는 항상 양방향적인 거거든. 비디그는 행동하고 넌 거기에 반응하는 거야."

"네, 그러니까요. 전 왜 그러고 싶을까요? 그냥 걜 보기만 해도 화가 막 치밀어요."

"왜 그런 것 같아?"

"모르겠다니까요. 그래서 선생님한테 물어본 거잖아요. 자꾸 저한테 죄다 다시 떠넘기지 좀 마요. 어쨌든 전 걔가 울면 좋겠어요. 볼 때마다 그런 느낌이 들어요. 걔가 저한테 괴롭혀달라고 하는 것처럼요. 어쨌든 걔가 울면 기분이 좀 나아져요."

"사람들이 때때로 우리 안의 뭔가를 건드리긴 하지. 그런데 그 이유가 뭔지 생각해보는 것도 그만 한 가치가 있어. 그런 생각은 대개 우리가 처한 상황을 이해하게 해주니까. 게다가 난 네가 말해줘서 좋아. 문제를 해결하는 데 도움을 줄 수 있잖아. 어떤 괴롭힘도 일어나지 않도록 선생님이 확실히 할 테니까."

"뭐, 저도 알아요. 진짜 울리진 않을 거예요. 말이 그렇다는 거죠."

여름

상상 게임

> "상상의 세계는 내 인생에서 정말 고달팠던
> 시기를 견디게 해줬어. 그리고 그게
> 상상의 세계가 존재하는 이유라고 생각해.
> 우린 살아남기 위해서 해야 할 일을 하는
> ——— 것뿐이야."

올리비아는 여전히 내 머릿속을 맴돌고 있었다. 엘로이즈에게 올리비아에 대해 단도직입적으로 물어보고 싶었다. 하지만 그러려고 할 때마다 분노 아니면 침묵과 마주하게 되었다. 올리비아와 헤드웬의 연관성이 특히 나를 혼란스럽게 만들었다.

이즈음 올리비아는 우리 삶에서 일정한 비중을 차지하고 있었다. 엘로이즈는 점점 더 자주, 드라이브 시간의 일부라도 할애해서 올리비아의 가장 최근 무용담을 들려주었다. 처음에는 일회성 언급에 그쳤는데 점차 에피소드 전체를 소개하기에 이르렀다.

"올리비아 다리 부러진 거 제가 선생님한테 말한 적 있어요?"

"저런, 안됐다." 내가 대꾸했다.

"승마하다가요." 엘로이즈가 말했다. "갑자기 말이 겁을 먹더니 올리비아를 태운 그대로 막 날뛰었어요. 그리고 황무지로 달려갔어요. 아, 선생님 사는 쪽 황무지 말고요. 해안가 황무지요. 아시죠? 높은 산 뒤쪽에 있는 그 황무지. 거기 조랑말 체험하는 공원이 있거든요. 매주 토요일마다 올리비아가 거기로 가요. 말 타는 거 너무 좋아하거든요. 어쨌든 올리비아가 거기서 번개를 탔어요. 말 이름이 번개예요. 번개는 진짜 말이에요, 조랑말 아니고요. 절대 조랑말 아니에요. 올리비아는 조랑말 타는 건 안 좋아해요. 말이 좋대요. 점프도 할 수 있다고요. 아무튼 번개는 순종이에요. 빠르고 튼튼한 사냥용 말이긴 한데 지금은 거기서 지내요. 몸은 갈색이고 얼굴 앞쪽에 빛나는 흰 털이 있어요. 번개는 올리비아가 제일 좋아하는 말인데 그렇게 훈련이 잘된 편은 아니에요. 전에 학대당한 적이 있어서 예민해요. 폭력을 당해서요. 근데 올리비아가 길들였어요. 안타깝지만 아직까지 신경과민 상태라 번개를 다루려면 최고의 기수여야 돼요. 하여튼 번개가 올리비아를 태우고 달리다가 도로 표지판을 보고 기겁한 거에요. 말들 그럴 때 있잖아요. 전에 본 적 없는 건 이해 못 해요. 걔가 도로 표지판을 보고 멈칫하고 앞발로 땅을 차고 몸을 일으키더니 다른 조랑말들 있는 무리에서 냅다 도망쳤어요. 올리비아는 젖 먹던 힘으로 버텨야 했어요. 말을 진짜로 잘 타는데도 번개를 멈출 수가 없었어요. 누굴 데려와도 불가능했을걸요. 걔는 사냥용 말이니까 아마 울타리를 뛰어넘고 싶었겠죠. 그런데 주변에 울타리가 어디 있었겠어요? 바윗덩어리밖에 없었어요. 올리비아가 거기 떨어졌어요. 큰 바

여름

윗덩어리 바로 옆에요. 떨어지면서 바위에 다리가 부딪혀서 부러져버린 거에요."

"와! 보통 사건이 아니었네." 내가 말했다.

"통증이 진짜 심해서 올리비아가 고생했어요. 그래서 병원에 가야 했고 지금은 깁스 했어요. 지금까지 제가 돌봐줬어요. 혼자서 할 수 있는 일이 별로 없어서요."

엘로이즈가 올리비아에 대해 들려준 다른 많은 이야기와 마찬가지로, 이 역시 상상의 산물임을 나는 믿어 의심치 않았다. 하지만 그 이야기가 사실인지 여부를 따지는 건 아무짝에도 소용없음을 알고 있었다. 엘로이즈는 성을 내면서 입을 다물어버릴 테고 상황도 거기서 끝나고 말 것이다. 계속 이야기하게 두는 편이 나아 보였다. 그러면 적어도 엘로이즈의 머릿속을 차지하는 게 뭔지는 알 수 있을 거고, 그걸 알면 그 애의 상황을 한층 잘 이해할 수 있을 것 같았다. 올리비아가 가상의 존재임을 내가 의식하고 있다는 걸, 엘로이즈도 마음 깊은 곳에서는 알아차렸을 거라고 생각한다. 그 애가 그런 이야기를 들려주고 나니 우리 사이에 묘한 기류가 흘렀지만, 지금으로서는 그저 두고 보면서 때를 기다리는 게 상책일 것 같았다.

새롭게 나타난 한 가지 패턴은 올리비아가 운이 억세게 안 좋은 경향이 있어서 대개 다치거나 아프게 되어 결국 엘로이즈가 올리비아를 돌봐주는 상황에 이른다는 것이었다. 나는 올리비아와 관련된 이 모든 이야기에 대해 아슬아슬하게 줄타기를 했다. 엘로이즈가 한 인간으로서 인정받고 있다는 느낌, 자기 이야기가 경청할 만큼 가치 있게 받아들여지고 있다는 느낌,

그리고 내게 무슨 말을 해도 평가받지 않는다는 느낌을 받았으면 했다. 하지만 한편으로는 환상과 거짓이 뒤엉킨 이 기괴한 상황에 기름을 붓고 싶지는 않았다. 그래서 엘로이즈의 이야기가 과도하게 세밀해지는 것 같으면 거기서 빠져나올 수 있도록 신경 썼다.

그래서 이번에는 시시콜콜한 승마 이야기가 끝나고 나서, 그다음에 무슨 일이 일어났는지 묻는 대신 "올리비아의 어떤 점이 제일 좋아?"라는 질문을 던졌다.

엘로이즈는 곧바로 대답하지 않았다.

다른 때에도 올리비아에 대해 직접적으로 물으면 이런 오랜 정적이 나타나곤 했는데, 그 사실이 자못 흥미로웠다. 이런 질문이 엘로이즈를 방어 태세로 내모는 것 같았기 때문이다. 올리비아가 정교하게 주조된 상상의 인물이라면 그런 질문에 답하기 어려울 리가 없었다. 나 역시 생생한 내면 세계를 가졌던 적이 있었기에 그런 질문쯤에야 척척 대답할 수 있다는 것을 알았다. 나는 스스로 만들어낸 상상의 세계와 그 안에서 살아가는 사람들과 워낙 친숙했기에 누가 그들에 대해 묻는다면 우리 가족 이야기를 하듯이 냉큼 대답할 수 있었을 것이다. 엘로이즈는 그래 보이지 않았다. 그 애는 자기가 올리비아와 함께 했던 일들에 대해서는 길고 복잡하게 이야기할 수 있었지만 정작 올리비아에 대한 직접적인 질문을 받으면 머리가 하얘지는 것 같았다.

이전에는 이런 갑작스러운 침묵이 일종의 방어라고 해석했다. 엘로이즈가 올리비아에 관한 내밀한 영역에 나를 들여보내고 싶지 않은 거라고 말이다. 그 애는 그 영역을 내내 내적이고 안전한 상태로 유지하려는 것 같았다. 그건 내가 엘로이즈 나이일 때 내 상상의 세계를 떠벌리지 않은 이유이기도 했다. 그런데 지금 여기에서, 우리가 차를 타고 펜어가르스로 가는 동안 엘로이즈가 올리비아의 승마에 대해 구구절절하게 이야기해주었을 때, 문득 이런 생각이 들었다. 올리비아에 대해 지나친 해석을 했었는지도 모르겠다고. 내가 십대 때 했던 것과 비슷한 경험을 엘로이즈도 겪는 거라고 속단했다고 말이다. 내 상상 속 주인공 딜라일라는 나의 내적 세계에서 가장 중요한 부분이었고, 나는 딜라일라의 페르소나를 창조하고 딜라일라를 한 개인으로 만들어줄 구체적인 요소를 개발하는 데, 심지어 딜라일라 내면의 정신세계를 빚어내는 데 지나치게 많은 시간을 쏟아부었다. 그 결과 현실 세계의 친구들을 알듯이 딜라일라에 대해서도 속속들이 '알고 있었다'. 엘로이즈가 올리비아에 대해 직접적 질문을 받았을 때 입을 다문 이유는 올리비아가 그다지 정교하게 빚어지지 않았기 때문이 아닐까 싶었다. 엘로이즈가 말을 멈춘 건 단순히 답을 가지고 있지 않았기 때문인 듯했다. 이 대목에서 엘로이즈에게는 올리비아와의 관계 그 자체가 중요했음을 이해할 수 있었다. 올리비아는 어엿한 한 인간이라기보다 줄거리 장치에 더 가까웠다.

엘로이즈가 내 질문에 우물쭈물하고 있을 때 내가 말했다. "넌 올리비아 돕는 걸 즐기는 모양이네. 걔가 몸이 아프거나 다치면 네가 늘 돌봐주잖아."

엘로이즈는 고개를 끄덕거렸다. "근데 올리비아는 터프하고 뭐든지 잘해요. 위험을 무릅쓰기도 하고요. 무모한 짓 말고요. 왜 너무 용감해서 생기는 위험 있잖아요. 저한테 도움이 필요하면 걔도 바로 도와줬어요. 그러니까 올리비아가 다치거나 해서 제가 필요하다고 하면 저도 기꺼이 해주는 거예요."

"좋은 조합이다."

"네…."

그 애의 대답에 미묘한 기운이 감돌았는데, 대화가 도를 넘어서 그만둘 때가 되었음을 뜻하는 어조인 것 같았다. 내 질문은 올리비아라는 허술한 슈퍼히어로로 이루어진 엘로이즈의 사적 영역으로부터 그 애를 끌어냈다. 올리비아가 실존 인물인 것처럼 대응하는 방식은 엘로이즈를 시험하는 것이 되었다. 그건 내 상상 게임이 아니었고, 엘로이즈가 내 반응을 상당히 거북하게 느끼기 시작했음을 눈치챌 수 있었다.

그리 나쁘진 않았다. 그것이 상상임을 엘로이즈 스스로가 깨닫고 있다는 의미였으니까.

"몇 주 전에 나눈 이야기 기억나? 마음속으로 상황을 시각화하는 거." 내가 물었다. "어떻게 상상이 거의 현실처럼 될 수 있는지 이야기했잖아. 만질 수만 없을 뿐 모든 면에서 현실이 되는 방법 말이야."

엘로이즈는 고개를 끄덕였다. "네, 생각나요."

"내가 어렸을 때 마음속에 그리던 상상의 세계 때문에 그 모든 일이 일어났다고 했잖아." 내가 말했다. "내 세계는 머릿속에서 방송하는 텔레비전 프로그램 같은 거였어. 내가 처음 상상하기 시작했던 대여섯 살 무렵부터 딜라일라는 어른이었고,

내가 사는 세계와는 동떨어진 딜라일라만의 세계에서 자신의 규칙에 따라 살아갔어. 우리 가족은 내가 나이를 먹을수록 상상이 시들해질 거라고 생각했어. 내가 열세 살이 되던 해에 큰 사건이 일어나지만 않았다면 아마 그 기대에 부응했을 거야. 여러 가지 복잡한 이유로 내가 가족과 떨어져서 알지도 못하는 가족과 살게 됐거든. 그때까지 날 키워주던 조부모님 곁을 떠나야 했고, 키우던 반려동물들과도 헤어져야 했어. 모든 친구들을 뒤로하고 한 번도 가본 적 없는, 950킬로미터나 떨어진 동네로 이사도 가야 했지. 내가 알던 모든 게 달라진 거야. 유일하게 이전이랑 똑같았던 게 딜라일라였어. 내가 데려갈 수 있었던 건 오직 내 머릿속 세계뿐이었거든."

엘로이즈가 이마를 찡그렸다. "잠깐요. 뭐라고요? 왜 떠났다고요?"

"나쁜 이유는 아니었어. 엄마가 재혼을 하셨거든. 넌 그게 그리 큰 일이라고 생각하지 않겠지만, 나한테는 큰 일이었어. 그전에는 엄마랑 살아본 적이 없었거든. 할머니랑 할아버지가 날 키워주셨어. 그런데 내가 열세 살이 되던 해에 엄마가 재혼하면서 나랑 같이 살길 바라셨던 거지."

엘로이즈는 계속 미간을 찌푸리고 있었다. "그러니까 선생님은 그전까지 엄마를 몰랐다는 말이에요?"

"알기야 알았지. 근데 엄마는 나랑 150킬로미터도 더 떨어져서 살았어. 엄마가 찾아올 때만 엄마를 볼 수 있었고. 난 엄마를 누구보다 사랑했어. 그때 엄만 도움이 필요할 때 짠 하고 나타나서 도와주는 요정 대모 같았거든. 사탕이랑 선물도 사주고, 좋은 곳에 데려가고 그랬어. 할머니랑 할아버지는 차가 없었는데 엄마한테는 차가 있었거든. 하여튼 난 엄마랑 살아본 적은 없었어. 내가 그때까지 알고 지낸 유일한 엄마는 할머니였고."

"저한테 일어났던 일만큼 나쁘진 않네요." 엘로이즈가 덤덤하게 반응했다. "적어도 선생님네 엄마는 선생님을 좋아했잖아요. 최소한 누구랑 살게 될지도 알았고요. 제 상황은 완전 달랐어요. 정해진 곳도 없이 그냥 떠돌아다녔거든요."

"그래, 네 말이 맞아. 네가 나보다 훨씬 힘든 시간을 보냈지." 내가 말했다. "그래도 나한테는 여전히 어려운 상황이었어. 엄마랑 난 서로 잘 알지도 못했고, 그래서 엄마도 내 부모가 되는 데 익숙하지 않았어. 난 새아빠가 될 사람이나 그 집 애들도 잘 몰랐고. 거기다 그 집은 내가 원래 살던 곳에서 너무 멀었어. 네 다음번 위탁가정이 갑자기 인버네스 같은 터무니없이 먼 곳으로 배정되는 거나 마찬가지였어."

"와, 인버네스로 가야 된다니 생각도 하기 싫네요." 엘로이즈가 말했다. "거긴 심지어 웨일스도 아니잖아요." 그 애는 잠시 말을 멈추고 내가 한 말을 곱씹었다. "좋아하는 사람들하고 있었다는 것만 다르지 위탁보호 받는 거나 마찬가지였겠네요. 저도 그랬거든요. 어디에 간신히 적응했는데, 문득 정신을 차려보면 제가 또 완전 모르는 사람들 한 무더기랑 어떤 다른 곳에 있는 거예요. 언제나요."

"그래. 나도 알아. 그래서 이 이야기를 해주는 거야. 또 다른 이유는, 그게 다른 아이들이 대부분 상상의 세계에 시큰둥해질

여름

때가 되어서까지도 내가 그 세계를 끝끝내 간직한 까닭이기 때문이야. 그 세계는 다른 모든 걸 빼앗긴 순간에도 나만의 것으로 남아 있었거든. 친숙한 무언가로서 말이야. 내 삶의 나머지 부분은 온통 뒤바뀌었지만, 상상의 세계만큼은 원래 상태로 고스란히 남아 있었어."

엘로이즈는 고개를 옆으로 돌려 창문 밖을 내다보았다. 우리는 펜어가르스로 이어진 산언덕의 길게 뻗은 마지막 내리막길을 달리고 있었다.

"이제 나이가 들어서 그때 일을 돌이켜보니 그걸 간직하길 잘했다는 생각이 들어." 내가 말했다. "사람들은 상상을 별것 아닌 것처럼 생각해. 자기네로서는 경험할 수 없는 세계를 머릿속에 담아두고 있다는 이유만으로, 네가 스스로에게 어떤 문제가 있다고 느끼게 만들 수도 있어. 하지만 그래도 괜찮다고 생각해. 우리가 자기 머릿속 세계와 현실 세계가 다르다는 사실을 명심하기만 한다면, 우리가 만들어낸 세상에 다른 사람들이 맞춰주길 기대하지만 않는다면 말이야. 상상의 세계는 내 인생에서 정말 고달팠던 시기를 견디게 해줬어. 그리고 그게 상상의 세계가 존재하는 이유라고 생각해. 우린 살아남기 위해서 해야 할 일을 하는 것뿐이야."

아이스테드바드 지역 예선이 시시각각 다가오고 있었다. 나는 우리 아이들이 초청받아서 뛸 듯이 기뻤다. 보통 같으면 선발을 기대하지 않았겠지만, 이 마을은 워낙 규모가 작아서 지역 아이스테드바드 역시 그에 걸맞게 소규모였다. 게다가 염소 노래를 박살 내는 한 무리의 악동을 누가 마다하겠는가?

가장 큰 난관은 아이들에게 일사불란하게 움직이는 법을 가르치는 일이었다. 그저 아이들을 몰고 가서 무사히 노래만 부르게 하고 거기에 만족해도 좋았겠지만, 그 노래가 워낙 인기 있는 웨일스 전래동요라 아이들 대다수가 이미 가사를 잘 알고 있었기에 약간의 변주를 가미해볼 작정이었다. 잭은 정말 멋진 목소리의 소유자였다. 잭은 종종 낮은 목소리로 혼자 그 노래를 흥얼거리곤 했고, 그래서 그 아이가 가사를 처음부터 끝까지 외우고 있는 걸 알았다. 노래는 "염소는 어디 있지?"라는 질문과 그에 따른 대답으로 이루어져 있었다. 그러니 잭이 질문 부분을 노래하고, 나머지 아이들이 "흰 염소, 흰, 흰, 흰"이나 "검은 염소, 검은, 검은, 검은", 아니면 다른 형형색색의 염소를 헤아리는 대답 부분을 노래하면 근사하겠다고 생각했다.

겨우 이런 일이 뭐가 그렇게 어렵겠는가?

하하….

먼저 모두가 함께 노래를 불러보려고 음악이 담긴 카세트 플레이어를 챙겨 왔다. 나는 잭이 진짜 질문하듯이 첫 번째 파트를 부를 것이고, 다른 아이들 모두가 다채로운 빛깔의 염소가 나오는 대답 부분을 맡게 될 거라고 설명했다.

잭은 자폐가 꽤 심한 편이었지만 언어 능력이 있고 음악과 반복을 좋아했으니, 잘해낼 수 있을 거라고 믿었다. 엘로이즈에게는 잭이 자기 파트를 익히도록 도와주라는 임무를 주었다. "너 이거 부를 수 있겠어, 잭?" 엘로이즈가 묻고 나서 노래를 불렀다. "오이스 가브르 에토, 오이스 헤브 에이 고드로? 아르

이 크레이기아이 게이르운, 마에르 헨 아프르 언 크루이드로
Oes gafr eto, oes heb ei godro? Ar y creigiau geirwon, mae'r hen afr yn crwy-
dro."(염소가 아직 있니? 그 염소 젖을 짜지 않았니? 울퉁불퉁한 바위
들 위에서 늙은 염소가 배회하고 있네.)

잭은 감미롭고 경쾌한 목소리로 그 부분을 충실히 따라했다.

"대단해! 벤디게디그Bendigedig(대단해)!" 내가 외쳤다.

잭이 다시 그 부분을 되풀이했다.

"끝내주게 잘했어, 잭. 정말 고마워."

잭이 한 번 더 그 부분을 반복했다.

"나머지 친구들, 얼른!" 내가 재촉했다. "잭이 물어봤으니까
대답해야지. 잭한테 흰 염소에 대해 들려줘."

연습은 그렇게 흘러갔다. 잭은 자기가 맡은 파트를 악착같이
노래하고, 나머지 아이들은 서둘러 대답 파트를 불러 젖혔다.

"얘들아, 정말 환상적이야." 꽤 긴 시간 동안 염소 노래를 연
습한 뒤 내가 소리쳤다. "우리 모두 아이스테드바드에서 관객
들을 사로잡을 거야. 무대에 서서 노래도 부르고 엄청난 자부
심을 느끼게 될 거야."

"선생님, 선생님! 저 뭐 하나 말해도 돼요?" 피온이 말했다.

"뭔데, 아가씨?"

"지난 크리스마스에 성탄극 할 때요…" 피온이 영어 단어를
생각해내느라 잠시 말을 멈추었다.

"응?"

"성모 마리아가 아기 예수 머리 위에 토했어요."

자기방해

벤 스톤이 말했다. "여기 인기도 많고 잘나가는 언니와 친해지기를 갈망하는, 사회적으로 서툴고 외로운 소녀가 있어요. 이게 성적 관심에 뿌리를 두지 않는다고 말할 수 있는 사람이 어디 있겠어요?"

집으로 차를 몰아 가는 동안 엘로이즈는 들떠 있었다. 그 애는 잭을 챙기는 것도 전래동요 부르기에 참여하는 것도 즐거워했다. 연습은 끝으로 갈수록 무척 우스꽝스럽게 흘렀다. 워낙 우습기로 소문난 노래이기도 했고, 노래를 부르면서 다들 몹시 흥겨워했기 때문이다. 엘로이즈는 평소 보이던 청소년 특유의 소극성을 벗어던지고 한 번도 본 적 없는 새로운 모습을 선보였다.

차가 마을을 벗어나 가파른 언덕길로 접어들기 시작했을 때, 엘로이즈가 갑자기 그 노래의 첫 후렴구를 불렀다. "가브르 웬, 웬, 웬, 레 핀 웬, 핀 웬, 핀 웬Gafr wen, wen, wen, le fin wen, fin wen, fin wen!"(흰 염소, 흰, 흰, 그래 흰 입술, 흰, 흰!) 그러면서 신이 난 듯 웃었다. "이 부분이 머릿속을 자꾸 맴돌아요. 밤새도록 여기만 부를 것 같아요."

나도 그 노래가 상당히 중독성 있다는 데 동의하고 엘로이즈가 다른 후렴구를 부를 때 슬쩍 끼어들었다. 그러고선 우리는 함께 그 노래 전체를 한 번 더 불렀다.

이 시간으로 엘로이즈는 기분이 무척 좋아졌다. 엘로이즈는 나를 바라보면서 함박웃음을 지었다. "저 지금 웨일스어 해요."

"응, 맞아. 만약 형형색색 염소들 한 무리가 어디로 갔는지 알아내야 할 일이 생기면, 넌 이미 준비돼 있으니 문제없어."

이 말에 엘로이즈가 웃음을 터뜨렸다.

그런 다음 조용한 막간의 시간이 이어졌다. 아름다운 날씨였다. 햇살이 따스하고 하늘은 푸르디푸른, 더할 나위 없는 6월의 하루였다. 아지랑이에 뒤덮인 산들이 희미하게 빛났다. 날씨 덕분인지 평소와 달리 산이 가까워 보인다는 말에 서로 맞장구를 쳤다.

"오늘 처음으로 웨일스어 하는 게 재미있었어요." 엘로이즈가 부드럽게 말했다. "솔직히 학교 웨일스어 수업은 거의 땡땡이치거든요."

나는 고개를 끄덕였다. "그런 줄 알고 있었어."

"저 웨일스어 진짜 못해요. 전 틀림없이 다른 언어 배울 줄 모르는 사람일걸요. 학교에선 배우라고 강요하는데 왜 그래야 하는지 모르겠어요. 전 웨일스어에 대해서만큼은 완전 실패자예요."

"웨일스어 배우는 걸 정말 어렵게 생각하고 있구나."

"우리 할머니는… 제가 웨일스어 안 쓴다고 불쑥 화내고 그랬어요. 한번 시도해보기도 겁나더라고요. 실수하면 소리지르고 화낼 게 불 보듯 뻔해서요."

"실수했다고 고함치면 기분 나쁘지."

엘로이즈가 고개를 끄덕였다. "웨일스어 좀만 더 잘했으면 할머니랑 계속 살 수 있었을지도 몰라요. 전 진짜 간절하게 할머니랑 같이 살고 싶었거든요."

"난 네 아빠가 다시 감옥에 가서 그렇게 됐을 확률이 더 크다고 생각해." 내가 그 애 편을 들었다.

"뭔가를 너무 간절히 바라서 결국 그걸 다 망쳐버리는 거, 그럴 때 쓰는 말도 있어요?"

"내 생각엔 '자기방해'가 적당한 단어 같아." 내가 조심스럽게 말했다. "자기방해는 자기가 원하는 걸 성취하지 못하도록 스스로 훼방을 놓을 때 쓰는 말이거든."

엘로이즈는 잠시 생각에 잠기더니 머리를 가로저었다. "아니, 그런 게 아니라요. 무슨 말이냐면, 내가 어린아이고 엄청 연약한 뭔가를, 예를 들어 새알 같은 걸 갖고 싶다고 해봐요. 누가 그걸 내 손에 쥐여주면 떨어뜨릴까 봐 겁나니까 힘껏 쥐어요. 근데 너무 꽉 쥐는 바람에 그걸 깨버려요. 제 말은, 뭔가를 안 망가뜨리려고 신경을 너무 많이 써서 오히려 그걸 망치는 거요."

"네 할머니와 관련해서도 그런 일이 일어났다고 생각해?"

"잘 모르겠는데, 생각해보니 그런 것 같기도 해요. 할머니 때문에 웨일스어 잘하고 싶었는데 그 마음이 굴뚝같아서 결과적으로 상황을 다 망쳐버렸잖아요."

여름

"게다가 지금은 할머니 집을 떠나야 했던 게 네 탓이라고 느끼는구나."

"느끼는 거 아니에요. 아는 거죠. 실제로 그 이유가 맞으니까요." 엘로이즈가 대답했다. "할머니 입으로 그렇게 말했어요. 사회복지사한테 제가 너무 까다롭다고 그랬어요."

"그건 웨일스어랑은 상관없는 일이야."

엘로이즈가 어깨를 으쓱했다. "아무튼 제 탓인 건 변함 없죠."

"그게 네 탓이라기보다 할머니 입장에서 그 상황을 감당하기 버거웠다는 게 진짜 문제였을지도 몰라. 생각해봐. 할머니는 나이 드셨고, 사람들은 나이를 먹으면 에너지가 고갈돼. 그리고 할머니는 연금을 받아 생활하시니까 한 식구 더 먹여살리긴 버거우셨을 거야. 게다가 아들이 중독 문제에 허덕이는데, 계속 감옥을 들락거리니까 감옥에서 나와 있을 때마다 그 아들까지 부양해야 했잖아. 처리해야 할 일이 산더미지. 할머니는 그냥 어린아이 돌볼 자금이 모자랐던 걸 수도 있어."

"근데 그게 제 잘못이랬잖아요. 제가 너무 까다롭다고요."

"까다롭다는 이유로 누군가를 탓하는 건 흔히 자기 문제가 감당이 안 된다는 사실을 감추려는 방편이기도 해."

"그렇지만 제가 웨일스어만 할 줄 알았으면…." 엘로이즈가 말했다. "그런데 전 그럴 수가 없었어요. 시도도 안 하고 싶었어요. 틀릴 걸 아니까요. 분명 말실수를 할 텐데, 할머니가 저한테 성질 내는 건 싫었어요. 그래서 그냥 꿰다 놓은 보릿자루처럼 가만히 앉아만 있었던 건데 그게 절 까다로운 애로 만들어 버린 거예요. 전 제가 해야 될 일도 알고 해내고 싶었는데도 안

하고 버텼어요. 절 더 나은 애로 만들 수가 없었어요."

　사회복지 시스템에서는 아이들의 진척을 지원하는 팀 회의를 여는데, 나는 내가 맡은 아이들 중 꽤 많은 사례의 회의에 참석해왔다. 엘로이즈의 경우에는 현재까지 내가 참석하도록 회의가 꾸려진 적이 없었다. 처음에는 인지행동치료를 제공하는 것으로 시작했지만 일이 잘 풀리지 않아서 공식적 지위가 사라진 상태였기 때문이다. 나는 현재 '친구가 되어주는 사람 befriender'으로 간주되었는데, 이는 우정, 정서적 지원과 지도를 제공하는 검증된 자원봉사자를 의미했다. 회의에 참석하지 못하는 게 그리 아쉽지는 않았다. 수 푸와 소통을 잘 이어오고 있어서 엘로이즈에게 무슨 일이라도 생기면 내가 지체 없이 그걸 알게끔 수 푸가 신경 써줬을 걸 알았기 때문이다. 엘로이즈가 나와 있을 때 그 애에게 문제가 생기면 나 역시 당연히 수 푸에게 알려줬을 것처럼 말이다.

　하지만 6월 말경에 엘로이즈의 사례에 연례 검토 회의가 잡혔고, 수 푸가 나에게 그 자리에 참석해서 지금까지 엘로이즈와 겪은 내용을 공유하지 않겠냐고 물었다. 그렇게 나는 처음으로 엘로이즈 사례와 엮인 다른 사람들과 동석하게 되었다. 몇몇은 멜레리나 아동심리학자 벤 스톤처럼 내가 다른 아이들을 지도하는 과정에서 이미 알고 지내던 사람들이었다. 수 푸와 젠 맥도널드라는 이름의 수석 사회복지사, 한 번도 만나본 적 없는 엘로이즈의 위탁부모도 그 자리에 참석했다.

　회의에서 중점적으로 다룬 사안은 엘로이즈의 스토킹 행동이었다. 엘로이즈가 기록적인 결과로서 지난 5주 동안 파월네 집에서 발견된 적이 없다는 더없이 반가운 소식이 공유됐다. 수 푸가 그 사실을 발표하자 좌중 사이에서 크게 기뻐하며 웅성거리는 소리가 들렸다. 젠 맥도널드가 조심스럽게 물었다. "그럼 그 문제는 해결된 건가요?" 벤 스톤이 대답했다. "꼭 그런 건 아닐 겁니다. 올바른 방향으로 나아가고 있다는 희망적 조짐인 거야 분명하지만요."

솔직히 말해서, 나는 벤이 그렇게 이야기한 주된 이유가 스토킹 문제가 이미 해결된 거라면 자기가 프레젠테이션을 위해 밤낮없이 기울인 노력이 수포로 돌아가기 때문이 아니었나 의심한다. 어쨌든 벤은 유인물과 파워포인트를 이용한 프레젠테이션을 부득부득 밀고나가면서, 나 역시 책에서 읽어 알고 있는 다섯 가지 스토커 유형을 소개했다. 첫 번째는 관계가 망가진 후 생겨나는 '거부당한 스토커'이다. 두 번째는 자신이 피해자라고 믿고 자신에게 학대를 가했다고 생각되는 사람에게 복수하려 하는 '분노형 스토커'이다. 세 번째는 주로 남성이 여성을 상대로 하는 유형으로, 일탈적인 성적 관심의 맥락에서 스토킹하는 '약탈적 스토커'이다. 네 번째는 데이트 상대나 짧은 만남을 추구하면서 지인이나 낯선 사람을 표적 삼는 '무능한 구혼자 스토커'이다. 그리고 다섯 번째는 관심 있는 대상과의 관계에 대해 망상적 신념을 품는 '친밀감 추구 스토커'이다. 벤은 엘로이즈의 스토킹 행동이 어떤 유형인지 이해하는 게 중요하다고, 그래야 그 행동을 관리할 수 있을뿐더러 그 애가 헤드웬 파월에게 어느 정도 위협이 되는지 파악할 수 있다고 강조했다.

엘로이즈가 '무능한 구혼자 스토커' 범주에 속하는지 아니면 '친밀감 추구 스토커' 범주에 속하는지를 둘러싸고 입씨름이 벌어졌다. 두 가지 유형에 영향을 미치는 요인에는 '정상적인' 관계를, 특히 이성과의 관계를 형성하지 못하는 일반적 무능뿐 아니라 외로움도 있었다. 토론은 범주 구분에 대한 언쟁에서 엘로이즈의 성정체성이라는 주제로 자연스럽게 옮아갔다. 그 애는 동성애자인가? 수 푸와 위탁모는 엘로이즈가 남자애들 얘기를 한 적이 전혀 없고, 청소년 초기의 여자애들이 흔하게 집착하는 남성 밴드나 남성 연예인들에게 관심을 보인 일이 일절 없었다고, 이성에게 홀딱 반했다고 말한 적 역시 한 번도 없었다고 밝혔다. 이 영역에 대한 엘로이즈의 관심이 부족하다는 사실을 알아차렸느냐는 질문을 받았을 때, 나는 그 애와 남자애들에 대해서는 거의 이야기한 적이 없었노라고 인정했다. 하지만 그게 동성애자라고 진단할 만한 증거가 되는지는 확신하지 못하겠다고 덧붙였다. 일부 아이들은 이런 유의 일에 관심 보이는 때가 다른 아이들보다 늦고, 그건 그저 발달상 차이에 불과할 수도 있다. 하지만 한편으로 엘로이즈의 굴곡진 과거를 떠올릴 필요가 있었다. 아동기 중반에 노출된 성적 학대와 영상물 피해가 엘로이즈의 성 발달에 무시하지 못할 영향을 미쳤을 거라는 점에 유의해야 했다.

이와 관련한 대화가 한참 오간 뒤, 벤 스톤이 회의를 다시 스토커 범주 주제로 끌고갔다. 참석자들은 엘로이즈가 여전히 '친밀감 추구 스토커' 범주에 속한다는 것과, 실제로는 안 그렇지만 자신이 헤드웬과 관계를 맺고 있다고 상상한다는 데 거의 동의했다. 벤은 그것을 '애정망상'이라고 불렀다.

　그 자리에서 오간 대화가 나에게는 다소 불편하게 느껴졌다. 다들 성性심리적 행동이 얼마나 복잡한지 고려하지 않기 때문이었다. 나는 엘로이즈가 헤드웬과 맺는 관계를 그저 '망상'으로 치부하는 것이 지나치게 환원주의적이라고 느꼈다. 애정망상은 어떤 사람(전형적으로 여성)이 다른 누군가(일반적으로 권력자 또는 사회적 지위가 높은 사람)가 자신을 사랑한다고 믿는 현상을 말한다. 나는 엘로이즈가 친밀감을 추구한다고 느끼긴 했지만, 그게 꼭 성적인 건 아니라고 내내 생각해왔다. 친밀감에는 가족적인 것, 모성적인 것, 친구 간의 것 등 수많은 상이한 유형이 있고 그 안에는 엘로이즈가 올리비아와의 관계에서 보여준, 돌봄 관련 유형도 있었다. 바로 이 지점에서 나는 올리비아 이야기를 꺼냈다.

　나는 이 문제를 언급하면서 엘로이즈가 올리비아에 대해 말할 때면 스스로를 얼마나 강인하고 양육적으로 묘사하는지 소개했다. 그런데 그 과정에서 엘로이즈의 위탁부모를 포함해 회의에 참석한 이들 중 그 누구도 올리비아를 알지 못한다는 것을 깨닫기 시작했다. 어떻게 된 일일까? 나는 충격에 빠졌다. 내가 엘로이즈를 처음 만났을 때부터 지금까지 올리비아는, 올리비아와 헤드웬의 혼란스러운 연관성은 엘로이즈와의 대화에서 더없이 중요한 비중을 차지했다. 나로서는 다른 사람들이 올리비아의 존재를 알지 못할 가능성을 상상하기 어려웠다. 엘로이즈는 정말 수 푸나 멜레리에게 올리비아 이야기를 한마디도 하지 않은 걸까? 위탁부모에게도? 내가 올리비아 이야기를 꺼내자 멜레리는 엘로이즈가 파월네 집에서 처음 이사를 나왔을 때 두어 번 정도 올리비아에 대해 뭔가 언급한 사실을 떠올렸다. 하지만 당시에는 그 이야기를 듣고 별 생각 없이 넘겼다고 했다. 어렴풋하게 떠올렸을 뿐 끝내 어떤 맥락이었는지는 기억해내지 못했다.

그래서 나는 그들에게 내가 아는 한도 내에서 올리비아에 대해 설명했다. 엘로이즈와 처음 몇 차례 만나는 동안에는 그 애가 올리비아에 대해 언급할 때 헤드웬을 말하는 줄 알았다. 엘로이즈에게 어째서 헤드웬을 다른 이름으로 부르는지, 헤드웬과 올리비아가 같은 사람인지 단도직입적으로 물을 때마다 엘로이즈는 늘 소심해지거나 발끈했다. 그래서 초반에는 올리비아가 누구인지 약간 혼란스러웠지만, 나중에는 두 사람이 별개의 인물로 보였다. 이제 엘로이즈는 올리비아에 관해서 헤드웬과는 전혀 상관없는 것 같은 이야기를 들려주고 있었다.

최근 올리비아 이야기에서 흥미로운 패턴을 발견했다. 엘로이즈가 스스로 올리비아 이야기를 꺼낼 때마다, 갈수록 자기 자신에게 올리비아를 돌봐주는 역할을 부여하고 있었다. 거기에 강한 호기심이 들었다. 애초에 올리비아는 강인하고 아름다운, 전형적인 상상의 슈퍼히어로로서 엘로이즈가 할 수 없는 오만 가지 일을 해내는 존재였다. 하지만 이제는 툭하면 다치고 아파서 엘로이즈가 강한 역할을 떠안도록 내모는 존재로 변모했다. 나는 이러한 전환이 엘로이즈가 스스로를 점점 더 유능하고 강력한 존재로 인식하게 되었음을 말해주는 징후이길 바란다고까지 말했다.

여름

내가 말하는 동안은 모두 귀를 기울여 들었다. 하지만 말을 마치자 다들 아무 말도 하지 않고 쥐 죽은 듯 조용했다. 나는 좌중을 둘러보았다. 마침내 젠 맥도널드가 고개를 끄덕였다. "상당히 흥미롭네요."

다른 몇몇 사람들도 덩달아 고개를 주억거렸다. 그런 다음 벤 스톤이 말했다. "우리가 듣고 본 모든 것이 '친밀감 추구 스토커' 모델에 딱 들어맞는다고 생각합니다. 여기 인기도 많고 잘나가는 언니와 친해지기를 갈망하는, 사회적으로 서툴고 외로운 소녀가 있어요. 이게 성적 관심에 뿌리를 두지 않는다고 말할 수 있는 사람이 어디 있겠어요? 만약 엘로이즈가 레즈비언 성향을 지니고 있다면 이건 도를 넘은 짝사랑일 수도 있어요."

적잖이 실망한 내가 반기를 들었다. "전 올리비아 문제를 파헤쳐볼 가치가 있다고 보는데요. 스토킹 모델의 일부로서가 아니라 그 자체로요."

"시간이 넉넉하다면 좋을 텐데." 동정 어린 듯하지만 약간 눈치 주는 듯도 한 묘한 어조로 수 푸가 말했다.

회의는 즉시 다음 주제로 넘어갔다. 논의는 엘로이즈의 학업, 그 애의 무단결석 경향, 중등교육의 마지막 몇 년을 결정하는 복잡한 시험제도 속에서 엘로이즈에게 가장 적합한 진로가 무엇인지에 관한 주제들로 확대되었다. 나는 결국 거기서 끝이라는 걸 깨달았다. 더 이상 아무 일도 일어나지 않을 터였다. 나는 그 모든 이야기를 털어놓았는데, 물론 흥미롭다, 하지만 그게 다, 다음으로 넘어가자는 반응이었다. 더 이상 볼 것 없는 문제였던 것이다.

웨일스의 전국 아이스테드바드는 매년 8월에 열린다. 아이스테드바드는 웨일스 음유시인들이 활약하던 고대에 기원을 두며, 웨일스의 문화를 기리는 인기 있는 대규모 예술 및 음악 연례 축제다. 행사의 중심을 차지하는 것은 주로 시나 음악에 관한 일련의 경연대회인데, 국가 음유시인, 요컨대 웨일스어를 쓰는 계관시인을 왕좌 같은 의자에 모시는 것으로 끝나고, 부상으로는 말 그대로 의자가 주어진다. 이런 관례는 의자가 높은 지위를 상징하던 고대까지 거슬러 올라간다. 왕과 왕자들은 의자에 앉고 나머지 백성들은 서 있거나 등받이 없는 의자에 쪼그려 앉았는데, 나중에 켈트 궁정 음유시인에게는 켈트 문화에서 예술이 차지하는 중요성을 인정하는 징표로서, 귀족이 앉는 높은 탁자의 한 자리로 의자가 하사되었다.

우리 지역의 아이스테드바드 예선은 전국 아이스테드바드의 양식과 장려함을 마을 학교에 들여오고자 열과 성을 다했다. 아이스테드바드가 열리는 신설 학교 건물 뒤편의 운동장은 화환으로 장식되었다. 웨일스 날씨가 믿을 만한 게 못 된다는 걸 다들 알고 있었으므로 대형 천막이 세워졌다. 그 안에 작은 무대가 설치되었고, 아이들과 학부모들이 앉아 관람할 수 있도록 의자가 줄지어 놓였다.

우리 앞에 공연 대기 중인 아이들은 여섯 팀이었다. 이는 엘로이즈와 내가 약 30분 동안 여덟 명의 조무래기들이 어떻게든 자리를 지키게 만들어야 한다는 의미였다.

맨 처음으로 "선생님, 저 쉬 마려워요" 소리가 나온 것은 대회가 시작되고 그야말로 5분밖에 지나지 않은 때였다. 진행자가 대회 소개를 채 마치기도 전이었다.

베선이었고, 나는 엘로이즈를 보고 고개를 끄덕하면서 말했다. "걔 좀 데려가줄래?"

베선이 돌아올 때쯤에는 잭이 안절부절못하고 있었다. 잭은 화장실 문제로는 전혀 못 미더웠다. 게다가 우리 공연의 중추역할까지 맡고 있던 만큼, 잭이 바지를 적신 채 무대에 오르길 바라진 않았다. "잭 데려가줄래?"

피온이 다음 차례였다. "선생님, 저 못 참겠어요."

"그냥 싹 다 데려가야겠다." 잭을 데리고 돌아온 엘로이즈에게 낮은 목소리로 속삭였다.

"제가 애들 다 화장실 데려갔었어요. 여기 오기 직전에요. 다들 갔다 왔다고요." 나의 답답함을 비난으로 받아들인 그 애가 씩씩거리면서 맞섰다.

"그래도 다시 한번 나머지 애들 다 데리고 가줘." 그래서 나머지 여섯 명이 떼 지어 걸어 나갔다.

아이들이 15분 넘게 돌아오지 않자 슬슬 애가 타기 시작했다. 다음 팀이 시를 암송하고 나면 우리가 무대에 오를 차례였기 때문이다. 낯익은 얼굴들이 어서 나타나길 고대하면서 연신 대형 천막 출입구 쪽을 기웃거렸다. 엘로이즈가 시간을 계속 파악하고 있다고 믿어도 될까? 그 애가 시계는 차고 있을까? 나는 남아 있는 잭과 베선을 바라보면서 이 아이들이 과연 듀엣으로 염소 노래를 부를 수 있을까 하는 두서 없는 상상을 해보았다.

쓸데없는 걱정이었다. 아이들이 돌아오고도 시간이 5분이

나 남아돌았으니.

피온이 내 곁으로 다가왔다. "선생님, 할 말 있어요."

"나중에 말하면 안 될까, 피온? 곧 무대에 오를 거야."

피온이 불만스럽게 입술을 옴죽거리면서 고개를 가로저었다. 뭔가를 말하고 싶어 안달인 걸 알 수 있었다. "엘로이즈 언니가 비디그를 웨디 브라티wedi brathu(물었어요)."

"다시 한번 말해봐. 뭐라고?"

"엘로이즈 언니가 비디그를 에이 다네드 이 메운 이ei ddan-nedd i mewn i(이빨로 물었다고요)."

천막 안은 와자지껄했고 나는 피온이 무슨 말을 하는지 알 수 없었다. 목소리에 답답함이 실려 있다는 건 알아차렸지만, 내 웨일스어 실력으로 그 순간 피온의 말을 이해하긴 어려웠다. 주변의 시끌벅적한 박수소리도 한몫했다. 나는 그 애가 한 말을 끝내 이해하지 못했지만 그냥 알아들은 척했다. 그래서 동정 어린 표정을 지어 보이고 피온의 얼굴을 다정하게 쓰다듬으면서 말했다. "거참 안됐다." 곧이어 우리 팀 이름이 불렸다. 아이들이 일제히 일어서서 무대를 향해 걸어 나갔다.

공연은 당연히 모두가 상상한 대로 사랑스럽기 그지없었다. 잭은 자신이 맡은 파트를 손색없이 소화하면서 경쾌한 목소리로 관람객들의 웅성거림을 일거에 제압했다. 나머지 아이들은 비록 음정은 잘 맞지 않았지만, 형형색색의 염소를 세면서 열정적으로 잭의 질문에 화답했다. 마지막 소절에 이를 무렵에는 대다수 관람객이 우리 노래를 함께 따라 불렀다.

그날은 따뜻하고 화창하지만 습도가 높아서 꿉꿉하게 느껴지는 전형적인 한여름 날씨였다. 둔중한 공기 때문에 학교 담장 바로 너머 화단에서 커다란 호박벌들이 윙윙거리는 소리가 더욱 요란하게 들렸다. 천막 안쪽이 워낙 갑갑해서, 다과상은 학교 건물 그늘에 따로 마련되어 있었다.

모든 공연이 끝나고 난 뒤 우리는 근사하게 차려진 케이크와 비스킷을 고르기 위해 이동 준비를 서두르고 있었다. 엘로이즈는 화장실에 가고 싶어 하는 아이들을 챙기느라 자리를 비운 상태였고, 나는 나머지 아이들이 각자 가족을 찾고 접시를 집어 들게 하려고 천막 밖으로 데리고 나갔다. 비디그는 길을 잃고 헤매는 경향이 가장 큰 요주의 인물이라 곁에 데리고 있었고, 아직 비디그의 엄마는 만나지 못한 상태였다. 어떤 케이크를 먹고 싶냐고 물으려 비디그 쪽으로 몸을 숙였을 때, 그 애의 팔에 성난 듯한 자국이 나 있는 게 눈에 들어왔다. "여기 왜 이래?"

비디그가 내게서 뒷걸음질을 쳤다. 그 애의 팔을 들어올려서 좀 더 찬찬히 살펴보니 이빨 자국 같았다. 우리가 막 무대에 오르려고 할 때, 피온이 내게 애써 뭔가 말하려던 사실이 떠올라 운동장을 두리번거리면서 피온을 찾았다. 두 언니들과 함께 있는 피온을 발견하고 손짓으로 불렀다.

"이게 어떻게 된 일인지 알아?" 내가 비디그의 팔을 보여주면서 피온에게 물었다.

"아까 말했잖아요!" 피온이 목소리를 높였다. "엘로이즈 언니가 애 팔을 웨디 브라티." 피온은 윗니 아랫니를 앙다무는 소리를 냈다. 내가 머뭇거리자 그 애가 자신의 팔을 물었다. "웨디 브라티!"

"엘로이즈가 비디그를 물었다고?"

"네." 피온이 말했다. "화장실에서 비디그가 빨리빨리 안 움직여서요."

충격을 받은 나는 비디그의 팔을 좀 더 자세히 살펴보았다. 물린 자국인지 단박에 알 수는 없었지만, 붉게 성이 나 있고 상처도 한 군데 있었다.

"비디그가 꾸물거리니까 엘로이즈 언니가 얘 팔을 커디오드cydiodd(잡았어요). 비디그가 울기 시작하니까 엘로이즈 언니가 언 크라크yn crac(미친 듯이 화냈어요)." 피온이 말했다.

나는 엘로이즈를 찾으려 고개를 들어 운동장을 훑어보았다.

"선생님, 선생님?" 피온이 내 팔을 잡아당기면서 말했다. 나는 그 아이를 내려다보았다.

"언니 이러는 거 처음 아니에요. 마에 힌 핀시오Mae hi'n pinsio(언닌 꼬집어요)." 피온이 나를 확실하게 이해시키기 위해 자기 팔을 꼬집는 시늉을 했다.

"엘로이즈가 비디그를 꼬집는다고?"

피온이 고개를 끄덕였다.

"엘로이즈가 다른 애도 다치게 한 적 있어? 아니면 비디그한테만 그랬어?" 내가 물었다.

"저도 꼬집혔어요." 피온이 풀죽은 표정으로 말했다. "저 느리다고요."

심장이 쿵 내려앉았다. "일단 알겠어. 이야기해줘서 고마워. 말해주는 게 옳은 거였어."

여름

온전한 진실

"이제 저 싫어하세요?"
"아니, 싫지 않아. 하지만 이런 일이 일어나서 슬퍼."
———— "저도 그래요." 엘로이즈가 차분하게 말했다.

나는 축제가 완전히 막을 내릴 때까지 45분 남짓을 더 기다렸다. 다른 아이들의 시간을 망치거나 법석을 떨어 봐야 소용없는 노릇이었기 때문이다. 그사이에 엘로이즈가 더 이상 어떤 아이와도 혼자서는 있지 못하도록 조치했다. 그리고 비디그의 엄마를 찾아내, 사고가 있었고 그로 인해 비디그가 약간 다쳤다고 설명하며 진심으로 사과했다. 그런 다음 심란하고 착잡한 심정으로 앉아서 엘로이즈 문제를 어떻게 처리할지 고심했다.

　모든 아이들이 각자의 식구들과 떠난 뒤, 소지품을 챙기러 모임 장소로 사용하는 오래된 학교로 엘로이즈와 함께 돌아갔다. 나는 안에 들어가 교실 문을 닫고 엘로이즈에게 앉아보라고 권했다. 그 애의 얼굴에 놀라고 긴장하는 기색이 스쳤다.

나는 비디그의 상처를 보았다고, 자초지종을 듣고 싶다고 입을 열었다.

"비디그가 자기 팔을 자기가 문 거예요." 엘로이즈가 말했다. "걔가 그렇게 멍청하다니까요. 쉬를 하기 전까진 선생님한테 돌려보내지 않을 거라고 했더니 비디그가 삐쳤어요. 법석을 떨면서 답답할 정도로 능장을 부리길래 제가 빨리 하라고 다그쳤어요. 비디그가 막 울면서 나가고 싶어 했어요. 근데 옷도 제대로 안 입고 있었어요. 그래서 제가 안 된다고 가로막았죠. 그때 걔가 막 성질을 부리면서 자기 팔을 물었다니까요! 선생님한테 말 못 한 건, 애들이 화장실에서 돌아오니까 바로 무대에 올라가 노래 부를 차례여서였어요."

"피온 말로는 네가 걜 물었다던데?"

"제가요? 걔는 왜 그딴 말을 한대요? 화장실에 같이 있지도 않았는데. 제가 뭐 때문에 비디그를 물겠어요?"

"피온은 비디그가 너무 느려서 네가 참지 못한 거랬어."

"피온이 물장난을 하길래 못 하게 막았더니 저한테 삐쳐 있었어요. 그리고 너무 모든 애들 일에 참견해서 저도 걔한테 성질나긴 했죠. 화장실에서 피온이 온갖 일에 자꾸 불쑥불쑥 끼어드니까 제가 좀 날카롭게 대하긴 했는데, 근데 전 아무도 안 물었어요. 아니, 내가 무슨 여섯 살도 아니고 진짜, 씨."

"걜 꼬집었다며."

"피온이요? 아니요, 제가 왜요? 전 그 애들 아무도 건드린 적 없는데요. 절대. 진짜 아니에요. 선생님도 알잖아요. 제가 그딴 짓 하는 거 한 번이라도 본 적 있어요? 절대 아니에요. 절대로!"

여름

"나는 지금 온전한 진실이 알고 싶은 거야. 이건 그냥 넘어갈 수 없는 사안이니까. 비디그의 팔에 물린 자국이 난 걸 봤는데, 걔가 자기 팔을 그렇게 꽉 깨물었다는 걸 나로서는 납득하기 어려워. 전에는 한 번도 자기 몸을 문 적이 없어."

"선생님 말대로 걔가 직접 문 게 아닐 수도 있죠. 그렇다고 그게 제가 그랬다는 뜻은 아니잖아요. 피온은 왜 그런 말을 했는데요?"

"아이들이 널 얼마나 힘들게 할 수 있는지는 충분히 이해하고도 남아." 내가 말했다. "특히 비디그는 상대하기 까다로울 수 있어. 걜 못 견디는 거 난 이해해. 얼마든지 그럴 수 있어. 때로 우린 너무 힘들고 답답하면 하지 말아야 할 행동을 저지르기도 하니까."

"제가, 그런 거, 아니라고요."

"그리고 난 네가 비디그가 네 신경을 건드린다고, 그 애를 보면 화가 난다고 말했던 기억이 나."

"딱 한 번요. 비디그 싫다고 선생님한테 딱 한 번 말했죠. 지금 꼭 집어 그 말만 기억하고서 그렇게 말하는 거네요. 아 씨 진짜, 그냥 선생님한테 아무 얘기도 하지 말걸 그랬어요."

"이 문제는 다시없이 중요해. 우리가 어린아이들을 다루고 있기 때문이야. 우리에겐 그 애들을 안전하게 지켜줄 책임이 있어. 답답함 느끼는 건 이해해. 가끔 일이 벌어지기도 하고. 그래도 알아야겠어. 네 편의 이야기를 꼭 듣고 싶어, 엘로이즈."

"'제 편의 이야기'랄 게 따로 없다고요. 몇 번을 말해야 믿으실래요? 전 아무 짓도 안 했어요. 제 입 모양 잘 봐요. 제가, 그런 거, 아니라고요."

"난 널 믿고 싶어. 그런데 피온 말로는 네가 다른 때에도 애들을 꼬집은 적이 있대. 애들이 너무 굼뜨다고."

"그 애새끼는 대체 뭐가 불만이라 그런대요? 왜 제 애기를 그런 식으로 하고 다니는 거예요? 걔 진짜 지독한 애예요. 다 뒤집어놓고 다닌다고요. 선생님도 잘 알잖아요. 걔가 오만 데 참견하고 다니는 거."

나는 뒤로 기대앉은 채 그 애를 바라보았다.

"처음부터 여기 오질 말았어야 했는데." 엘로이즈가 볼멘소리를 했다. "전 이딴 거 하고 싶었던 적 없어요. 선생님이 시켜서 이런 거 하고, 저 모자란 애새끼들이랑 여기까지 오고, 선생님 편하자고 선생님 일 나눠서 하게 만든 거잖아요. 그 대가가 이거네요. 그냥 엿이나 먹어요. 전 이것밖에 할 말 없어요."

엘로이즈가 도망치기 일보 직전이라는 걸 알아차렸고, 그런 일이 일어나는 건 원치 않았다. 나는 아무 대꾸도 하지 않았다. 그리고 의자에서 일어나 내 물건을 마저 챙겼다.

"됐다, 그냥 가자." 내가 말했다.

"선생님 차 안 타요. 선생님이 앞으로 30분 동안 소리 지를 게 뻔하잖아요. 집까지 걸어갈래요."

"소리 안 질러. 자, 얼른."

"됐어요. 걸어서 갈 거예요." 그 애가 대답했다.

"그렇게는 안 돼."

"그럼 버스 탈게요."

"그렇게도 안 돼."

여름

"왜요?"

"왜냐면 그렇게는 안 되니까. 그러지 말고 차 타고 가자."

한동안 대치 상태가 이어졌다. 엘로이즈는 교실 걸상에 앉아 있고 나는 그 애가 도망치지 못하게 문을 가로막고 서 있었다.

엘로이즈는 땅이 꺼져라 짜증 섞인 한숨을 내쉬더니 마침내 일어서서 나를 따라 나왔다.

차 안의 분위기는 무거웠다. 나는 약속대로 더 이상의 말은 하지 않았다. 그러나 속으로는 이제 어찌해야 할지 궁리하느라 전력을 다하고 있었다. 이 일로 엘로이즈의 펜어가르스 방문은 끝나게 될 공산이 커졌다. 신뢰가 심각하게 무너지는 문제로 치달을 수도 있어서 말끔히 해결될 때까지는 엘로이즈에게 아이들 도와주는 일을 맡기기가 어려워질 것이다. 현재로서는 이 문제를 자선단체 관리자와 수 푸 모두에게 알려야 한다.

한숨이 절로 나왔다. 나는 엘로이즈의 말을 믿고 싶었다. 어쩐 일인지는 몰라도 비디그가 자기 팔을 심하게 물었고 그래서 피부가 좀 까졌다고, 피온은 엘로이즈가 물고 꼬집는 걸 봤다고 상상한 거라고, 그런 행동 따위는 없었다고 말이다. 하지만 나하고 지내는 동안 비디그는 자해행위를 하거나 짜증을 낸 적이 없었다. 게다가 고작 일곱 살짜리인 피온이 무슨 이유로 이 모든 일을 꾸며냈겠는가? 어쨌든 엄연한 사실은 내가 정신건강 문제가 있다고 익히 알려진 청소년에게 어린아이들을 맡겼다는 것 그리고 남들은 그 사실에 비추어 이 일을 바라보리라는 것이었다.

이제 엘로이즈와 나는 어떻게 될까? 우리가 함께한 시간은 이렇게 허무하게 막을 내리는 걸까? 그럴 것 같았다. 여러 관계 당국에서 우리가 활동을 계속할 수 있게 허락해주리라고 상상하기는 어려웠다.

산의 풍경을 바라보면서 여름 야생화가 흐드러지게 피어난 구불구불한 좁은 산길을 드라이브하는 시간은 우리 두 사람을 조금은 진정시켜주었다. 처음 마을을 떠날 때만 해도 이 아름다움을 보지 못하고 사건에만 골몰했는데, 마음이 서서히 차분해지기 시작했다. 엘로이즈도 분노가 차츰 잦아드는지 숨소리가 부드러워졌다. 그 애는 창밖으로 고개를 돌린 채 바깥 풍경을 바라보았다.

"이제 저 싫어하세요?" 차로 달린 지 20분쯤 지났을 때 엘로이즈가 조용히 물었다.

"아니, 싫지 않아. 하지만 이런 일이 일어나서 슬퍼."

"저도 그래요." 엘로이즈가 차분하게 말했다.

"이런 일이 왜 생겼는지 말해줄 수 있겠어?"

"저도 몰라요." 그 애가 한숨을 내쉬었다. "스스로가 진짜 한심해요. 그게 다예요. 손에 닿기만 하면 모든 걸 망쳐버려요."

가장 힘든 일은 자선단체 관리자인 린과 이야기 나누는 것이었다. 린은 내가 엘로이즈와 펜어가르스에 가보도록 기회를 마련해주었다. 나는 그 일이 진즉부터 린이 편안하게 느끼지 못하는 영역에 있음을 알고 있었지만, 린은 기꺼이 내 판단을 믿어주었다. 이제 나는 내 판단이 잘못되었다는 걸 인정해야 했다. 이 어렵고 문제 많은 소녀에게는 내가 했던 것보다 좀 더 철저한 감독이 필요했는데, 결과적으로 이렇게 된 것이다. 나는 모든 아이들의 보호자에게 이 사실을 공식적으로 알려야 하고, 그런 다음 사건 경위를 알아내기 위한 개별 면담이 필요하다는 것도 알고 있었다. 물기, 꼬집기 말고 다른 일도 있었을까? 더 나쁜 일은 없었을까? 그 점을 확인해야 했다. 이 일은 나만의 문제가 아니었다. 린은 면담 과정 내내 자선단체 수석 위원 두 명이 나와 동행하도록 조치했다.

다시 심화그룹치료를 맡을 수 있을까? 나는 엘로이즈뿐 아니라 나 역시 파리 목숨이라는 사실을 불현듯 깨달았다. 린은 학년 말이 다 되어가느니만큼 모든 게 자연스럽게 끝나는 시기라고 말했다. 그리고 결정은 여름방학 이후에 내릴 거라고 덧붙였다.

이제 가장 어려운 질문과 마주해야 했다. 나는 책상을 사이에 두고 린을 마주보았다. 린은 나보다 훨씬 키가 작고 가녀렸다. 헤어스타일이 이미지를 다소 부드럽게 해주긴 했지만 이목구비 자체가 날카로워 거의 쥐처럼 보이고 눈빛 또한 강해서 빈틈없다는 인상을 풍겼다. "엘로이즈는 어떻게 될까요?" 내가 물었다. "그 아이와 계속 만날 수 있을까요?"

"두고 봐야죠." 린이 말했다.

수 푸와의 대화도 어렵긴 매한가지였다. "걔는 참…." 내 말을 듣고 수 푸는 못마땅하다는 듯 중얼거렸다. 하지만 말을 이어가지는 않았다.

나는 내 불찰이었음을 인정했다. 열여섯 살이 다 되어가는 애한테 내가 가진 그런 책임쯤은 맡겨도 괜찮다고 여겼지만, 그런 생각은 분명 잘못이었다. 모두가 매 순간 감시를 받아야 한다는 결론이 났다는 게 서글프게 느껴졌다.

"뭔가 더 나쁜 일이 일어났을 수도 있을까요?" 수 푸가 물었다. 명시적으로 말한 건 아니더라도 그 질문이 엘로이즈의 학대 행동이 성적 비행으로까지 확대되었을 가능성을 묻는다는 것을 단박에 알아차렸다.

나는 고개를 가로저었다. "그런 생각은 안 들어요. 진심으로요. 제가 볼 땐 걔는 그냥 자제력을 잃었던 것뿐이에요."

"확실한가요? 엘로이즈가 짧은 생애 동안 봐온 음경 개수가 저랑 선생님이 본 걸 합친 것보다 더 많을 거예요. 그리고 그 모든 일이 심화그룹치료에 속한 아이들과 얼추 비슷한 나이일 때 다 일어났죠. 그러니만큼 여섯 살 아이일지라도 엘로이즈를 성적으로 자극했을 수 있어요."

"엘로이즈가 보인 문제행동은 팔을 문 거였어요." 내가 반기를 들었다. "성적 비행을 뒷받침하는 걸로 보이는 행동은 하나도 없었어요."

"무는 게 걔 나이에 정상적인 행동은 아니죠. 아무튼 더 나쁜 무언가를 숨기고 있는 건 아니어야 할 텐데."

한숨이 새어 나왔다. 그 영역에서 엘로이즈의 무죄 또는 유죄를 입증할 도리가 없었기 때문이다. "걔 멘털이 약해요." 내가 말했다. "화날 때 절제를 잘하는 것 같지도 않고요. 그래도 엘로이즈가 다른 아이들을 성적으로 학대한다고 생각할 만한 증거는 아무것도 없어요. 아무것도. 그 애는 펜어가르스에 같이 간 다른 날에도 저한테 골이 나 있곤 했지만 그때에도 성적 비행의 조짐은 전혀 없었어요."

엘로이즈가 저지른 행동을 축소하고 싶지는 않았다. 누가 봐도 잘못한 짓이고 무는 건 지극히 야비한 행동이었으니까. 하지만 나는 무는 행동이 소시오패스적 경향성을 나타낸다기보다 정상적인 감정을 부적절하게 분출한 결과라고 느꼈다. 그래서 그렇게 느낄 만큼 충분히 긴 시간을 그 애와 함께 보냈다는 점을 호소했다. 그런 다음 사건이란 것이 실제보다 더 나쁘게 들리게 만들기가 얼마나 쉬운지, 이야기하면 할수록 어떤 식으로 문제가 더 심각하게 들리게 되는지 지적했다.

수 푸는 고개를 가로저었다. "걘 기회가 많았어요. 그런데 도대체가 그걸 제대로 활용하지를 못해요. 아빠, 할머니랑 살 수 있었는데 그렇게 하지 못했죠. 파월네 집에서도 잘 처신했다면 계속 지낼 수 있었을 텐데 그것도 망쳤고요. 단체에서 제공한 인지행동치료도 잘 마쳤으면 행동을 변화시킬 수 있었을 텐데 그것도 잘해내지 못했어요. 머리가 나쁘지 않으니까 학교에서 열심히 지내볼 수도 있었을 텐데 그것도 실패했어요. 선생님하고 지내면서는 대체 뭘 얻었을까요? 이제 1년이 다 되어가지 않나요? 이 시스템에 속한 아이들 중에서 그런 호사를 누릴 애들이 몇이나 되겠어요? 그렇게까지 했는데도 지금 걘 그 어느 때보다 더 엉망이 돼 있죠. 기회를 또 한 번 보기 좋게 날려버린 거예요."

수 푸의 말은 냉정하게 들렸지만, 그가 진짜 냉혈한은 아니라는 걸 나는 알고 있었다. 나름대로 좌절감을 토로하는 방식이었던 것이다. 사회복지 시스템에는 늘 자금이 부족하고 과부하도 걸려 있다. 이 안에서 주어지는 몇 안 되는 기회마저, 어떤 이유에서든 기어이 허비하고 마는 아이들을 우리는 대체 어떻게 다루어야 할까? 엘로이즈는 왜 스스로를 돕는 데 총력을 기울이지 않을까? 하지만 엘로이즈에게 방치, 거부, 특히 성적 착취 등 헤아릴 수 없이 많은 이유가 있다는 점 그리고 그 애가 십 대라는 점도 고려해야 했다. 어떤 아이가 고작 열다섯 살에 정신이 바짝 들어 있을까? 나는 수 푸의 마음을 이해했지만, 엘로이즈의 마음도 이해했다.

이어지는 이틀 동안 나는 펜어가르스 심화그룹치료 아이들, 그 부모님들과 개별적으로 이야기를 나누면서 시간을 보냈다. 모든 면담은 우리 단체 수석 위원인 질리언 휴스와 빌 매클루어의 입회하에 진행되었다.

아이들과 이야기 나누는 것은 힘든 일이었다. 대부분의 아이들은 엘로이즈와 비디그 사이에 무슨 일이 벌어졌는지 목격하지 못했고, 말하는 내용들도 서로 엇갈렸기 때문이다. 비디그가 떼를 썼다, 엘로이즈가 비디그를 화장실 칸에서 거칠게 끌어냈다, 피온은 평상시처럼 그 주변에서 방방 뛰어다니고 있었다. 여기까지는 모두 동의했다. 하지만 그 지점에서부터 이야기는 달라지기 시작했다. 베선에 따르면, 엘로이즈가 비디그를 붙잡았지만 진짜 화가 난 건 계속 방해하는 피온 때문이었고 그래서 어느 순간 피온을 밀어내려고 살짝 딱밤을 때렸다.

여름

피온은 엘로이즈가 비디그한테 불같이 화가 나서 자기가 도와
주려다 되려 엘로이즈에게 꼬집혔다고 했다. 그런 다음 피온은
엘로이즈가 다른 때, 즉 엘로이즈 생각에 너무 느리게 군다 싶
으면 그때마다 자길 꼬집었다는 이야기까지 상세히 덧붙였다.

다행히도 성추행의 증거는 없었다. 문제가 된 모든 일이 화
장실 안에서 벌어지긴 했지만, 아이들이 변기를 사용하거나 옷
을 벗고 있을 때 엘로이즈가 화장실 칸에 들어가려 하지는 않
았다고 입을 모았다. 그래도 이 모든 이야기를 듣고 있자니 끔
찍한 느낌을 지울 수 없었다. 엘로이즈가 내게 비디그를 괴롭
히고 싶은 충동에 대해 들려준 사실을 기억해냈다. 엘로이즈
는 처음 만났을 때부터 비디그에게 반감을 드러냈다. 나는 그
걸 금방 알아차렸는데, 그 애가 그렇게 즉각적으로 누군가에게
반감을 품는 것이 이상했기 때문이다. 그것이 엘로이즈의 성장
과정과 관계가 있을지 그 생각을 여러 번 곱씹어보았다. 하지
만 엘로이즈가 그 반감을 행동으로 옮기리라고는 생각지 않았
다. 끔찍한 기분이 들었다. 이런 일이 닥치리라는 걸 예상했어
야 했나? 미리 예방 조치를 취할 정도의 예지력이라도 발휘해
야 했던 건가? 만약 그렇다면 어떤 조치여야 했을까? 엘로이즈
가 무슨 일이 있어도 내 시야에서 벗어나지 못하도록 감시하는
것? 아니면 엘로이즈에게 미리 답답한 감정을 다루는 적절한
방법을 일러주는 것? 화장실에 꾸물거리는 아이들을 다루는 법
도 일러줘야 했을까? 어쩌면 이 모든 것을 다 챙겼어야 했는지
도 모른다.

부모들 태반은 대수롭지 않게 여기는 분위기였다. 실제로

베선의 어머니는 사건에 대해 진즉부터 알고 있었다. 엘로이즈가 손가락으로 피온에게 살짝 딱밤을 날렸다고 베선이 말해주었기 때문이다. "베선한테 이유가 뭐였냐고 물어봤어요." 베선의 어머니가 말했다. "그랬더니 피온이 곤란하게 굴면서 자기가 모든 관심을 받으려고 발버둥 쳐서 그런 거라고 했어요. 그래서 제가 베선한테 그랬죠. '그럼 다음부턴 피온이 안 그러겠네, 그치?'"

비디그 어머니 차례가 되었다. 우리는 비디그의 집으로 찾아가 만남을 가졌다. 마을 외곽에 위치한 작은 임대 테라스하우스*였다. 문 앞에서 우리를 맞이한 비디그의 어머니는 아기를 업은 상태였고, 비디그보다 어린 두 아이가 그 곁에 매달려 있었다. 비디그는 혼란스러운 표정으로 저만치 물러서 있었다.

우리는 7월임에도 불구하고 벽난로에 불을 때놓은 비좁고 어수선한 거실로 들어섰다. 눅눅한 옷가지들이 여기저기 널려 있었다. 불을 지폈는데도 거실은 서늘하고 눅눅했으며 지린내가 진동했다. 비디그의 어머니는 정중하게 우리를 맞아들였지만 내심 경계하는 기색이었고, 차를 내놓으면서 비스킷을 곁들이지 못해 미안하다고 사과했다.

면담은 웨일스어로 진행되었다. 내가 웨일스어에 그리 능숙하지 않았으므로 빌이 맡아서 했다. 대화의 대부분을 알아들을 수 없어서 주의력이 점차 흐트러졌다. 그래서 우리 일행으로부터 저만치 떨어져 있는 비디그에게 눈길을 보냈다. 그 애는 플

* 벽체를 공유하며 다닥다닥 붙어 지어진 비슷한 형태의 주택.

여름

라스틱 찻주전자와 작은 찻잔을 가지고 있었고, 나는 비디그가 차 마시는 모습을 흉내 내려 애쓰고 있다고 생각했다. 하지만 그럴싸하게 해내진 못하고 있었다. 장난감을 가만히 쥐고 앉아서 우리 쪽을 바라보기만 하고 있었으니 말이다.

나는 그 애에게 미소를 보냈다. 비디그는 그에 대한 반응으로 입을 살짝 비죽거리더니 곧바로 고개를 떨구었다. 어린 두 동생이 비디그를 둘러싼 채 찻주전자와 찻잔을 서로 차지하려고 소란스럽게 옥신각신하자 그 애가 그것들을 내주었다. 그때 빌이 모두가 비디그의 팔을 볼 수 있도록 그 애를 가까이 불렀다. 물린 자국은 알아보기 어려울 만큼 흐릿해져 있었다.

대화는 계속되었다. 어린 두 동생은 더 시끄럽게 실랑이를 벌였고 갓난아기는 울어대기 시작했다. 벽난로에서 불이 갑자기 풀썩거리더니 연기 한 줄기가 방 안 가득 피어올랐다. 비디그의 어머니는 그걸 보고 욕설을 퍼붓고 두 아이에게 고함을 지르더니 업은 아기를 위아래로 흔들어 어르면서 우리에게 사과조로 미소를 지어 보였다. 그리고 '신경 쓰지 말라'는 취지의 말을 했다. 이유를 알지 못할 슬픔이 밀려들었다.

그게 다였다. 조사는 끝났다.

린은 그나마 더 안 좋은 일이 일어난 것은 아니라는 사실에 만족했다. 린은 엘로이즈를 심화그룹치료 활동에 참석하게 하는 게 더 이상 내키지 않는다고 했지만, 나는 여름방학 이후에 활동을 재개할 수 있겠다고 판단했다. 한시름 놓으면서 린의 사무실을 떠났지만, 무언가 상실감이 들어 서글픔을 느꼈다.

나는 우리가 괜히 긁어 부스럼을 만든 거라고 생각한다. 과거였다면 엄하게 꾸짖는 정도로 처리하고 넘어갔을 일이었다. 하지만 점차 피해자와 그의 심리적 안녕이 중시되는 시기였다. 이러한 관심은 분명 옳은 방향이지만, 한편으로는 실제 일어난 일의 전모를 균형 있게 다루지 못하도록 가로막기도 했다. 나는 엘로이즈가 한 행동을 결코 용납하지 않았다. 그러나 그 행동은 그 애의 어려운 환경이 반영된 결과였다고, 그 사건을 엘로이즈를 벌주는 계기보다는 도움을 줄 수 있는 다시 없을 교육의 기회로 삼았어야 한다고 느꼈다. 지나치게 가혹한 대응은 행동을 변화시키기는커녕 분노와 낙담만 키울 뿐이다. 이 사실이 못내 미안했다. 결국 엘로이즈도 피해자였기 때문이다.

조사가 일단락되고 사태가 수습되고 난 뒤, 나는 엘로이즈를 만나러 갔다. 엘로이즈가 최근 열여섯 번째 생일을 맞이했기에 그 애의 위탁가정으로 찾아가 그 애를 데리고 근처 카페로 데려가 차와 케이크를 사주려 했다.

우선 불편한 문제 먼저 해치우기 위해 자리에 앉자마자 그 사건 이야기부터 꺼냈다. 온갖 불편한 사항들을 시시콜콜 들먹이고 싶지는 않아서 일어난 일을 간추려서 들려주었다. 린과 자선단체 사람들 이야기, 그리고 어떻게 아이들을 만나고 다녔는지. 그런 다음 아이들이 무슨 말을 했는지, 보고는 어떻게 이루어졌는지, 결론은 어떻게 났는지 요점만 간략히 설명했다. 그리고 이제 모든 문제가 해결되었으니 그 일은 잊어버리자고 덧붙였다.

엘로이즈의 관심은 주로 찻주전자에 쏠려 있는 것 같았다.

여름

차가 우러나길 기다리는 동안 그 애는 계속 찻주전자 뚜껑을 열고 안을 들여다보았다. 그러고는 숟가락을 안에 집어넣고 조심스레 저은 다음 티백을 꺼내고 얼마나 진하게 우러났는지 확인하려는 듯 다시 안을 들여다보았다. 이 카페에서는 늘 주문한 차와 함께 뜨거운 물이 담긴 주전자를 하나 더 내주었는데, 첫 번째 잔을 따르고 나서 차가 너무 진해지면 뜨거운 물을 더 해주는 용도였다. 그런데 엘로이즈는 두 번째 물 주전자에 티백을 퐁당 집어넣었다. 일반적인 방식은 아니었다.

"따르고 싶어?" 그 애가 내 말을 귀담아듣고 있는지 분명하지 않아서 약간 답답함을 느끼면서 물었다.

엘로이즈는 잔들을 제 쪽으로 가져가서 차를 따르고 내 잔을 다시 나에게 밀었다. 그리고 뜨거운 물 주전자에서 티백을 꺼내 원래의 주전자에 다시 넣은 다음 뜨거운 물을 찻주전자에 부었다.

"다 끝났어?" 내가 물었다.

"네." 그 애가 건성으로 대답했다.

"펜어가르스 일은 그렇게 마무리됐어."

"와, 나왔다. 내 케이크." 엘로이즈가 주문한 빅토리아 스펀지케이크 한 조각이 막 도착했다. 그 애는 케이크를 와구와구 입에 쑤셔넣었다.

펜어가르스에 관한 반응은 듣게 되지 못하리라는 걸 깨닫고 내가 물었다. "그동안 어떻게 지냈어?"

"그냥 잘 지냈어요."

"별일 없었어?"

"여름방학 했어요."

엘로이즈가 찻주전자로 손을 뻗어서 자기 잔을 더 채웠다. 그 애가 처음으로 고개를 들어 내 눈을 바라보았다.

"차 더 드실래요?"

"난 괜찮아. 고마워."

엘로이즈가 다시 케이크로 주의를 돌렸다. "올리비아가 아팠어요." 그 애가 말했다. "병원에 가야 할 정도로요. 병원에선 맹장 때문이래요."

나는 뒤로 기대앉았다.

엘로이즈는 내가 무슨 반응을 하기라도 한 것마냥 고개를 끄덕였다. "맞아요. 한 2주 전쯤 시작됐어요. 올리비아가 심하게 아팠어요. 여기 옆구리가요."

"넌 기분이 어땠어?" 내가 물었다. "너는 괜찮았어?"

엘로이즈가 눈썹을 치켜올리면서 의심스러운 표정을 지었다. "네, 저야 당연히 괜찮았죠. 근데 왜 그런 걸 물어봐요? 지금 말하는 건 올리비아 얘긴데요. 걔가 진짜 아팠어요. 아무도 못 알아차렸으면 죽을 수도 있었을걸요? 맹장이라는 게 그렇기도 하더라고요. 꾸르륵거리다가 안에서 터지는데 그럼 목숨을 잃을 수도 있대요. 올리비아도 거의 죽을 뻔했어요."

여름

가을

청소년 보호소

"비디그나 베티나. 뭐 아무래도 상관없어요.
아무도 걔 이름 기억 못 해요. 걔도 저처럼
———— 있으나 마나 한 투명인간이니까요."

학교 여름방학 시기를 맞아 자선단체도 잠시 휴지기에 접어들
었다. 대부분의 자원봉사자들에게 돌봐야 할 어린 자녀들이 있
었기 때문이다. 여기에 2주 동안 제각각 떠나는 여름 휴가 문제
가 더해졌다. 단체에서는 결국 아예 여름 몇 주 동안 활동을 잠
깐 중단했다가 가을에 다시 시작하는 편이 낫겠다고 판단했다.

나는 이 시점에 엘로이즈와의 만남을 중단하기가 꺼려졌다.
그 애와 모종의 라포를 형성하기까지 워낙 오랜 시간이 걸렸기
때문이다. 나는 우리 사이의 모든 일이 '얼추' 다 되어가고 있다
고 느꼈다. 고지가 바로 코앞에 있었다. 그 애와 나는 유효한 관
계에 '얼추' 다가갔고, 가상의 인물로서 올리비아 문제를 '얼추'
풀었다. 헤드웬과의 스토킹 문제를 '얼추' 해결했거나 적어도

거기에 대해 '얼추' 이야기할 수는 있게 되었다. 나로서는 이 모든 게 곧 도달 가능한 목표처럼 느껴지기 시작했다. 그러던 차에 펜어가르스 사건이라는 뜻하지 않은 암초에 부딪힌 것이었다. 그러니만큼 일을 멈추기에 알맞은 시점 같지가 않았다. 하지만 안타깝게도 내게는 관계를 지속할 만한 그 어떤 핑계도 남아 있지 않았다. 결국 카페에서 차를 마신 뒤 그 애를 집에 바래다줄 때, 나는 그것이 6주간의 이별이 될 것임을 깨닫고 작별 인사를 건넸다.

나는 여름방학이 되면 으레 딸아이를 데리고 미국 몬태나주에 있는 친정집으로 간다. 어머니에게는 할머니 노릇을 즐길 기회를, 아이에게는 몬태나와의 유대를 이어갈 기회를 주는 시간이었다. 보통 웨일스에서는 접하기 어려운 이런저런 활동을 하기에 딱 좋은 여름 날씨도 즐길 수 있었다.

이해 여름 동안 우리는 6주 내내 몬태나에서 지냈다. 아이의 학교 개학은 9월 5일이었는데 우리 모녀는 9월 3일이 되어서야 빠듯하게 영국으로 돌아왔다. 그 기간 동안 남편은 웨일스에 머물렀다. 일 때문이기도 했지만, 한편으로 연로하신 시아버지를 그렇게 오랫동안 농장에 홀로 남겨두고 싶지 않아서이기도 했다. 아이와 내가 즐겁지만 다소 지친 상태로 귀국했을 때, 우리 식구들은 공항에서 반갑게 재회했다.

차를 타고 집으로 돌아오기까지 두 시간가량 걸렸는데, 그동안 남편은 그사이 있었던 여러 가족 문제들을 일러주었다. 시아버지는 피부암에 대한 여러 가지 사소한 건강 우려를 드러내셨다. 그리고 시아버지가 무척 아끼는 개가 천식으로 아팠을

가을

때는 본인 건강 문제보다 훨씬 더 속상해하셨다. 남편은 개에게 천식약을 투여하기가 얼마나 힘들었는지에 대해 불평을 늘어놓았다. 그사이 노령이던 고양이가 숨졌는데, 남편은 우리가 해외에 나가 있는 동안에는 그 사실을 알리지 않았다. 하지만 나는 남편이 그 사실을 조금만 더 비밀에 부쳤으면 좋았겠다 싶었다. 극도로 지친 어린 딸이 그 소식을 듣고 여간 슬퍼한 게 아니었다.

"어, 참." 남편이 말했다. "그리고 푸라는 사람이 여러 번 전화했어."

나는 수 푸가 메시지를 남기지는 않았는지 물었고, 그는 없다고 대답했다. 그러면서 내가 여름내 집을 비운 사실을 수 푸가 도통 이해하지 못하는 눈치였다고 덧붙였다.

"처음 연락 온 게 언제였어?"

"당신 떠난 직후에."

고양이의 죽음 이야기와 마찬가지로 그 이야기를 우리가 집에 도착한 이후로 미뤘으면 오죽이나 좋았을까. 샤워도 하고 눈도 좀 붙이고 웨일스에 시차적응까지 한 이후로 말이다. 하지만 수 푸가 여러 번에 걸쳐 전화를 걸어왔다는 말을 들은 나는 가능한 한 빨리 연락해야 할 사안이 터졌음을 직감했다.

"엘로이즈가 다시 파월네 집에 찾아갔어요. 선생님이 그 애를 마지막으로 만나고 나서 그야말로 만 하루밖에 안 지났을 때요. 그게 선생님하고 무슨 연관이 있다고 하진 않았는데 펜어가르스에 대해서는 뭐라고 하긴 했어요. 어, 제가 너무 띄엄 띄엄 말하고 있네요. 차근차근 얘기해볼게요." 수 푸가 말했다.

"그 애가 파월네 집에 찾아갔어요. 파월 가족이 주말에 외출해서 집엔 아무도 없었고요. 엘로이즈가 그 집에 몰래 들어가서 도가 지나친 행동을 했어요. 그 집 가족들 침대에서 자고 찬장에서 음식도 꺼내 먹었어요. 헤드웬의 화장품을 바르고 옷도 입어보고요. 최악은 걔가 그 집에서 나오기 전에 헤드웬 침실 바닥에 대변을 봐놨다는 거예요."

"맙소사." 내가 낮은 소리로 탄식을 토했다.

"파월네 식구들이 더는 못 참겠다고 생각했대요. 이해할 수 있는 일이긴 하죠. 그래서 우리한테 알리기도 전에 경찰에 신고했어요." 수 푸가 말했다. "엄청난 소동이 났죠. 엎친 데 덮친 격으로, 엘로이즈는 파월네 집에서 사고를 치고 나서 위탁가정으로 돌아가지도 않았어요. 어디에 있는지 아무도 몰랐고요. 걔가 자주 가는 곳, 학교 빼먹을 때마다 가는 장소들을 이 잡듯 뒤지고 다녔는데 아무 데도 없었어요. 열흘이 지나고서야 경찰이 겨우 걔를 찾아냈어요. 그래서 유감이지만, 엘로이즈를 데리고 할 수 있는 일에 선택의 여지가 별로 없었어요. 걔는 지금 카이 네위이드에 가 있어요."

심장이 철렁 내려앉았다. 카이 네위이드는 자치주 한 귀퉁이에 있는 청소년 보호시설이었다. 나야 이런 조치가 내려진 연유를 이해했지만, 엘로이즈로서는 끔찍한 일이었다.

"선생님이랑 연락하려고 애썼어요." 수 푸가 말했다. "엘로이즈가 계속 그랬거든요. 펜어가르스에서 일어난 일 때문이었다고요. 모든 게 잘못됐고 선생님이 자기한테 화를 냈고 자기는 자살할 거라고요. 파월네 집에서 그럴 참이었지만 결국 못했어요. 하지만 거기서 죽었어야 했다고 하고… 어휴, 말도 마세요. 난리도 아니었어요. 엘로이즈는 계속 스스로 너무 잘해오고 있었는데 결국 모든 게 어그러졌다고 토로했어요. 전 '네가 토리 선생님에 대해 오해했다'고, '선생님은 너한테 화나지 않았다'고 말해주려 노력했어요. 하지만 엘로이즈는 도대체가 제 말을 있는 그대로 듣질 않더라고요. 그 아이는 카이 네위이드에 들어가고 나서 자살 예방 감시를 받고 있어요. 선생님이 돌아와서 정리되고 나면 엘로이즈와 시간을 좀 보내주시면 좋겠어요. 그러면 적잖이 도움이 될 것 같아요."

카이 네위이드는 차도 쪽에서 보면 얼핏 학교 같았다. 1970년대나 1980년대에 지어진 지붕이 편평한 현대식 저층 건물로, 본관으로 들어서는 입구가 있고 세 개의 별관이 방사형으로 뻗어 있는 구조였다. 하지만 부지를 둘러싼 담장을 보면 그게 어떤 시설인지 똑똑히 알아볼 수 있었다.

문 앞에서 이언이라는 이름의 키 크고 창백한 남성을 만났는데, 그는 자신이 이곳의 관리인이라고 했다. 카이 네위이드에서는 내가 방문하는 대다수 그룹홈*에서 느낄 수 있었던 친근한 분위기를 찾아보기 어려웠다. 이언이 내게 목에 거는 방문증을 건넸고, 도로에서는 보이지 않던 또 다른 본관 건물로

---

* 특별한 유형의 돌봄을 필요로 하는 장애인, 노인, 아동 등의 취약계층을 보호하는 시설. 공동생활가정이라고도 한다.

함께 이동하면서 복도에서 마주치는 다른 직원들에게 나를 정중하게 소개했다. 그 건물에는 낮 동안 사용할 수 있는 널따란 공동 휴게실이 있었고, 가구들로 구역이 나뉘어 있었다. 한 구역에는 텔레비전 주위로 소파와 의자들이 있고 또 다른 구역에는 당구대가 있었다. 뒤쪽 벽을 따라 유리로 둘러싸인 사무실에는 의자들이 놓여 있었다. 사무실과 가장 가까이에 꾸려진 구역에는 빈백 의자, 베개 그리고 몸을 누일 만큼 크고 푹신한 쿠션까지 다채롭게 구비되어 있었다. 바로 거기서 엘로이즈가 나를 기다리고 있었다.

"안녕?" 그 애에게 다가가면서 내가 인사를 건넸다.

그 애가 어색하게 미소 지으면서 중얼거리듯 인사했다.

"너 주려고 초콜릿 좀 챙겨 왔어." 내가 핸드백에서 커다란 데어리 밀크 바를 꺼냈다.

엘로이즈가 눈을 반짝였다. "고맙습니다!"

우리는 직원들이 내가 도착하기 전까지 원래 하던 일로 돌아가길 잠자코 기다렸다.

어떻게든 어색함을 떨쳐내려고 몬태나에서 있었던 일들에 대해 가볍게 이야기를 풀어볼 참이었다. 우리 딸에게 샘낼 일도 없고, 내가 태양 아래 쏘다니는 동안 자기는 시설에 갇혀 있었던 걸 크게 억울해할 일도 없게 하려고, 엄청 신났던 것처럼 들리지는 않게끔 신경 쓰면서. 이런 시간을 통해 서로가 다시 예전처럼 허물없이 대화를 나눌 수 있길 바랐다. 하지만 곧 그게 좋은 생각이 아니라는 것, 가족이나 바깥 생활에 대한 언급은 하나같이 그 애에게 상처밖에 남기지 않으리라는 걸 알았다.

가을

"헤어스타일 맘에 든다." 내가 말했다. "머리 잘랐어?"

엘로이즈가 고개를 끄덕였다. "조금요."

"잘 어울려."

그 애가 다시 고개를 끄덕였다.

"자, 어떻게 지냈는지 얘기 좀 해봐."

엘로이즈는 어깨를 으쓱했다.

"수 푸 선생님이 나한테 전화해서 그동안 있었던 일을 전해주셨어. 그땐 내가 미국에 가족을 만나러 가 있어서 전화를 못 받았고, 지난 목요일에야 돌아왔어. 그렇지만 지금까지 일어난 일은 수 푸 선생님한테 다 들었어."

"수 푸 선생님은 이제 제 담당 아닌데요. 전 다시 토머스 선생님 담당이에요."

"맞아. 알고 있어. 다행이라고 생각해." 내가 말했다. "나도 토머스 선생님을 잘 알아."

"저도 토머스 선생님이 더 좋아요." 엘로이즈가 말했다. "그 선생님 옷을 잘 입잖아요. 수 푸 선생님은 자선단체 쓰레기통에서 기어 나온 것같이 입고요."

"그래도 수 푸 선생님 좋은 분이야." 내가 말했다.

엘로이즈는 얼굴을 찌푸렸다. "선생님한테야 그럴 수 있죠. 선생님 신세를 조져놓지는 않았을 테니까."

"그분이 네 신세를 조졌어?"

엘로이즈가 어깨를 으쓱했다.

"어떤 식으로?"

"그 선생님이 절 여기다 처넣었잖아요."

나는 그 애를 바라보았다.

엘로이즈가 입술을 오므렸다. "저 스스로 조진 거라고 말하려고 그러죠, 안 그래요?"

"그럴 리가." 내가 말했다. "네 입장을 물어보려고 그랬어."

엘로이즈가 어깨를 으쓱했다.

"그동안 있었던 일에 대해 수 푸 선생님이 들려주시긴 했지만, 난 네 설명을 들어보고 싶어."

엘로이즈가 다시 한번 어깨를 으쓱했다.

"꼭 네 입으로 이야기해줬으면 해."

반응이 돌아오지 않았다.

"이걸 다른 사람들하고도 지겹도록 되풀이했을 거 알아. 그러고 싶지 않았을 것도." 내가 말했다. "그렇지만 들려주면 나한테 도움이 될 것 같아."

그 애는 초콜릿을 뜯어서 첫 줄을 작은 네모 조각들로 부러뜨렸다. 그런 다음 그중 하나를 내게 건네면서 내 눈을 바라보았다. 그 애의 표정은 알 듯 말 듯했다. 몸짓은 뿌루퉁했지만 표정은 그렇지 않았다. 그보다 그 애의 눈빛에는 거의 갈망 같은 게 가득 차 있었다. 마치 내가 뭔가 해주기를, 아니면 무슨 말인가 꺼내주기를 바라는 것처럼. 하지만 여전히 그게 뭔지가 분명하게 와닿지는 않았다.

나는 엘로이즈가 내미는 초콜릿 조각을 받아 들었고, 우리는 몇 분 동안 그걸 먹으면서 어색한 침묵을 이겨냈다.

"그래서 그 여자애는 잘 지내요?"

"어떤 여자애?"

가을

"베티."

이 말에 나는 어리둥절했다. "베티가 누구야?"

"비디그요. 팔은 좀 나았어요?"

"응. 우리 활동이 끝나고는 한 번도 못 봤지만, 마지막으로 봤을 땐 한결 나아졌더라."

"오늘 꿈에 걔가 나왔어요. 뭔가 신기하지 않아요?" 엘로이즈가 말했다. "제 말은, 다른 꿈이었을 수도 있는데 머릿속으로 걔 생각을 하면서 잠에서 깬 거잖아요. 선생님이 올 줄 알았나 봐요. 그걸 어떻게 감지하고 걔 꿈을 꿨나 봐요."

"그럴 수도 있겠다." 내가 말했다.

"걔의 빨간 머리를 생각하고 있었어요. 그러니까, 알잖아요, 걔는 머리가 지인짜 빨갛잖아요. 크면서 놀림도 엄청 받을 걸요? 곱슬도 심하니까 더 그렇죠. 걔 같은 머리는 어떻게 해야 예뻐 보일까요? 이렇게 말하기 좀 그렇긴 한데 걔는 둔하잖아요. 개선의 여지가 없을 정도로요. 그렇잖아요. 그런 애들은 운동장 가장자리에 우두커니 서서 다른 애들이 노는 걸 보고만 있어요. 딱 맞는 순간에 놀이에 끼어들려면 무슨 일이 벌어지는지 파악해야 되는데 워낙 둔해서 그러질 못하니까."

"비디그가 문제를 겪는 온갖 상황을 생각하고 있었구나."

엘로이즈는 한 손을 올려서 자신의 손톱을 들여다보았다. "여기선 손톱깎이도 마음대로 못 쓰게 해요." 그 애가 낮은 목소리로 투덜거렸다.

"예전에 나한테 비디그를 보면 여동생이 생각난다고 말했던 적 있잖아."

"그거 거짓말인데요. 제가 왜 그렇게 말했는지 모르겠네요. 에비는 빨간 머리 아니었어요. 아니 빨간 머리가 아니에요. 에비는 아직 살아 있을 테니까 과거형으로 말하면 안 되죠. 걔 머리카락 안 빨개요. 그냥 저처럼 평범한 갈색 머리예요. 제가 왜 여동생이 베티 같다고 말했었는지 잘 모르겠네요."

"비디그."

"네, 뭐. 아무튼."

"그런 거짓말을 했다니 의외네." 내가 말했다.

"선생님 화났어요?" 엘로이즈가 물었다.

"아니. 그건 중요하지 않아. 다만 왜 그런 일이 일어났는지 궁금할 뿐이야. 그때 상황에서 네 여동생이 실제로 어떤지는 중요하지 않았거든. 난 네 여동생에 대해 몰랐으니까. 그런데 넌 왜 비디그를 보면 여동생이 생각난다고 말하고 싶었을까?"

"저도 몰라요. 그 얘기 한 거 오래됐잖아요. 그때 뭐에 홀렸나 보죠."

나는 그 애를 바라보았다.

엘로이즈가 초콜릿을 또 한 줄 잘라냈다.

나는 계속 말없이 앉아 있었다.

"몰라요. 전 가끔 그냥 되는 대로 말해요. 말이 머리를 거치지 않고 입으로 그냥 튀어나와요." 엘로이즈가 말했다. "그러니까, 전 여동생 생각은 거의 안 해요. 솔직히 걔가 어떻게 생겼었는지도 기억 안 나고요. 길 가다 마주쳐도 아마 못 알아볼걸요."

"그렇지만 넌 그때 동생이 비디그와 닮았다고 생각했어."

"그렇긴 한데요. 아마 선생님이 비디그한테 관심을 너무 많이 줘서 그랬던 것 같아요. 전 가끔 동생을 질투했었어요. 항상 조금씩 개한테 샘이 났죠." 그 애가 부드럽게 말했다. 그러고는 어깨를 으쓱했다. "제 말은, 왜 걔는 입양을 갔는데 전 못 갔을까요? 왜 저만 엄마한테 돌아가야 했을까요? 저도 입양됐었으면 인생이 달라질 수도 있었을 텐데."

"그래서 비디그를 보고 동생이 생각난 거야?"

"전 동생이 걔 같길 바랐어요. 바보 같고 못생기고 기회도 없는. 그런데 동생은 안 그랬잖아요. 사실은 베티를 볼 때마다 절 보는 것 같았어요."

"비디그."

"비디그나 베티나. 뭐 아무래도 상관없어요. 아무도 걔 이름 기억 못 해요. 걔도 저처럼 있으나 마나 한 투명인간이니까요."

일기 쓰기

"웃기네요. 선생님도 그렇게 생각하죠, 그쵸?"
"그렇고말고. 인생의 많은 부분이
─── 우스꽝스럽지."

"또 오실 거죠?" 엘로이즈가 물었다.

나는 주어진 두 시간의 대부분을 그 애와 함께 빈백 의자에 앉아 있었다. 엘로이즈 너머로 직원들이 사무실에 모여 있는 게 보였다. 직원들은 내가 파하길 기다리고 있었다. 아무도 나한테 와서 시간이 다 되었노라고 일러주지는 않았지만, 점점 더 자주 우리 쪽을 곁눈질하고 있었다.

"저한텐 아무도 없어요." 그 애가 말했다. "여기 있는 다른 애들은 찾아와줄 엄마나 아빠가 있는데 저한텐 아무도 없어요. 그러니까 다시 와주시면 안 돼요?"

"상황을 좀 봐야 할 것 같아."

"선생님이 안 오고 싶은 거면…."

가을

"아니, 그런 얘기가 아니야. 허가가 필요해서 그래. 난 네 일가친척이 아니라서 무작정 나타나고 싶어도 그럴 수가 없어."

엘로이즈가 얼굴을 찡그리면서 말했다. "됐어요."

"그런 거 아니야. 그냥 분명히 하려는 거야. 그게 다야."

그 애는 맥 빠진 듯 빈백 의자에 털썩 기대었다. "그냥 꺼져주세요. 상관없어요."

"그런 말을 한 게 아니야."

"여긴 감옥 같아요. 기본적으로 감옥이긴 해요, 어린이용 감옥이요. 그러니까 제가 왜 여기 처박혀 있어야 돼요? 얼마나 오랫동안 죽치고 있어야 되는 건지도 모르겠어요. 막막해요."

"출구가 없는 느낌이네. 속상하다."

"출구가 없으니까요." 그 애가 잠깐 날 바라보았다. "하나 있긴 하죠. 다 끝내버리면 돼요. 그러고 싶어요. 여기랑 여기를 긋는 거예요." 그 애가 손목을 가리키면서 말했다. "여기서 어떤 애가 진짜 했어요. 지난주에요. 제 몸에서 싹 다 흘러나오는 느낌 좋을 것 같아요." 그 애가 나를 건너다보았다. "신경 쓰여요? 제가 이렇게 말하는 거. 자살할 거라고 하는 거요."

"이런 걸 물어보는 건지 모르겠지만, 난 네가 자살하지 않기를 바라. 해결책이 아니니까."

"왜 해결책이 못 된다는 건지 모르겠어요. 안 그러면 나갈 나이가 될 때까지 여기서 썩어야 될걸요. 여기서 나가면요? 노숙자 되겠죠. 갈 데도 없으니까. 그렇다고 이런 보호소라도 없으면 전 어떻게 될까요? 엄만 제가 여기 있는 줄도 몰라요. 아빠도요. 게다가 엄마 아빠가 안다고 해도 아마 나 몰라라 하겠죠. 엉망진창인 자기들 인생 감당하느라 바쁘니까요. 사회복지 시스템도 저 같은 애 인생 따위 안중에도 없어요. 그러니까 모두의 수고를 덜어주는 게 낫지 않겠어요? 제가 여기 있다는 걸 아는 유일한 존재인 정부의 수고를 덜어주는 편이 낫지 않겠냐고요."

"네가 그렇게 힘들어하니까 너무 안타깝다." 내가 말했다. "그렇지만 너무 멀리까지 내다보진 말자. 이 시설에서 나갈 나이가 되려면 3년이나 남았어. 그건 너무 먼 나중 일이잖아. 당장 지금 여기에만 집중하자."

엘로이즈가 어깨를 으쓱했다. "왜요? 방금 선생님도 안 온다고 해놓고 남이야 무슨 생각을 하든 뭔 상관이에요?"

"안 온다고 한 적 없어. 허가가 필요하다고 했지."

"그게 그거죠."

"아니지. 그건 같은 말이 아니야, 엘로이즈. 그리고 네가 생각하고 있는 방법도 해결책이 아니야. 감정이 격해지면 그렇게 느낄 수 있다는 거 알아. 그렇지만 아니야. 그러니 스스로에게 상처 주지 마. 분명 더 나은 방법을 시도해볼 수 있을 거고, 난 꼭 그렇게 되도록 널 도울 거야."

내가 말할 때 그 애는 울먹였다.

나는 핸드백에서 휴지를 꺼내 그 애에게 건넸다.

"우리가 세션 시작했던 때 생각나?" 내가 물었다. "내가 너한테 훈련 같은 걸 좀 시켜보려고 했었잖아. 우리의 생각, 감정, 행동이 어떻게 서로 연결되어 있는지에 대한 거."

엘로이즈가 손등으로 눈물을 훔쳤다. "울어서 죄송해요." 그

가을

애가 훌쩍거리면서 말했다.

"괜찮아. 정말 괜찮아."

"그래도 선생님 지금 얼른 가고 싶은 거 알아요. 붙잡고 있어서 죄송해요."

"아가, 그런 걱정 안 해도 돼. 네가 붙들고 있는 거 아니야. 내가 그러고 싶어서 여기에 더 머무는 거니까. 만약 이언이 내가 갈 때가 됐다고 생각하면 와서 말할 거야. 네가 뭔가 다른 걸 해야 하면 그때도 와서 일러줄 거고. 그러니까 그때까진 괜찮아. 우리 둘 다 더 있어도 돼."

엘로이즈가 진정하려고 애쓰는 사이 침묵이 우리 주위를 에워쌌다. 나는 그 아이 너머로 사무실을 건너다보았다. 이언이 곧 이쪽으로 다가올 것 같은 눈치였기 때문이다. 그와 눈을 마주치고 보일 듯 말 듯 고개를 가로저어 보였다. 몇 분이라도 더 머물렀으면 한다는 걸 이언이 알아차리길 바라면서.

"첫 세션 기억나지?" 내가 다시 물었다. "그때 하려고 했던 것들도?"

"네." 엘로이즈가 대답했다.

"이제 그중에 몇 가지 다시 시도해볼 생각 있어? 그럼 내가 다시 오도록 확실히 허락받을 수 있을 것 같아서."

엘로이즈가 의혹 어린 눈길로 나를 바라보았다. "제가 뭘 해야 되는데요?"

"그동안 어떤 게 제일 도움이 될지 열심히 생각해봤어. 이 모든 일을 수 푸한테 듣고 나서 내가 널 보러 오게 될 걸 알았을 때부터 여기서 우리가 함께 해볼 수 있는 일이 뭐가 있을까 줄 곧 궁리했거든. 내 생각엔 '일기 쓰기' 정도면 네가 가장 즐기면서 해볼 수 있지 않을까 싶더라고."

나는 일기 쓰기가 치료에 어떻게 도움이 되는지, 엘로이즈가 어떤 종류의 글을 쓸 수 있을지 소상히 들려주었다. 그리고 그 애가 해볼 만하다고 느낄 수 있게끔 아이디어를 두루뭉술하게 던졌다. 어떤 때 어떤 상태였는지, 어떤 감정을 느꼈는지, 그리고 꿈, 사건, 두려움, 어려움 등 덧붙이고 싶은 게 있으면 어떤 내용이라도 쓸 수 있다고.

"근데 저 일기장 없는데요."

"그건 걱정 마. 선생님이 하나 사주면 되지. 널 위해 특별히 좋은 걸로 골라서 다음 주에 가져올게."

다시 자선단체에 가서 린을 만났다. 린은 내 집념을 두고 "못 말리겠다"며 농담을 던졌다. 그리고 어떤 방식으로 접근하는 게 좋을지 토론을 벌였다. 린은 내가 인지행동치료 형식으로 돌아갔으면 했다. 따라서 열여섯 살짜리가 일기 쓰기를 통해 인지행동치료를 할 만큼 충분히 성숙한지를 두고 기나긴 논의를 이어갔다. 엘로이즈에게 너무 추상적이긴 하지만, 일기쓰기 자체는 귀중한 기능이라고 느꼈다. 그래서 내가 이전에 아이들을 가르칠 때, 심지어는 아주 어린 아이들과도 일기 쓰기를 활용해본 경험이 많았다고, 그러니 엘로이즈도 이 작업을 능히 감당할 수 있으리라 믿는다고 강조했다. 엘로이즈에게는, 특히 그 애의 자살 충동을 고려할 때 자신을 표현해볼 안전한 공간이 필요했다. 아울러 그렇게 쓴 일기를 함께 살펴보는

가을

시간을 통해 엘로이즈에게 누군가 자신을 경청하고 있다는 느낌을 줄 수도 있을 터였다. 린은 정해진 계획에 따라야 한다는 생각을 고수했기에 제약 없이 쓰는 일기를 달가워하지 않았고, 그래서 타협점을 모색해야 했다. 결국 나는 엘로이즈가 일련의 느슨한 인지행동치료 기반의 질문에 답하는 형식으로 일기를 쓰게 해보기로 했다.

이렇듯 논의가 긍정적으로 진전되어 기분이 좋아진 나는 예쁜 일기장을 사러 서점에 들렀다. 내가 청소년 시절 글을 쓸 땐 딱 맞는 문구 용품이 더없이 중요한 부분이었다는 사실이 기억났다. 좋아하는 색깔이거나 흥미로운 그림이 그려진 표지의 공책, 왼손잡이인 내 손에 딱 맞거나 쥐기 좋은 여러 연필과 펜을 고르기 위해 문구점을 샅샅이 뒤지면서 오랫동안 시간을 보내던 경험을 떠올렸다. 행복한 기억이었다. 엘로이즈는 이런 식으로 자신의 개성을 마음껏 뽐낼 자유가 없었다. 그래서 일기장만큼은 독특하고 개성 있게 느껴지도록 내가 할 수 있는 최선을 다하고 싶었다.

그다음 주에 카이 네위이드에 도착했을 때, 나는 다시금 빈백 의자 구역으로 안내되었다. 엘로이즈가 나를 기다리고 있었다. 이제 이곳이 우리의 만남 장소라는 사실을 알 수 있었다. 건물 중앙에 자리한 넓고 탁 트인 공간이어서 많은 사람이 오가는 곳이었기에 완벽하다고는 볼 수 없었지만, 사람들은 우리를 본 체 만 체했다. 대부분 긴 통로들 중 하나에서 나와서 다른 통로로 이동하거나, 사무실을 둘러싸고 업무를 보고 있었기 때문이다. 일부러 시끄럽게 구는 사람은 아무도 없었지만 나는 때로 집중하기 어려웠고, 엘로이즈도 분명 그랬을 것이다. 게다가 프라이버시도 보장되지 않았다. 하지만 그래서 만남 장소가 여기로 정해진 건지도 몰랐다.

내가 고른 일기장은 꽃 속에서 퍼덕이는 벌새들이 그려진 자주색 표지에, 상단에는 앙증맞게 은색으로 '꿈꾸고 상상하라'라는 문장이 새겨진 공책이었다. 학교에서 나눠주는 그저 그런 공책과는 차원이 다른 예쁜 공책이었다.

공책을 받아 든 엘로이즈는 이리저리 뒤집어가며 살펴보더니, 공책 표지에 잡힌 미세한 주름을 손톱으로 긁으면서 소리를 냈다. 그리고 그 행동을 다시 한번 되풀이했다. "이거 악기로 연주할 수도 있네요." 엘로이즈가 말했다. 그리고 대여섯 차례 정도 더 리듬감 있게 공책을 연주했다.

엘로이즈에게 이 둘도 없는 공책을 사다줄 때 악기로서의 용도는 의도한 바가 아니었지만, 아무 말도 하지 않았다.

엘로이즈는 공책을 다시 한번 뒤집은 다음 공책 뒷면의 홈들을 손톱으로 긁었다. 그런 다음 벌새가 그려진 부분을 만졌다. "여기는 판판해요." 그 애가 말하면서 나를 올려다보았다.

나는 그 애가 내 심기를 건드리려고 일부러 도발한다는 걸 알아차렸다. 엘로이즈가 기대하는 것이 내가 그 애에게서 공책을 다시 빼앗는 일인지 궁금해졌다. 이 행동 자체가 일종의 자기 방해일지도 몰랐다. 자신이 관심을 가지는 무언가를 빼앗기는 고통을 감수하느니 차라리 그 전에 상대가 빼앗아 가도록 유도하는 식의 거부 말이다.

가을

내가 어떤 반응도 보이지 않자, 엘로이즈가 마침내 일기장을 펼쳐서 안을 살펴보았다. "보세요. 그냥 평범한 줄공책인데요, 스프링이 달려 있다는 점만 빼면."

"스프링 공책은 판판하게 펴지니까 내용을 적기가 한결 수월해."

"제가 뭘 써야 되는데요?"

"그래, 질문 한번 잘했다." 내가 유쾌하게 받아치면서 가방에서 종이 한 장을 꺼냈다.

"우리가 하게 될 일기 쓰기 방식을 적어 왔거든. 네가 매일 한 가지 사건에 대해 글을 썼으면 해. '무슨 사건이요?'라고 물어볼 참이었지? 너에게 강한 감정을 불러일으켰다면 무슨 사건이든 좋아. 네가 텔레비전을 보고 있었다고 예를 들어보자. 앉아서 남의 일에 신경 쓰지 않고 텔레비전을 즐겁게 보고 있는데, 난데없이 누군가 나타나서 리모컨을 들더니 채널을 돌려버려. 그것도 하나의 사건이야. 어떤 감정을 불러일으키니까. 그래서 난 네가 그 사건에 대해 적어갔으면 해. 무슨 일이 일어났지? 그다음에 네가 느낀 감정을 나한테 들려주는 거야. 그 사건이 어떤 감정을 불러일으켰을까? 가령 한창 재미있게 텔레비전을 보는 중에 리모컨으로 채널을 바꿔버린 누군가를 보고넌 어떤 기분을 느낄까?"

엘로이즈가 어깨를 으쓱했다.

"좀 화나겠지, 그렇지?" 내가 물었다. "짜증이 날 수도 있고. 나라면 그렇게 느낄 것 같아."

"그렇겠죠."

"그런 다음, 네가 거기에 어떻게 반응했는지 쓰는 거야. 어떤 사람이 리모컨을 너한테서 빼앗아 갔어. 그럼 넌 어떤 식으로 반응해?"

"글쎄요."

"나라면 이렇게 말할 것 같아. '채널 원래대로 돌려주세요. 제가 보고 있었잖아요.'"

"아니면 아구창을 날려버릴 수도 있죠." 엘로이즈가 비꼬는 웃음을 머금은 채 거들었다.

"음, 그래. 그것도 하나의 반응이지. 아무튼 그게 세 번째 질문이야. 네 번째 질문은 그게 계획적인 행동인지, 아님 그저 우발적으로 한 행동인지야. 마지막은 그 결과가 뭐였는지 쓰는 거야."

엘로이즈가 눈을 희번덕댔다. "그걸 어떻게 다 기억했다가 써요?"

"그건 걱정 안 해도 돼. 기억 못 해도 일기를 쓸 수 있게 공책에 붙여놓을 작은 커닝 페이퍼를 만들어 왔으니까."

"못 할 것 같은데요. 쓸 내용이 너무 많아요."

"일단 익숙해지고 나면 절대 그렇게 느껴지지 않을 거야. 장담할게. 일단 시도해보면 어때? 한 가지 예시를 들어보자. 사건으로 시작해보는 거야. 최근 너한테 강한 감정을 일으킨 사건 있었어?"

엘로이즈가 어깨를 으쓱했다.

나는 빈백 의자에 등을 기대고 그 애를 지켜보았다.

엘로이즈가 다시 한번 어깨를 으쓱했다.

가을

나는 엘로이즈가 최근 훌쩍 자랐다는 걸 알아차렸다. 젖살도 좀 빠졌고 팔다리도 길어졌다. 입고 있는 레깅스가 그 애한테 너무 깡총해 보였다.

엘로이즈는 두 눈을 손으로 가렸다. "아, 진짜." 그 애가 버겁다는 듯이 말했다. 마치 내가 막 마그나카르타*를 암송하라고 시키기라도 한 것마냥 말이다. 절로 웃음이 났다.

"짜증 나. 저 지금 진짜 짜증 나요. 여기 있기도 싫고 이것도 하기 싫어요. 전 대체 왜 다른 사람들처럼 평범하게 살 수 없는 건데요?"

"좋아. 그러니까 이게 너한테는 사건이네. '바로 지금'. 그리고 네 감정은 '짜증 난다'이고."

"'바로 지금'이 어떻게 사건이에요?" 그 애가 제동을 걸었다. "그건 시간이죠."

나는 엘로이즈의 반응을 무시하고 손을 뻗어 그 애의 손에서 일기장을 가져왔다. 펜 뚜껑을 열고 첫 페이지에 먼저 '바로 지금', 그런 다음 '짜증 난다'라고 적었다.

"선생님!" 엘로이즈가 소리쳤다. "그 일기장 제 거 아니에요? 왜 선생님 맘대로 거기다 뭘 써요?"

나는 일기장을 엘로이즈에게 돌려주었다. "네가 이어서 쓰면 돼. 처음 두 가지, 사건이랑 그 사건이 유발한 감정이 뭔지는 정해졌으니까. 다음 질문이 뭐였는지 기억나? '어떻게 반응했

---

* 1215년 영국 귀족들이 존 국왕에게 강요하여 서명하도록 한 영국 국민의 법적·정치적 권리 확인서. 영국 현대법의 기초로 여겨진다.

는가?'"

"그러니까, 사건은 여기에 처박혀 있다는 거랑 바보 같은 짓을 해야 한다는 거네요."

나는 그 애를 한참 동안 쳐다보았다.

"이 활동이 바보 같다는 게 아니라요." 엘로이즈는 약간 퉁명스러움 어린 목소리로 말하긴 했지만 재빠르게 덧붙였다. "그냥 이거 자체요." 그 애가 한쪽 팔을 길게 뻗었다. "이런 거 할 필요가 없었겠죠, 제가." 그리고 공책을 가리켰다. "이런 상황만 아니었으면요." 엘로이즈는 한쪽 팔을 전보다 크게 한 번 더 뻗어 보였다.

"그걸 우리가 쓸 소재로 다듬어볼까?" 내가 물었다.

"아뇨."

나는 다시 한번 엘로이즈를 한동안 쳐다보았다.

"지금 제 인생이 너무 거지 같아서 짜증 나 죽겠어요. 그게 사건이잖아요. 제가 이 똥통에서 지내는 거."

"좋아." 내가 말했다. "선생님이 쓰는 게 마음에 안 들면 네가 여기에 직접 적어봐." 나는 엘로이즈에게 펜을 건넸다.

엘로이즈가 무거운 한숨을 내쉬었다. 그리고 공책을 받아 간 다음 '똥통 같은 곳' 그리고 '완전 짜증 남'이라고 적었다. 그러더니 '완전'과 '짜증' 사이에 '개' 자를 끼워넣어서 '완전 개 짜증 남'으로 고쳐놓았다.

"그게 첫 번째와 두 번째 질문에 대한 답이야. 세 번째 질문은 이거야. '어떻게 반응했는가?' 이 똥통 같은 곳에서 짜증이 나서 넌 어떻게 반응했어?"

가을

"이 거지 같은 공책에 짜증 난다고 썼죠." 그 애가 이렇게 말하면서 빙그레 웃었고 이어서 바로 소리 내 웃었다.

나도 따라 소리 내어 웃었다. 서먹한 분위기가 가셨다.

"웃기네요. 선생님도 그렇게 생각하죠, 그죠?"

"그렇고말고. 인생의 많은 부분이 우스꽝스럽지."

엘로이즈가 다시 소리 내어 웃었다. 그러고는 물었다. "네 번째 질문. '계획에 따른 일인가? 아니면 그냥 일어난 일인가?'" 그러더니 내가 대답하기도 전에 적었다. "인생이 그냥 우스워졌다." 그리고 이렇게 말했다. "다섯 번째 질문. '그 결과가 어땠나?'" 엘로이즈가 날 바라보았다.

나는 미소 지었다.

"그러니까, 그 답이 뭔데요?" 엘로이즈가 말했다.

"내가 볼 땐, 우리 여기서 길을 잃은 것 같아." 내가 대답했다. "질문이 더는 말이 되질 않으니까."

엘로이즈가 씩 웃었다. "그럼 선생님 답은 이거네요. 인생은 우스꽝스럽고 아무것도 말이 안 된다. 제 맘에 확 와닿아요."

트라우마 2

"이쯤에서 우리 진짜 좀 솔직해지자. 난 네가
헤드웬에 대해 복잡한 감정을 품고 있다는
거랑 그 감정들이 널 곤란하게 만드는 행동을
하게끔 부추긴다는 걸 알아. 내 역할은 그런
━━━━ 널 도와주는 거야."

엘로이즈와 남은 면회 시간을 즐겁게 보냈다. 그 애는 내가 일
기 쓰기 활동에 형식을 부여하려고 애쓴 것에는 내내 시큰둥했
지만, 내 지시를 고분고분 따랐다. 그리고 각 단계들을 한결같
이 '바보 같다'고 여기면서도 그에 대해 이해했다는 것을 보여
주었다.

엘로이즈가 보여주는 반항이 많은 부분 낮은 자존감에서 비
롯된 게 아닌가 짐작됐다. 그 아이는 내가 준 일기장을 선뜻 선
물로 받지 못하는 것 같았다. 스스로 무가치하고 사회적으로
거추장스러운 존재라는 느낌을 강하게 갖고 있어서인지 내 행
동을 마음에서 우러난 결과로 받아들이기 어려운 듯했다. 아마
이런 이유로 엘로이즈가 차 만들기처럼 누가 봐도 유익한 일을

가을

할 때에만 편안함을 느끼는 것 같았다.

바로 그 점 때문에 엘로이즈를 만나러 오는 일과 일기 쓰는 일을 너무 깊게 연관 짓지 않으려고 주의했다. 자칫 엘로이즈가 쉽게 자기방해로 치닫고, 스스로가 결코 변화하지 못할 가망 없는 실패자임을 '입증하도록' 만들 수도 있었기 때문이다. 그래서 나는 확고하지만 가벼운 마음으로 '이건 우리가 함께할 일'이라는 태도를 취하고자 애썼다. 실제로 나는 엘로이즈가 이 연습에 적극적으로 참여하기만 한다면 그 아이에게 정말로 도움이 될 거라 굳게 믿었다. 하지만 설사 잘해내지 못한다고 해도 이 일은 여전히 내가 엘로이즈를 보러 올 수 있게 허가받을 요긴한 구실이 되어줄 것이었다.

다음 주가 돌아왔고, 엘로이즈가 빈백 의자 구역에서 날 기다리고 있었다.

"자, 이번 주에 우린 어떻게 지냈을까?" 인사를 마치고 물었다. 우리는 쿠션 사이에 편안하게 자리를 잡았다. 나는 일기장이 어디 있나 두리번거렸지만 눈에 띄지 않았다.

"선생님은 왜 매번 '우리'라고 해요? 제가 어땠는지 물어보면서도요. '너 어떻게 지냈어?'라고 물어봐야죠."

"그거야 그냥 말버릇이지 뭐. 나한텐 '우리'가 좀 더 두루뭉술한 표현 같거든. 너만이 아니라 우리가 함께하는 거니까. 나도 지금 여기에서 일어나고 있는 일의 일부잖아."

"그래도 그렇게 말하면 바보 같아요. 아무도 그런 식으로 말안 해요. 그리고 선생님도 저까지 얘기하지 말고 그냥 선생님 얘기만 하는 게 나을 것 같아요."

"좋아." 내가 웃으면서 말했다. "그래, 그럼 넌 어떻게 지냈어?"

"뭘요?" 엘로이즈가 멍하니 물었다.

"일기 말이야." 낙심한 내가 말했다. "일기 쓰기 어떻게 됐어? 일기장은 어디 있는데?"

"제 방에요."

나는 그 애가 소극적 방식으로 적대감을 표현하는 건지, 아니면 단순히 일기장 챙겨 오는 걸 잊은 건지 아리송했다. 좌우간 엘로이즈는 내가 왜 이 자리에 와 있는지, 또는 내가 일기장과 무슨 관련이 있는지 전혀 이해하지 못하는 듯이 굴었다. 일기장을 가져오라고 그 애를 방으로 돌려보냈다.

엘로이즈가 일기장을 가지고 돌아와서 빈백 의자에 도로 털썩 주저앉았다. 나는 일기장을 받아서 펼쳐보았다.

첫째 날
아침으로 시리얼, 토스트랑 산딸기 잼 먹었고 차랑 오렌지주스 마셨다.
점심으로는 소시지 파이랑 차, 샐러드랑 요거트를 먹었다.
차랑 셰퍼드 파이 먹고, 감자튀김 그리고 디저트로는 아이스크림 먹었다.

둘째 날
아침으로 시리얼, 토스트, 산딸기 잼 먹고 차랑 오렌지주스

가을

를 마셨다.

글은 이런 식으로 계속되었다.

나는 그 애를 바라보았다. "지난주에 하기로 했던 거랑 이 일기는 거리가 먼데." 일기장의 앞쪽으로 돌아가서 내가 적어놓은 다섯 가지 단계에 대한 쪽지를 꺼냈다. 그리고 쪽지를 펼쳐서 내 무릎 위에 올려놓았다. "하나, 사건. 둘, 감정. 셋, 어떻게 반응했는가? 넷, 계획에 따른 일인가 아니면 그냥 일어난 일인가? 다섯, 그 결과가 어땠나?"

"그거 한 거잖아요. 뭐가 잘못됐는데요?" 엘로이즈가 대들었다. 그 애의 어조는 천연덕스럽고 태연자약했다. 첫째 날을 가리키면서 그 애가 말했다. "하나, 아침 식사. 둘, 배가 고팠다. 셋, 아침을 먹었다. 넷, 그렇다. 다섯, 배가 불렀다. 선생님이 시킨 대로 이렇게 했잖아요. 그냥 이렇게 썼을 뿐이에요. 선생님이 제가 원하는 거 뭐든 쓸 수 있다면서요. 그래서 전 선생님이 제가 뭘 먹었는지 궁금할 거라고 생각했는데요."

나는 몸을 곧추세우면서 의자에 등을 기댔다. 엘로이즈는 자기에게 주어진 과제를 이해하면서도 작정하고 농땡이를 부린 걸까? 아니면 이게 과제를 이해하지 못한 엘로이즈가 최선을 다한 결과일까? 전자라는 확신이 들었다. 엘로이즈는 내가 뭘 원하는지 이해했지만 계획에 따르길 거부했다. 멜레리와 수푸 모두 엘로이즈의 학업 문제도 바로 이 점과 관련 있다고 말해준 적이 있었다. 엘로이즈는 내용을 이해하면서도 주어진 방식에 따르지 않기 위해 애쓰는 것 같았다. 엘로이즈는 일부러

청개구리처럼 군 걸까? 우리가 다시 낮은 자존감, 자기방해 문제로 돌아간 걸까? 아니면 엘로이즈에게 미처 진단되지 않은 학습 문제가 남아 있었을까? 엘로이즈는 정말 지시를 따를 능력이 없어서 반항으로 그 사실을 위장하려고 애썼던 걸까? 특별한 이유 없이 그냥 어색해서 그랬을까? 알 수 없는 일이었다.

나는 일기 쓰기 활동에서 뭘 하기로 했는지 다시 한번 주지시켰다. 엘로이즈는 몹시 따분하다는 표정을 지어 보였다. 그 애는 빈백에 기대앉아 천장을 뚫어지게 바라보았다.

"내가 뭘 하라고 한 건지는 이해하지?"

"당연하죠." 그 애가 한쪽 다리를 떨면서 말했다. "그래서 그렇게 했는데요."

"별로 그렇지 않아. 우린 널 곤경에 빠뜨리는 감정들을 다뤄보려고 애쓰고 있잖아." 내가 말했다. "그 감정은 네가 차에 뭘 곁들였는지와는 상관없어."

엘로이즈는 어깨를 으쓱했고, 계속해서 천장만 쳐다보고 있었다.

"이쯤에서 우리 진짜 좀 솔직해지자." 내가 말했다. "넌 특별한 이유로, 즉 파월네 집에 무단으로 침입해서 여기 갇히게 됐어. 난 네가 헤드웬에 대해 복잡한 감정을 품고 있다는 거랑 그 감정들이 널 곤란하게 만드는 행동을 하게끔 부추긴다는 걸 알아. 내 역할은 그런 널 도와주는 거야."

"네, 아는데요." 그 애가 여전히 머리를 뒤로 젖힌 채 앙칼지게 말했다. "선생님이 여기 있고 싶어서 오는 게 아니라는 것도 알아요. 그렇게 대놓고 말할 필요까진 없잖아요? 여기서 저 도와주는 사람 중에 진짜 도와주고 싶어서 그러는 사람 아무도 없다는 거 잘 안다고요."

"그런 뜻이 아니야. 난 내가 있고 싶어서 있는 거야." 내가 대꾸했다. "난 스스로 여기 오기로 선택했어. 하지만 내가 널 보러 오도록 허가받을 수 있는 건, 우리가 널 곤경에 빠뜨린 문제를 다루고 있어서야. 그리고 난 이 기회를 놓치고 싶지 않아. 만약 네가 일기 쓰기 활동을 안 하기로 작정하면 허가를 더 이상은 받지 못할 수도 있어."

"그건 그냥 선생님이 하는 변명이고요."

이런 식의 입씨름에 말려들고 싶지 않아서 아무 대꾸도 하지 않았다. 대신 일기장의 새로운 쪽을 펼쳤다. "그러니까 첫째, 사건. 우린 여기 앉아서 문제에 대해 이야기하고 있어. 둘째, 지금 어떤 감정을 느껴?"

"짜증 나요. 선생님 때문에 항상요."

"좋아." 엘로이즈의 답을 받아 적었다. "셋째, 넌 어떻게 반응하고 있어?"

"아무 반응도 안 해요. 그냥 앉아 있어요. 방금 싼 똥 덩어리처럼요."

"화난 것처럼 이야기하네. 그게 내가 듣고 있는 네 반응이야."

"아무 반응도 안 한다고요. 제가 짜증 나는 거 말곤 아무 사건도 안 일어나요." 엘로이즈가 딱딱한 목소리로 답했다. "모든 일에 계속 짜증이 나요. 제 반응이 궁금해요? 저 지금 뭔가를 던져버리기 일보 직전이에요. 그런 감정을 느끼니까요. 그냥 그 정도로 화나요. 모든 사람한테요. 그중에서도 선생님이 제일 짜증 나요. 이딴 바보 같은 일을 시키니까요."

"그래." 내가 말했다. "목소리를 들으니까 네가 얼마나 화났는지 알겠어. 그래서, 넌 네가 의도한 대로 반응하는 거야? 아님 그저 우연히 이렇게 반응하고 있는 거야?"

"아악!" 엘로이즈가 찢어지는 듯한 고함을 지르면서 벌떡 일어섰다. 난데없는 소란에 사무실에 있는 몇 사람이 우리 쪽을 돌아보았다. "전 이거 안 하고 싶다고요!"

"그래, 그런 것 같네."

그 애는 한 번 더 꽥 소리를 지르고는 땅이 꺼져라 한숨을 내쉬더니 다시 빈백 의자에 철퍼덕 주저앉았다.

한동안 말이 끊겼다. 이어서 내가 다시 말을 꺼냈다. "우리 이완 운동 좀 해볼까? 일기는 잠시 접어두고."

"또 시작이에요? 방금 또 '우리'라고 하는 거 보니까 맞네요."

"맞아, 그럴 거야. 그러니까 우리 몸에 주의를 기울이는 것으로 시작해보자. 집중해봐. 근육이 어떻게 느껴지는지. 긴장 때문에 굳어진 근육이 있어? 난 내가 이를 앙다물고 있다는 게 느껴져. 바로 여기." 나는 턱뼈 아래쪽을 손가락으로 쓸었다. "흔히 사람들은 감정이 격해지면 여러 부위에서 근육이 경직되는 느낌을 받아. 어떤 부분에서 그런 게 느껴지는 지 알아차릴 수 있겠어? 턱? 관자놀이? 어깨? 어떤 근육이 굳어졌는지 느껴져?"

"다 괜찮은데요." 그 애가 낮은 목소리로 중얼거렸다.

"좋아. 복부 근육은 어때? 배 근처 말이야. 그 부분도 경직되기 쉽거든."

가을

"거기도 괜찮아요."

"호흡을 관찰해봐. 부드럽고 깊은지, 빠른지, 아님 짧은지."

"괜찮다고요, 전부. 다."

"편안해진 느낌이 들어?"

"이거 진짜 싫어요." 엘로이즈가 말했다.

"심장이 뛰는 게 느껴져?"

"그만!" 그 애가 고함을 질렀다. "진짜 돌겠네, 저한테 대체 왜 이래요?"

한동안 침묵이 흘렀다. 이윽고 내가 어깨를 아래로 떨어뜨리면서 말했다. "좋아. 내가 졌어. 관두자."

엘로이즈는 빈백 의자에서 꼿꼿하게 앉은 자세를 취한 채 머리는 계속 아래로 떨구고 있었다. "2주 전에 왔을 때 넌 내가 다시 오길 간절히 바랐어. 지난주에 일기장 가져왔을 때도 일기 써보는 일에 관심 있었고. 그런데 오늘은 아무것도 하고 싶어 하지 않아. 왜 그러는지 알려줄래?"

"너무 바보 같으니까요. 여기 있는 애들 중에 이런 거 하는 사람 아무도 없어요. 저도 안 하고 싶어요."

"넌 시도조차 해보지 않았어. 엘로이즈."

"했잖아요. 이거 봐요." 그 애가 팔을 휘두르면서 일기장을 바닥에 내쳤다.

"넌 해보지 않았어, 엘로이즈."

엘로이즈는 울기 시작했다. "제발 저한테 하라고 좀 하지 마세요."

놀란 내가 그 애를 바라보았다. "그게 무슨 말이지?"

"제발 그것 좀 하라고 하지 말라고요. 선생님이 방금 시킨 거요. 몸속을 들여다보라는 거."

"이완 운동 말이야?" 내가 물었다.

그 애가 고개를 끄덕였다. "그거 집단치료에서 마이클 선생님도 시켰었는데 전 싫어요."

"어떤 점이 싫어?"

"제 몸 들여다보는 거요. 그게 싫어요, 추하니까요."

"그렇게 느낀다니 미안해. 그런데 우리가 하고 있는 일은 우리 몸매를 평가하거나 그런 게 아니야. 그냥 근육이 무슨 일을 하는지 지켜보는 거야. 그럼 도움이 좀 되거든. 아까처럼 감정이 고조되면 우리 몸의 근육이 그 감정을 반영하고 긴장하는데, 그렇게 되면 육체적으로 건강하지 못하다고 느낄 뿐 아니라 불안감이나 우울감에 빠져들 수도 있어. 그래서 근육이 긴장한다 싶을 때 그 사실을 알아차리고 그걸 이완하는 방법을 익히면 기분이 나아지는 데 도움이 되는 거야."

"저도 알아요. 근데…." 그 애는 여전히 울고 있었다. 엘로이즈가 자리에서 일어나 방을 가로질러 텔레비전 구역에 놓인 작은 탁자로 다가갔다. 그리고 휴지 상자를 집어 들고 돌아왔다. 그 애는 휴지를 두어 장 뽑아서 다시 빈백 의자에 앉은 다음 눈물을 닦았다.

우리는 꿀 먹은 벙어리처럼 몇 분 동안 앉아 있었다. 이윽고 엘로이즈가 고개를 들었다. 더 정확하게 말하면, 그 애는 내 쪽으로 고개를 돌렸지만 눈은 여전히 아래를 보고 있었다. "뭐 좀 말해도 돼요?"

가을

“물론이지.”

“제 몸속을 들여다보고 싶지 않은 이유에 대해서예요.”

나는 고개를 끄덕였다.

“근데 더러운 얘기라서 안 하고 싶기도 해요. 기분이 더러워지거든요.”

“괜찮아, 애야.”

“어릴 때, 대런이 자기 고추를 집어넣곤 했어요.” 엘로이즈가 속삭이듯이 말했다.

“엄마 남자친구?” 내가 물었다.

그 애가 고개를 끄덕였다. “그 사람은 항상 그걸 저한테 집어넣고 싶어 했어요. 전 그게 진짜 싫었어요. 너무 아팠거든요. 한번은 그걸 제 똥구멍에 넣었는데, 그게 제 안을 죄다 헤집었고 전 엄청 울었어요. 그런데도 엄만 그 사람을 안 말렸어요. 엄마한테 그 사람이 무슨 짓을 저지르는지 말했는데도 엄만 구역질 나게 굴지 좀 말라면서 오히려 저한테 뭐라고 그랬어요. 엄마는 그런 얘긴 더러운 계집애들이나 하는 거라고 했어요. 전 더러운 계집애가 되고 싶진 않았죠, 그렇잖아요. 근데 너무 아파서 죽을 것 같았어요. 그런데 안 죽었고, 어쨌든 계속 살아 있었어요.”

“그런 일을 겪었다니 정말 속상하다. 그래도 나한테 이야기해줘서 기뻐. 널 이해하는 데 큰 도움이 돼.”

“그러니까 제발 저한테 몸속 들여다보라고 하지 마세요. 제 안에 상처가 있는 것 같아요.” 그 애가 말했다. “실제로는 상처가 없다는 거 알아요. 제 몸 사진을 찍어본 의사 선생님이 찍어진 곳은 한 군데도 없다고 했거든요. 그치만 전 제 안에 상처가 있다는 걸 알아요. 아직도 그 아픔이 느껴지거든요."

이야기를 털어놓느라 기진맥진해진 엘로이즈는 피곤에 지친 상태로 빈백 의자에 널브러져 있었다. 나는 차를 한잔 마실 수 있을지 알아보자고 했다. 아이들이 직접 차를 만들 수는 없었지만, 내가 부탁하니 사무실에 있는 직원이 흔쾌히 차를 내주었다.

나는 빈백 의자로 돌아와서 남은 시간을 어떻게 활용하면 좋을지 생각했다. 일기 쓰기로 돌아가는 건 적당하지 않다고 느껴졌기 때문이다. 그리고 이제는 이완 운동을 해선 안 된다는 것도 알았다. 그래서 이렇게 물었다. "간밤에 무슨 꿈을 꿨는지 이야기해 줘."

엘로이즈는 이 요청에 흠칫 놀랐다. 그 애는 고개를 갸우뚱하더니 아리송해하는 표정으로 날 바라보았다. 잠시 생각에 잠겨 있던 엘로이즈가 말했다. "진짜 이상한 꿈을 꿨는데요. 제가 큰 집에 있었는데 모르는 집이었어요. 타워하우스처럼 오래된 집이었어요. 아시죠? 중세 성곽처럼 생긴 거요. 학교 현장학습에서 그런 데 가본 적 있어요. 그런데 꿈 속의 그 집에 누가 살고 있었어요. 가구도 있고, 벽에 그림도 걸어서 잘 꾸며놨더라고요. 그리고 제가 이 방 저 방 돌아다녔던 기억이 나요. 길을 잃은 느낌은 아니었는데 딱히 목적지가 어디인지도 몰랐어요. 그냥 탐험을 하고 있었어요."

그 애가 잠시 말을 멈추었다.

가을

"층수가 한 네 개 정도 됐어요. 타워하우스가 어떤지 아시죠? 타운하우스처럼 층마다 방이 여러 개 있잖아요. 근데 전 거기 계단이 식은땀 나도록 무섭더라고요. 꼭 카나번성*에 있는 것처럼 가파르게 지어져서 난간의 밧줄을 꽉 부여잡고 올라가야 하는 나선형 계단이었어요. 전 계속 떨어져 죽을지도 모른다는 상상을 하고요.

어쨌든 이 타워하우스엔 나선형 돌계단이 있었어요. 어떤 층으로 갔더니 거실 같은 방이 있었는데, 거기 또 계단이 있는 거예요. 그래서 또 따라 올라갔어요. 계단이 젖어 있어서 미끄러질까 봐 벌벌 떨었어요. 오래되고 부서진 성 계단이 보통 그렇잖아요. 어쨌든 계속 그 집에 있는 걸 다 살펴봤다고 생각했는데, 어느 틈엔가 또 계단이 나타나고 방이 더 많은 다른 층이 나왔어요. 계속 그랬어요. 약간 무섭기도 하고 길을 잃은 것 같은 기분도 들었어요. 근데 다음 층에 뭐가 있는지 계속 궁금해지더라고요. 맨 꼭대기층에 다다랐는데, 거기에 누가 있었는지 아마 상상도 못할걸요. 찰스 왕세자!**"

엘로이즈가 소리 내어 웃었다.

"이상하지 않아요? 제 말은, 그 사람 완전 할아버지잖아요, 그쵸? 제가 왜 그 사람 꿈을 꾸고 싶겠어요? 아무튼 바로 그분이 그 사랑스러운 방에 있었어요. 차랑 온갖 근사한 케이크가 차려진 탁자도 보였어요. 으리으리한 호텔에서나 볼 수 있는

* 북웨일스 카나번에 자리한 고성.
** 엘리자베스 2세의 아들. 이 책이 출간된 이후 엘리자베스 2세 여왕이 2022년 사망하면서 국왕 찰스 3세로 등극했다.

제대로 된 '애프터눈 티'였어요. 그분이 먹어도 된다면서 차 한 잔을 주더라고요. 저한테 엄청 친절했어요. 제가 오길 기대하고 있었던 것처럼, 아니면 적어도 절 만나서 기쁜 것처럼요. 그래서 전 케이크도 하나 먹었어요. 그런 다음 그분이 제안했어요. '이리 와서 창밖을 보렴.' 그래서 같이 창밖을 내다보았어요. 그 방이 건물 맨 꼭대기층에 있어서 아래로 소나무 숲이 펼쳐진 풍경이 보였어요. 나무 꼭대기를 굽어본 기억이 나요. 멀리 호수도 하나 있었어요. 찰스 왕세자가 그걸 자랑스럽다는 듯이 보여주더라고요."

"정말 근사한 꿈이다." 내가 말했다.

"괜찮은 꿈이었죠. 일어나니까 기분 좋았거든요."

"꿈은 때로 우리가 깨어 있을 때 일어나는 일을 반영하기도 하지만, 일종의 암호와도 같아. 예컨대 타워하우스는 방어용 건물이잖아. 네가 그 안에 있으면 끄떡없고 안전하고."

엘로이즈가 고개를 끄덕였다.

"꿈에서 이 방 저 방 돌아다니는 건 이따금 이 생각에서 저 생각으로 옮아가는 걸 의미할 수도 있어. 특히 그 행동이 흥미롭게 느껴지는 경우에는. 새로운 방을 탐험하는 건 새로운 가능성을 탐색한다는 의미겠지? 그리고 넌 계단이 무서웠는데도 계속 탐험하고 싶어 했어. 아마 현실 세계에서 새로운 생각들을 탐험할 준비가 된 건지도 몰라."

"우와." 엘로이즈가 탄복했다. "선생님이 꿈 해석도 할 줄 아는지 몰랐네요. 평소에 해주시던 이야기보다 훨씬 재미있어요."

내가 씩 웃었다.

가을

"그럼 찰스 왕세자는요?" 엘로이즈가 물었다. "그 사람은 무슨 의미였을까요?"

"글쎄, 내 꿈 해석으로 거기까지 감당이 될지 모르겠네." 나는 일단 이렇게 빼고 나서 냉큼 덧붙였다.

"좋은 남자를 의미하는 거 아닐까? 왕자란 원래 그런 거니까, 안 그래? 백마 탄 왕자님."

그 애가 코를 찡그리면서 말했다. "제가 백마 탄 왕자님을 그렇게나 늙은이로 상상해본 적은 없었다는 점만 빼면요."

웃음이 뒤따랐다.

"그렇겠지."

엘로이즈가 잠시 생각에 잠겼다. "전 그게 이 세상에 좋은 남자도 있다는 걸 상기시켜주는 것 같아요." 그 애가 말했다. "세상 남자들이 다 대런 같진 않다는 걸 저도 알긴 알거든요."

올리비아에 대하여

"처음 올리비아를 보았다고 기억하는 게
언제야?"
　　엘로이즈는 손톱을 잘근잘근 씹으면서
─────　생각에 잠겼다.

다음 주에 엘로이즈가 나를 기다리고 있었다.

"안녕?" 내가 인사를 건네면서 가방을 내려놓았다.

"여기요. 차 같이 마시려고 타 왔어요. 이언이 제가 해도 괜찮댔어요." 엘로이즈 옆 바닥에 두 개의 머그잔이 놓여 있었다. "이게 선생님 거예요. 머그잔에 고양이가 있어서요. 선생님 고양이 좋아하시잖아요."

"정말 사려 깊은데? 고마워." 나는 빈백에 자리를 잡고 앉아서 엘로이즈가 건네는 머그잔을 받아 들었다.

이런 생각이 뇌리를 스쳤다. 전에 이랬던 때가 대체 몇 번이었던가. 차를 만들면서 즐거워하는 엘로이즈 그리고 예정된 일을 함께 하려고 할 때 분위기가 급격히 식어버릴 것을 두려워

가을

하는 나. 나는 차를 조금씩 홀짝거리면서 우리의 우정이 잠깐이라도 더 이어지길 바랐다.

"선생님 헤어스타일 마음에 들어요." 엘로이즈가 말했다.

"고마워. 칭찬 들으니 기분 좋다. 날이 습하면 머리가 더 곱슬거리고 손질도 잘 안 돼서 슬슬 싫증 나려던 참이었는데."

"저처럼 길러보세요." 그 애가 말했다. "그럼 싫증 날 때 묶으면 되잖아요." 엘로이즈가 고개를 숙여 자신의 묶은 머리를 앞쪽으로 내려뜨렸다.

차를 마시느라 잠시 대화가 끊겼다.

"여기서 나가면 헤어스타일 바꿔보고 싶어요. 엄청 짧게 자를 수도 있겠죠? 그럼 지금처럼 구불구불한 대신 곱슬곱슬하게 되는지 보게요. 이렇게." 엘로이즈가 말했다.

"언제 여기서 나가게 될지 들은 거 있어?"

"지난 주말에 토머스 선생님이 왔었는데 겨울 학기쯤 위탁 가정으로 돌아갈 수 있을 거라고 하시더라고요. 시험이 얼마 안 남았으니까 원래 다니던 학교에 계속 다니게 선생님 담당 학군에 남았으면 하신대요."

"좋은 소식이다." 내가 말했다. "약관이 있을까?"

"약관이 뭔데요?"

"그러니까, 여기서 나가려면 네가 지켜야 하는 조건 같은 게 있어?"

엘로이즈는 어깨를 으쓱했다. "여기서 말썽 부리지 않는 거? 전 말썽 안 부렸어요. 주말마다 시설 밖으로 나갈 수 있는 패스가 있는데 그걸 계속 모았거든요. 그래서 토요일에 볼링 치러 가요. 잘됐죠?"

"그래, 잘됐다. 자랑스러울 정도야." 나는 잠시 말을 멈추었다. "그럼 파월네는 어떻게 됐어?"

"파월네가 뭐요?" 엘로이즈가 물었다.

"네가 여기서 나가는 조건에 다시는 파월네에 가지 않는다는 조항이 담겨 있지 않을까 해서."

"제가 거길 왜 가요?" 그 애는 내가 파월네 집이 아니라 남극 대륙 이야기라도 한 것처럼 받아쳤다.

"왜냐하면⋯." 나는 그 아이를 빤히 쳐다보았다. 내가 굳이 말로 옮기지 않아도 그 애는 내가 왜 그 문제를 언급하는지 알았을 테니까.

엘로이즈가 어깨를 으쓱했다.

나는 일기장으로 손을 뻗으면서 말했다. "어디 좀 보자."

엘로이즈는 잠시 아무 반응도 보이지 않았다. 대신 차를 한 모금 홀짝였다. 그리고 긴 한숨을 내쉬었다. 마침내 엘로이즈가 일기장을 건네주었다.

첫째 날

너무 아프다. 몸이 안 좋은 것 같다. 속이 울렁거린다. 토했다. 세 번 토했다. 나아졌으면 좋겠다.

둘째 날

여전히 아프다. 나아지는 것 같지 않다. 옆구리가 쿡쿡 쑤신다. 맹장염일지도 모른다. 세 번 더 토했다.

가을

셋째 날

아직도 아프다. 상태가 더 나빠졌다. 너무 아파서 날 병원에 데려가는 사람이 없으면 죽을지도 모른다. 근데 그럴 사람이 아무도 없다. 맹장염인 것 같은데, 맹장이 터지면 나는 복막염으로 죽을 거다. 몇 번 더 토했다.

나는 엘로이즈를 건너다보며 회의를 담아 물었다. "이게 지난주 이야기야?"

"좀 나아졌어요."

나는 그 애를 바라보았다. "이거 실제로 일어난 일이야?"

"이제 나아졌다고요."

"엘로이즈, 그러지 말고. 이건 지어낸 이야기잖아."

엘로이즈는 답하지 않았다.

나는 한숨을 참았다. 이 아이는 자기에게 주어진 일을 피하기 위해 도대체 얼마나 많은 방법을 쥐어짤까? "이완 운동을 하는 대신 일기장에 소설을 쓰고 싶었던 거야?" 내가 물었다.

"소설 아니에요."

"이건 실제로 일어난 일이 아니야. 온통 맹장염을 앓는 누군가에 관한 이야기인데 넌 지금 말짱한 상태로 내 앞에 앉아 있잖아. 그새 나아진 거라고 하지 마. 사나흘 전에 그렇게나 아팠던 사람이 지금 여기에 아무 탈 없이 이렇게 앉아 있을 순 없으니까."

그 애는 으쓱해 보이려고 어깨를 들어올렸지만, 한참 동안 그 상태를 유지하다가 천천히 떨어뜨렸다. 그리고 시선을 피했다.

"그럼 대체 어떻게 된 영문인지 말해볼래?"

"모르겠어요."

나는 엘로이즈를 쳐다보았다. 그 애의 허세가 맥없이 녹아 내리고 있었다. 엘로이즈는 두 팔로 몸을 감싸 움츠리고 나와 거리를 두었다.

"너한테 화난 건 아니야." 내가 말했다. "일기 쓰기에서 진척이 너무 더뎌서 좀 낙심했을 뿐이야. 그렇지만 화나진 않았어. 이런 일이 있을 수 있다는 거 알아. 그러니까 이 얘기 좀 해보자."

"제가 왜 저렇게 써놨는지 모르겠어요." 그 애가 대꾸했다.

"난 이게 지어낸 이야기라는 걸 한눈에 알아차릴 수 있어. 이걸 쓸 때 기분이 어땠어?"

"모르겠어요."

"난 이야기를 이해해." 내가 웃으면서 말했다. "그게 내가 먹고살려고 하는 일이니까. 기억나지? 그러니까 이야기 만들어내는 게 얼마나 재미있는지도 알지. 그리고 어떨 땐 그런 이야기가 저절로 튀어나오곤 한다는 것도."

"몰라요."

나는 빈백 의자에 기대앉았다. 엘로이즈는 거의 태아 같은 자세를 취하고 있었다. 앞으로 모은 두 팔로 무릎을 접어 올려서 끌어안고, 마주 움켜쥔 두 손을 입술에 붙이고 있었다. 나는 긴장을 누그러뜨리려고 심호흡을 한 다음 우리 사이에 흐르는 침묵에 몸을 맡겼다.

1분이 지나고 2분이 흐르자 나는 그만 맥을 놓치고 말았다.

가을

그래서 묵묵히 기다리면서 귀를 기울였다. 먼저 엘로이즈가 얼마나 걱정하고 있는지 관찰하려고 그 애의 숨소리에 귀를 기울였다. 하지만 잘 들리지 않았다. 그래서 대신 멀리 떨어진 곳에서 저마다의 용무로 바쁜 사람들이 오가면서 내는, 넓은 공간의 약간 소란스러운 침묵에 귀를 기울였다.

"올리비아었어요." 엘로이즈가 마침내 낮게 내뱉었다.

"그리고?"

"올리비아가 맹장염에 걸렸어요." 그 애가 말했다.

"그러니까 이건 올리비아의 한 주에 관한 기록이네?"

엘로이즈가 고개를 주억거렸다.

"올리비아가 전에도 한 번 맹장염에 걸린 적이 있는 걸로 기억해."

목소리에 그 어떤 비난조도 담지 않게 조심하면서 내가 아주 나직이 말했다.

"이번에는 맹장염 아니었어요."

"그렇구나."

"걘 그냥 너무 아팠어요."

"그러고 보니 올리비아 소식이 한동안 뜸했네." 내가 말했다.

"이제 좀 나아졌어요. 아직 몸이 안 좋긴 한데 괜찮아질 거예요." 엘로이즈는 일기 이야기를 시작한 이래 처음으로 나와 눈을 맞추었다. 그리고 계속하지 말아달라고 사정하는 듯한 표정을 지어 보였다.

"괜찮아, 엘로이즈. 난 이런 일이 일어났다는 거 개의치 않아. 그런데 이 이야기 좀만 더 해볼 수 있을까?"

엘로이즈가 울먹였다.

"올리비아 이야기를 하면 속상해?"

엘로이즈는 고개를 가로저었지만, 눈에는 계속 눈물이 어려 있었다.

"올리비아를 어떻게 경험하는지 말해줄 수 있어?"

"그게 무슨 말이에요?" 그 애가 물었다.

"일기장에 이 글을 쓸 때, 올리비아를 머릿속으로 상상한 다음 네가 생각할 때 올리비아가 할 만한 일들을 쓰는 거야? 아니면 너 자신이 올리비아이고 그 애가 글을 쓰고 있다고 느껴?"

"잘 모르겠어요."

"애야. 괜찮아. 선생님은 화 안 나. 이런 일은 있을 수 있어. 근데 이미 일어난 일이니까 한번 생각해보자는 거야. 올리비아가 누군지 궁금하거든. 진짜로 알고 싶어."

"선생님은 제가 미쳤다고 생각하죠?"

"그럴 리가, 그렇지 않아." 내가 말했다. "올리비아 같은 누군가가 있다는 게 어떤 건지 이해해. 펜어가르스로 가는 차 안에서 상상 속의 인물들 이야기 나눴던 거 기억해? 나도 네 나이였을 때 머릿속에 상상의 세계를 품고 있었다고 말했었잖아. 그리고 맞아, 그것 때문에 어떤 사람들은 내가 미쳤다고 생각했다는 사실도 기억난다. 심지어 나한테 대놓고 미쳤냐고 말한 사람도 있었어. 하지만 지금 난 여기서 완전 멀쩡하게 잘 지내고 있잖아, 그치? 그건 미친 게 아니야. 창의적인 거지. 약간 과할 수는 있지만 어쨌든 창의적인 거야. 그게 나한테는 그런 의미였어. 난 창의적이었는데, 내 창의성을 어떻게 다뤄야 할지

가을

몰랐어. 창의성이 흘러넘쳐서 온 사방으로 퍼져갔거든. 그래서 그걸 제어하는 방법을 배우는 데 시간이 좀 걸렸어. 그건 너도 마찬가지야."

엘로이즈는 고개를 숙인 채 눈가에 흐르는 눈물을 닦았다.

"내가 옛날에 어떤 일까지 했는지 말해줄까?" 내가 말했다. "한 열일곱 살쯤인가, 연필을 주문하면 이름을 새겨주는 곳을 알게 됐어. 그래서 돈을 있는 대로 긁어모아 내 상상의 세계에서 살아가는 사람들 이름이 새겨진 연필들을 주문했어. 형체가 있는 어떤 것, 내가 만질 수 있고 눈으로 볼 수 있는 물건을 원했거든. 난 그 연필들을 쓸 때마다 기분이 날아갈 것 같았어. 연필에 이름을 새기고 나니까 마치 그 사람들의 무언가를 만지는 듯한 느낌이 들었거든. 그러고 나니까 그냥 내 상상 속에만 있는 인물일 때보다 한결 가깝게 느껴졌어. 그런데 무슨 일이 일어난 줄 알아? 우리 엄마가 그 연필들을 발견하신 거야. 엄마는 그게 뭔지 내 입으로 설명하게 하려고 애썼는데 내가 계속 고집을 피우니까 연필을 몽땅 빼앗아 갔어. 그리고 그런 일을 하다니 뭔가 문제가 있다고 했어."

엘로이즈가 고개를 들어서 날 바라보았다. "그래서 어떻게 됐어요? 연필들 돌려받았어요?"

"아니. 엄마가 끝까지 가지고 있었지. 내 행동이 약간 미친 짓이라 생각했고, 그걸 부추기고 싶지 않았을 테니까. 엄마가 연필을 어떻게 처분했는지는 나도 몰라."

"말도 안 돼."

"나도 그렇게 생각했어. 뭐, 지금도 여전히 그렇다고 생각해. 이제는 내가 한 일이 상상 속의 인물을 좀 더 현실적으로 만들기 위해 애쓴 결과였다는 걸 더 잘 이해하고 있고, 거기에 뭔가 잘못이 있다고 생각하진 않거든. 그렇지만 엄만 그걸 두려워했어. 엄마의 사고방식이랑 달랐으니까."

엘로이즈는 진심 어린 표정으로 고개를 끄덕거렸다.

"그래서 난 여기서 벌어진 일도 그런 일일지 모른다고 생각해. 올리비아의 관점에서 일기를 씀으로써 올리비아를 좀 더 현실적으로 만들려고 애쓴 거라고 말이야."

"글쎄요."

"예전에 사람들이 올리비아 때문에 너한테 화낸 적 있었어?"

"네."

"내가 보기엔 지금 너한테 일어나는 일들이 올리비아랑 상당히 깊게 관련되어 있는 것 같아. 우리가 만나온 지난 몇 개월 동안 올리비아 얘기가 꽤 여러 차례 나왔지만 우린 계속 그 애를 무시해왔어. 그러니까 오늘은 올리비아에 대해 본격적으로 이야기를 나눠보자. 이번엔 일기를 올리비아가 썼지? 그래서 난 그걸 올리비아가 오늘 여기에 오고 싶어 했다는 의미로 받아들여."

"아니에요!" 엘로이즈가 놀란 듯 말했다. "그냥 장난이에요."

"쉽게 시작해보자. 나한테 올리비아에 대해 묘사해봐."

"그런 얘기 안 하고 싶어요."

"나한테 올리비아 머리카락이 갈색이라고 했던 거 기억해. 길이는 어느 정도야?"

엘로이즈가 금방이라도 다시 울음을 터뜨릴 것 같아서 나는

가을

미소를 지어 보였다. 그리고 몸을 앞으로 숙여서 그 애의 무릎을 달래듯이 쓰다듬었다. "이런 이야기 나눠도 정말 괜찮아. 난 네가 미쳤다고 생각 안 해. 나쁘다고도, 뭔가 잘못되었다고도 생각하지 않아. 괜찮아."

한참을 머뭇거리던 엘로이즈가 입을 열었다. "그 애 머리는 한 여기까지 와요." 엘로이즈가 손으로 자신의 어깨 부근을 가리켰다. "완전 생머리고요. 비단같이 매끄럽고 갈색이에요. 눈은 밤색이고 피부는 약간 밝은 갈색이에요. 선탠이 완전 잘된 것처럼요. 근데 걔는 타고난 거죠. 그래서 따로 태닝할 필요가 없어요."

"올리비아는 몇 살이야?"

"스물여섯 살."

"그럼 어른이네?"

엘로이즈가 고개를 끄덕였다.

"헤드웬 파월처럼 생겼어?"

"그렇지만 제 올리비아는 헤드웬이 아니에요." 엘로이즈가 냉큼 대답했다. "헤드웬이랑 닮긴 했어요. 올리비아가 어떻게 생겼는지 선생님이 알 수 있게 그렇게 말해본 거예요. 저 아무 얘기나 지어내는 게 아니에요. 그건 슈퍼히어로로 흉내 내는 어린애들 짓이고요. 전 그런 애들이랑 달라요. 올리비아는 헤드웬 파월이 아니고 그냥 올리비아예요. 전 안 미쳤어요. 제가 미친 소리 하는 것처럼 만들지 좀 마세요."

엘로이즈가 점점 더 불안해서 접근법을 바꾸었다. "'올리비아를 상상해봐'라고 하면, 지금 머릿속에서 바로 그려볼 수 있어?"

엘로이즈가 고개를 끄덕였다.

"'수 푸 선생님을 상상해봐'라고 하면 머릿속에서 그분을 분명하게 떠올릴 수 있어?"

"네."

"'수 푸 선생님이 커피를 한잔 마시는 모습을 상상해봐'라고 하면 그대로 그려볼 수 있어?"

"네."

"올리비아도 마찬가지야? 그 애가 커피를 마시는 모습도 선명하게 떠올릴 수 있어?"

"올리비아는 커피 입에도 안 대요."

나는 씩 웃었다. "좋아. 그럼 올리비아가 커피 한잔을 마시고 인상 쓰면서 '우엑, 맛이 형편없네!'라고 말하는 모습도 그려져?"

엘로이즈는 얼결에 웃음 지었고, 그 덕분에 남아 있던 긴장감이 마저 사라졌다. "네, 얼마든지요."

"그게 평소에 올리비아를 그려보는 방식인 거야? 올리비아가 뭔가 하는 걸 네 관점에서 바라보는 거."

"그렇게 말고 어떻게 봐요?"

"올리비아 안에 들어가서 올리비아의 관점에서 세상을 볼 수도 있지."

엘로이즈는 내 말을 듣고 잠시 말없이 생각에 잠겼다. 집중하느라 미간을 찡그리고 있다가 그 애가 입을 열었다. "이런 거 생각해본 적 한 번도 없어요. 제가 뭘 생각하는지에 대해 생각

가을

한다니 뭔가 이상해요. 어쨌든 전 올리비아가 제 앞에 있는 것처럼 걔를 보거든요."

"처음 올리비아를 보았다고 기억하는 게 언제야?"

엘로이즈는 손톱을 잘근잘근 씹으면서 생각에 잠겼다. "오래전이에요. 정확히는 기억 안 나요."

"아빠랑 할머니하고 살 때도 올리비아가 있었어?"

엘로이즈가 고개를 끄덕거렸다.

"그전에는 어땠어? 엄마하고 대런이랑 함께 살 때도 너한테 올리비아가 있었어?"

"네…" 엘로이즈는 한참 동안 침묵을 지키다가 드디어 입을 열었다. "아주 어렸을 땐 유니콘에 대해 상상했어요. 제가 유니콘이 살아가는 벌판에 서 있고, 무지개 너머로 유니콘을 타고 가는 장면을 종종 생각했어요. 그때는 올리비아가 나타나기 전이었고… 진짜 어렸어요. 아마 다섯 살쯤? 뒷계단에서 빗자루를 꺼내서 타고 다니곤 했는데… 그때 올리비아는 없었어요. 유니콘 상상은 '마이 리틀 포니'* 때문에 했었어요."

"올리비아에 대해 상상했다는 걸 처음으로 기억하는 때가 언제야?"

엘로이즈는 다시 몇 분 동안 입을 다물었고, 자기 내면을 들여다보는 듯한 표정을 지었다. "전 혼자였어요. 엄마랑 살 수 없게 되고 나서, 그러니까 한 여덟 살 아님 아홉 살쯤부터였던 것 같아요. 그때 올리비아가 있었어요. 걔가 입은 옷이 기억나

---

* 미국 완구회사 해즈브로에서 만드는 조랑말 캐릭터 브랜드.

요. 소매를 접어 올린 남색 셔츠였어요. 갈색 가죽 조끼도요. 걔가 무슨 말을 하고 어떤 행동을 했는지는 기억 안 나요. 그냥 있었어요."

오랫동안 말이 끊겼다. 엘로이즈가 날 바라보았다. "이제 올리비아 이야기 그만해야겠어요. 말하니까 좀 불편해요."

"그래."

"일기는 죄송해요. 이상하게 굴려던 건 아니고 그냥… 그러니까, 선생님 말처럼 감정을 불러일으킨 사건을 적으려고 했어요. 그게 저한테 일어나는 일이었거든요. 머릿속이 온통 올리비아로 가득 찼었어요."

가을

해리성 장애

다른 남자가 강제로 엘로이즈의 얼굴에서
손을 떼어낸 다음 몸 옆에 꼼짝 못 하게
붙여놓았다. 그리고 남자들이 양옆에서
——— 엘로이즈를 꽉 붙잡고 어디론가 끌고 갔다.

멜레리와 나는 어느 뒷골목의 작은 선술집에서 점심 식사 약속
을 했다. 그곳은 다른 뒷골목들 말고는 딱히 어느 곳과도 이어
지지 않았다. 미식가들이 찾는 맛집인 양 한껏 허세를 부렸지
만 너무 외져서 현지인 말고는 누구도 찾아오기 힘든 곳이었다.

가을이 한창이었다. 웨일스에서 한가을에 누릴 수 있는 비
길 데 없이 쾌청한 날들 가운데 하루였다. 황금빛 잎사귀 너머
의 하늘이 거의 에나멜을 칠한 것처럼 구름 한 점 없이 선명한
푸른 빛이었다. 이토록 좋은 날 실내에 머문다는 게 아쉬웠지
만 술집에 실외 좌석이 없어서 멜레리와 나는 하는 수 없이 창
가에 놓인 작은 탁자에 앉기로 했다.

올리비아에 관한 대화를 어떻게 해석해야 좋을지 확신이 서

지 않은 상태로 대화가 끝났기에 멜레리의 조언을 듣고 싶었다. 엘로이즈는 상상력이 꽤나 풍부한 아이였고, 그 상상력이 나날의 삶에 스며들어갔을 확률이 높은 것처럼 보였다. 내가 엘로이즈 또래일 무렵 그랬던 것처럼 말이다. 하지만 나는 엘로이즈가 가진 트라우마에 대해 모르지 않았고, 그래서 그보다 심각한 가능성도 배제할 수 없다고 판단했다. 그 가운데 하나가 해리성 장애였다.

해리성 장애는 한 개인이 지금 그리고 여기와의 관련성을 놓칠 때 생겨난다. 해리 자체는 우리가 자신의 일부를 현재로부터 분리하도록 허락하는 완전히 정상적인 정신적 현상으로, 우리 모두가 하루에도 여러 차례 겪는 일이다. 몽상에 빠지거나 생각에 잠기는 것은 둘 다 정상적인 해리의 예이다. 이를테면 우리는 운전할 때 어떤 일이나 사람에 대해, 아니면 저녁으로 뭘 먹을지에 대해 깊은 생각에 잠긴 나머지 도로 진출로를 그냥 지나치곤 한다. 몸은 물리적으로 차 안에 있지만 생각은 완전히 딴 데 가 있어서, 출구를 놓친 사실을 알아차리지도 못한다. 이런 식의 정상적 해리에서는 필요한 순간이 되면 즉시 자기 자신으로 돌아온다. 따라서 설사 생각에 잠겨 있었다고 해도 아이가 느닷없이 도로에 뛰어들면 즉각 현실로 돌아와서 제때 브레이크를 밟을 수 있다. 또한 해리는 스트레스와 고통으로부터 스스로를 보호하고, 속상한 기억을 떨쳐버리고, 위험한 상황에서 살아남는 데 쓰이기도 한다. 적당한 정도의 해리는 우리가 어려운 경험에 압도당하지 않고 대처하도록 돕는다는 점에서 유용한 대응 기제가 될 수 있다. 하지만 더 이상 스스로의 선택을 통해 현재로 돌아올 수 없게 되면 병리적 상태에 접어들게 되는데, 이를 해리성 장애라고 부른다.

과거에는 다중인격장애라 알려졌고, 이제는 해리성정체장애라 불리는 고전적인 해리성 장애는 한 개인이 명확히 구분되는 복수의 해리된 정체성들, 즉 '인격들'을 개발하는 경우를 지칭한다. 부지불식간에 생겨나고, 서로 다른 나이대와 성별로 지각되기도 하고, 저마다 각자의 문제를 지니는 존재들 말이다.

해리성 장애는 트라우마를 낳은 어린 시절의 경험, 특히 오랫동안 지속되었거나 광범위하게 벌어졌던 학대와 강한 연관성을 띤다. 아동은 견디지 못할 만큼 괴로운 상황 속에서 살아남는 방편으로 해리를 써먹는다. 엘로이즈가 어린 시절 어떤 수난을 겪었는지 아는 나로서는 올리비아가 그저 과한 창의성의 산물이라기보다 제2의 인격일지도 모른다고 생각하게 되었다. 그래서 멜레리의 의견을 듣고 싶었다.

멜레리는 내가 엘로이즈와 주고받은 대화에 대해 들려주자 흥미를 내비쳤다. 멜레리는 엘로이즈가 자기에게는 올리비아를 한 번도 언급한 적이 없었다고 말했는데, 곧바로 잠시 멈추더니 본인의 말을 바로잡았다. 사실 엘로이즈가 올리비아에 대해 언급하는 걸 들은 적 있었지만 당시 대화의 맥락에서는 영뜬금없는 이야기였다. 엘로이즈가 헤드웬에게 집착을 드러내던 초기에 있었던 일인데, 멜레리는 파월네와 관련해서 무슨 일이 벌어지는지 이해하는 데 온통 신경을 집중한 나머지 올리비아에 대한 언급은 그냥 흘려버리고 말았다.

나는 엘로이즈와 처음 관계를 맺기 시작했을 때는 그 애가 올리비아와 헤드웬을 혼동하는 것처럼 보였다고 말했다. 엘로이즈가 종종 헤드웬과 올리비아의 이름을 뒤죽박죽 사용할 때가 분명 있었지만, 이제 엘로이즈는 그건 사실이 아니라고 딱잘라 말하고 있었다.

"선생님 말씀으로 미루어볼 때, 다중인격이라곤 생각되지 않아요." 멜레리가 말했다. "왜냐하면 지금 문제가 되는 건 헤드웬과 올리비아잖아요. 엘로이즈와 올리비아가 아니죠. 안 그래요? 엘로이즈가 올리비아로 변하고 있지는 않잖아요." 그 말 끝에 멜레리가 갑자기 화들짝 놀란 표정으로 나를 바라보았다. "혹시 그런 걸까요? 엘로이즈가 올리비아로 '변하고 있는' 모습을 우리가 보지 않았을까요? '변하고 있는', 이게 맞는 표현인가요? 누군가 이전에 그 애가 올리비아로 변하는 것을 보지 않았을까요?"

"이번에 일기 쓰기 활동에서 그런 일이 일어난 건지도 몰라요." 내가 말했다. "그 순간에 그 애는 분명 올리비아였어요. 그리고 그건 엘로이즈로서도 어쩔 수 없었어요. 그 애는 올리비아로서 답해야 했어요."

"다중인격이라는 게 진짜 있기는 한가요?" 멜레리가 물었다. "전 다중인격이 사탄 숭배 같은 것들과 함께 1990년대에 지나간 걸로 생각했어요."

이 말을 시작으로 해리성 장애와 관련해서 별 상관도 없는 대화가 밑도 끝도 없이 이어졌다. 실제로 해리성 장애는 길지 않은 기간 동안 유행하는 진단이었고, 늘 선정적인 서적과 영화를 뒷받침하는 비옥한 토양이었다. 이는 당시 해리성 장애 때문에 실제로 고통받는 이들에게 복잡한 문제를 불러일으켰다. 그 진단에 반대하는 움직임이 시작되자 전문가들이 해리성 장애를 있는 그대로 진단하길 꺼리게 되었을 뿐만 아니라, 진짜 해리성 장애는 영화와 달리 함께 살아가기에 즐겁지도 멋지지도 않았기 때문이다.

대화가 잠시 끊겼다.

그 술집이 자랑하는 것 가운데 하나는 신선한 재료로 갓 조리한 음식을 제공한다는 거였는데, 이는 '우린 느려 터졌답니다'의 다른 표현인 듯싶었다. 한 시간가량 머무는 동안 탁자에 도착한 거라곤 음료수가 고작이었으니 말이다. 멜레리는 화장실에 다녀오겠노라며 잠시 자리를 비웠다.

탁자 옆의 작은 창문을 통해 밖을 내다보았다. 드넓은 황무지 경관이 낡은 유리창 탓에 희뿌옇게 보였다. 대단히 궁벽한 곳이었다.

창밖을 바라보며 멜레리가 돌아오길 기다리는 동안, 나는 방금 전에 나눈 대화를 곱씹어보았다. 올리비아에 관해 멜레리에게 털어놓고, 올리비아의 존재가 진짜 질병의 징후일지 모른다는 가능성을 제기한 게 엘로이즈를 물먹인 것 같아 은근한 죄책감이 들었다. 나 역시 십대로서 그런 경험을 해본 적이 있었다. 내가 실제로 살아가고 있는 세계보다 약간 더 마법적이고 아마도 약간 더 통제 가능한 세계를 열망했던 것이다. 나는 과도한 상상에 대해 빠짐없이 자백해야 하는 수치스러운 상황도 겪었다. '이상하다', '머리가 돌았다'는 이야기와 정신병에 걸렸다는 섣부른 추측에 시달리기도 했다. 입장이 바뀌고 보니 그런 행동이 더없이 불안정하게 여겨졌는데, 나로서는 그 사실이 놀라웠다. 확실히 이상한 행동이었다. 나는 멜레리를 비롯해 엘로이즈의 복지에 책임이 있는 여러 사람에게 경고하는 것 이외에는, 특히 엘로이즈가 어릴 때 겪은 일들의 심각성에 비춰볼 때는 더 심각한 일들이 벌어지고 있을지도 모른다고 알리는 것 이외에는 뾰족한 대안을 찾지 못했다. 하지만 그런 일은 여전히 엘로이즈의 신뢰에 대한 배신처럼 느껴졌다.

멜레리가 돌아왔을 때 그 문제에 대해 이야기했다. 물론 멜레리는 내가 고민을 솔직하게 털어놓는 게 올바른 일이라고 보았다. 그리고 만약 해리성 장애가 있는 것으로 판명되면 엘로이즈를 어떻게 지원할 수 있을지로 대화를 이끌었다. 치료는 엘로이즈가 진즉부터 받아온 내용과 대동소이할 터였다. 카이네위이드에서의 그룹치료 프로그램, 인지행동치료, 이완 운동 그리고 아마 약물치료 의뢰 같은 것 말이다.

엘로이즈의 상황에 대해 멜레리와 좀 더 이야기를 나누었다. 그런 다음 멜레리는 담당 아동 중 내가 함께 맡은 아이에 관해 이것저것 물어보았다. 그런 뒤에도 별 관련 없는 이런저런 대화를 얼마간 이어갔다. 그제야 주문한 음식이 나왔다.

엘로이즈는 자주색 일기장을 무릎 위에 반듯이 올려놓고 있었다. 내가 넓은 방을 가로질러 빈백 의자 구역으로 다가가자 그 애가 내게 미소를 지어 보이며 손을 흔들었다. 우리가 펜어가르스를 오가던 때 이래로 엘로이즈가 그토록 유쾌하게 나를 맞아들인 건 처음이었다.

가을

"마실 차 타 왔어요. 보세요." 내가 가방을 내려놓았을 때 엘로이즈가 말했다. 우리의 빈백 의자 옆에 각각 머그잔이 놓여 있었다.

"대단한데? 내가 도착하기도 전에 날 위해 이렇게 모든 걸 준비했다니 정말 감동이야."

"이것도 챙겨 왔어요." 그 애가 일기장을 꺼내놓았다.

내가 빈백 의자에 자리를 잡고 준비하기까지 몇 분이 걸렸다. 나는 펜과 공책을 꺼냈고, 차를 한 모금 마시기 위해 잠시 동안 아무 말도 하지 않았다. 엘로이즈는 이제 일기장을 한쪽 무릎 위에 위태롭게 올려놓았다.

나는 손을 뻗어 일기장을 집어 든 다음 이번 주의 내용이 나올 때까지 페이지를 넘겼다.

첫째 날

사건: 아침 식사를 하러 가다.

감정: 화가 났다. 당연히 나한테 공감해줘야 하는데 아무도 안 그랬기 때문에.

어떻게 반응했는가?: 심술을 부렸다.

계획에 따른 일인가? 아니면 그냥 일어난 일인가?: 저절로 일어난 반응이다. 왜냐하면 사람들이 나를 막 대하기 때문이다.

그 결과가 어땠나?: 그 사람들을 그냥 내버려두었다.

나는 엘로이즈를 바라보았다. "잘했어! 정확히 이게 우리가 하려고 애썼던 일이야. 무슨 일이 일어났던 건지 조금만 더 자세히 살펴보기로 하자. 그래야 상황이 어떻게 아귀가 맞는지 알 수 있을 테니까. 이건 지난 수요일에 일어난 일이고, 넌 화가 머리끝까지 치밀었어. 이 일에 대해 좀 더 자세히 풀어서 말해 줄래?"

"아, 이거 제 얘기 아니에요." 너무 기본적인 실수를 저질렀다고 나를 나무라는 듯한 투로 엘로이즈가 말했다. "이번 주 일기를 올리비아가 썼거든요. 근데 무슨 일이 있었는지 제가 알려드릴 수는 있어요. 올리비아가 수요일에 일어났을 때 몸이 심하게 아팠어요. 독한 감기에 걸렸는데 어쨌든 일어났어요. 아침을 먹으러 갔죠. 그런데 걔가 막 죽을 받으려고 할 때 큰 재채기가 나온 거예요. 그건 걔 잘못은 아니죠. 감기 걸렸을 때 재채기가 나오는 게 잘못은 아니잖아요. 근데 다들, 막 이런 거예요. '우웩, 음식에서 떨어져! 내 죽에 네 콧물 다 튀겠다!' 그게 올리비아를 짜증 나게 만들었어요. 가뜩이나 몸도 아픈데 다들 무례하게 굴었으니까요."

나는 잠시 멈추었다.

엘로이즈도 멈칫하곤 날 바라보았다. 그 애의 얼굴이 순식간에 천진난만한 열의에서 경계심을 품은 표정으로 달라졌다. "이렇게 하는 거 아니라고 야단치려고 그러죠, 네?" 엘로이즈가 말했다. 금방이라도 울음을 터뜨릴 것 같은 어조였다.

"이미 답을 알고 있는 것 같은데. 이건 올리비아의 일기가 아니지 않아? 네 일기지."

"전 선생님이 지난번에 이런 식으로 일기 써도 된다고 한 건 줄 알았어요." 엘로이즈가 기분 상한 말투로 대답했다. "선생님

가을

이 몇 번씩 강조했던 '난 널 이해해'라는 빈말을 제가 잘못 이해한 거죠."

나는 그 애를 바라보았다.

엘로이즈는 고개를 떨구고 작게 코를 훌쩍거렸다. 손으로 코를 문지르면서 머리는 가슴에 닿을 정도로 갈수록 더 깊이 숙였다.

"너한텐 너 자신으로 일기 쓰는 일이 많이 버겁구나. 그치?" 내가 부드럽게 물었다.

"저에 대해서 일기 쓰는 게 너무 싫어요." 엘로이즈가 대답했다.

"왜 그런 거야?"

"저 자신이 싫으니까요. 저에 대해 생각하는 거 싫어요. 제 머릿속에 갇혀 있는 게 싫어요."

"올리비아가 되는 게 더 편하다는 거지?"

"올리비아가 '되는' 거 아니에요. 그렇게 말하지 좀 말아주실래요? 전 뭐뭐 하는 척하는 여섯 살짜리가 아니거든요. 선생님도 자기 입으로 내면에 누가 살았다고 말했었잖아요. 그래서 전 선생님이 그 정도로 바보는 아닐 거라 믿었는데…."

"그런 식으로 말해서 미안해." 내가 서둘러 수습했다.

"올리비아와 '함께' 있으면 더 편해요. 그땐 자살은 안 하고 싶어요. 근데 그게 아닐 때는, 콱 뒈져버리고 싶다고요."

"네가 그렇게 불행하게 느낀다니 정말 안됐다."

"그 말 좀 그만하실래요? 제가 무슨 말만 하면 안됐다고 좀 하지 마요."

나는 입을 다물었다.

"난 내가 싫어요!" 엘로이즈가 느닷없이 고개를 뒤로 젖히면서 고통스럽게 울부짖으며 두 손으로 힘껏 얼굴을 감쌌다. "난 내가 싫어요! 이 말이 이해가 안 돼요? 나 자신이 너무 너무 너무 너무 싫어요. 도저히 못 참겠어요! 못 참겠다고요!" 엘로이즈가 자기 살을 쥐어뜯었다. 몇 초 만에 직원들이 달려와서 우리 주변을 에워싼 다음 엘로이즈를 붙잡고 제지했다. 남성 두 명과 여성 한 명이었다. "진정해. 진정해. 진정하라니까!" 여자 직원이 이렇게 말했는데, 이 말이 엘로이즈를 더욱더 극심한 고통으로 몰아넣었다.

"도움이 필요하니? 약 먹을래?" 한 남자 직원이 말했다.

엘로이즈는 종잡을 수 없는 소리를 뇌까리면서 악을 썼다.

다른 남자가 강제로 엘로이즈의 얼굴에서 손을 떼어낸 다음 몸 옆에 꼼짝 못 하게 붙여놓았다. 그리고 남자들이 양옆에서 엘로이즈를 꽉 붙잡고 어디론가 끌고 갔다.

나는 갑작스럽게 펼쳐진 상황에 놀라움을 금치 못했다. 너무나 순식간에 벌어진 이 모든 일에 심한 충격을 받았고, 심장이 마구 방망이질을 쳤다.

엘로이즈가 괴로운 감정으로부터 안전하게 회복되도록 그 애를 격리실로 데려간 거였다. 하지만 내가 거기 남아 있다는 사실은 누구도 신경 쓰지 않는 눈치였다. 빈백 의자에 도로 등을 기대고 앉아서 생각을 추슬러보았다. 그런데도 누구 하나 내게 다가오지 않자 마침내 일어나서 사무실 쪽으로 다가가 내가 어떻게 하면 가장 좋겠는지 알아보았다.

가을

책상에 앉은 직원 말에 따르면, 엘로이즈에게는 진정제 디아제팜이 투여되었으며 완전히 진정되었는지 확인하기 위해 안전한 방에서 30분 동안 머물러야 했다.

"그 후에 제가 아이를 봐도 될까요?" 내가 물었다.

"그때까지도 비몽사몽일 텐데요."

상관없었다. 이 상태로 그냥 떠날 수는 없었으니까. 그래서 엘로이즈가 풀려날 때까지 계속 빈백 의자 구역에서 기다려도 괜찮겠냐고 물었다.

"편하신 대로 하세요." 직원이 사무적으로 대답했다.

감정 카드

"그 일에 대해서 말을 올려야 한다면, 전, 음,
제가 가진 말을 전부 '무섭다'에 올릴래요.
지금까지 저한테 일어났던 일 중에 그보다
——— 무서운 일은 없었거든요."

이언이 내 쪽으로 다가왔다. "엘로이즈가 점심을 먹을 시간이
에요." 그가 말했다. "그런데 식당에는 가고 싶어 하지 않아서
조용한 특별실에서 점심을 먹게 하려고요. 엘로이즈와 함께 있
고 싶으면 거기로 가셔도 됩니다."

　나는 그를 따라서 어둑어둑하고 좁은 복도를 따라 작은 방
들이 늘어선 곳으로 갔다. 그 가운데 하나가 격리실이었고, 작
은 유리창 사이로 벽에 패드가 붙어 있는 것이 보였다. 그 옆으
로는 그보다 작은 방 두 개가 있었는데, 둘 다 분홍색으로 칠해
져 있었다. 한쪽에는 빈백 의자들이 놓이고 러그가 깔려 있었
다. 나머지 하나는 작은 부엌 같았는데, 싱크대, 일인용 찬장,
냉장고 그리고 의자 두 개와 탁자가 비치되어 있었다. 바로 이

가을

곳에 엘로이즈가 앉아 있었다. 탁자에 앉은 그 아이 앞에 식판이 놓여 있었다. 나를 본 엘로이즈가 놀란 표정을 지었다.

"인사도 안 하고 돌아가고 싶진 않았어. 기분은 좀 어때?" 나는 이렇게 물으면서 그 애의 맞은편 의자를 꺼내 앉았다.

엘로이즈가 숨을 길게 내쉬었다. "피곤해요."

"왜 안 그렇겠어. 격한 감정은 진을 빼놓지."

그 애가 고개를 끄덕였다.

잠시 침묵이 흐른 뒤, 엘로이즈가 식판을 탁자 반대편 쪽으로 확 밀어냈다.

"배 안 고파?" 내가 물었다.

엘로이즈가 고개를 가로저었다.

"토마토 들어간 참치 샌드위치네. 반만 먹어도 힘이 좀 날 거야. 맛있어 보이는데?"

"선생님 드세요." 그 애가 말했다. 진심 어린 목소리였다.

"고맙지만 네가 먹는 게 좋을 것 같아."

"아뇨. 괜찮아요."

나는 미소를 지어 보였다. "그럼 그냥 거기 놔두자. 곧 먹고 싶어질지도 모르잖아."

잠시 침묵이 흘렀다.

엘로이즈를 보러 다시 왔지만 뭘 해야 할지 확신이 서지 않았다. 무엇보다 내가 그 애의 행동 때문에 화나지 않았다는 것, 그 애가 통제력을 잃을 때에도 세상 자체는 안전한 상태로 남아 있으며 나는 여전히 그 애와 함께 있는 게 편안하다는 것을 말해줌으로써 엘로이즈를 안심시키고 싶었다. 엘로이즈에게는 약물이 투여된 게 분명해 보였다. 평소의 엘로이즈답지 않은 고요함이 감돌았다.

나는 일기나 올리비아에 대한 이야기를 꺼내지 않도록 조심했다. 뭐가 엘로이즈를 그토록 느닷없이 자극했는지 여전히 분명하게 집어낼 수 없었으니까. 그래서 접근법을 바꿔보려 애썼다. 내가 물었다. "우리가 함께했던 일 중에 뭐가 제일 좋았어?"

엘로이즈는 잠시 생각에 잠겼다. 나는 그 애가 평소처럼 어깨를 으쓱할 거라고 기대했지만, 약물이 반응을 늦추는 것 같았다. 엘로이즈는 그냥 앉은 채로 몇 분 동안 생각했다.

"펜어가르스 다니던 거요." 엘로이즈가 마침내 대답했다.

"거기 가는 게 즐거웠다니 듣기 반갑다. 어떤 점이 제일 좋았어?"

"주로 드라이브요. 정말 아름다웠잖아요. 그리고 그때만큼은 선생님이 절 '고객'으로 대하지 않고 진짜 대화를 나눴으니까요. 선생님도 저처럼 머릿속에 한 사람을 지니고 있었다고 처음으로 말해주신 것도 그때였고요. 기분 좋았어요. 선생님이 그 말을 해줬을 때요. 그렇게 좋을 수가 없었어요."

"기쁘다. 나도 그 드라이브가 즐거웠어." 내가 말했다.

엘로이즈는 겸연쩍게 미소 지었다.

"그럼 제일 별로였던 일은 뭐야?"

"여기 있는 거요."

"그래. 그럴 줄 알았어. 하지만 우리 둘 사이에서 말야. 우리가 같이 했던 일 중에서 제일 별로였던 건 뭐야?"

엘로이즈가 그 질문에 대해 곰곰이 생각하더니 이윽고 말했

가을

다. "아이스테드바드 때 선생님이 저한테 화낸 거요. 제가 비디그 문 거 아니라고 했을 때 선생님이 제 말은 안 믿고 피온 말을 들었어요."

"너를 믿었어야 해?" 내가 물었다.

엘로이즈가 고개를 끄덕였다. "당연하죠. 제 말이 진실이었으니까요. 전 비디그 안 물었어요. 걔가 자기를 문 거예요. 걔는 그날 유달리 이상하게 굴었는데 화장실에서도 약간 미친 것처럼 굴더니 자기 팔을 물었어요. 피온이 왜 제가 그랬다고 했는지는 알다가도 모르겠어요. 근데 선생님은 피온 말을 믿었고요. 자동적으로 제가 거짓말하는 거라고 판단한 거죠."

놀라운 소식이었다. 아이들과 관련한 문제가 흔히 그렇듯 상당히 불분명한 사건이었지만, 나로서는 피온이 그렇게나 엄청난 거짓말을 할 거라고 의심할 만한 이유가 없었다. 이제 그 의심은 싹트기 시작했다.

"그게 사실이라면 미안해." 내가 말했다. "내가 기억하는 거랑은 다르지만 네 말이 사실이라면, 널 믿지 않아서 정말 미안하다."

"괜찮아요. 이겨냈어요, 이제."

"괜찮지 않아. 만약 네가 결백했다면, 난 그렇게 예단하지 말았어야 했어."

"아니에요. 괜찮아요."

다시 침묵이 흘렀다. 엘로이즈는 그 코딱지만 한 방을 둘러보더니 손을 뻗어서 샌드위치가 담긴 접시를 자기 쪽으로 다시 끌었다. 그리고 반쪽을 집어서 먹기 시작했다.

"좋은 생각이 있어." 내가 말하면서 가방을 열었다. 그리고 가방을 뒤져서 엘로이즈가 나를 처음 찾아온 날 심화그룹치료에서 하던 놀이치료 카드를 꺼냈다. 서로 다른 감정이 적힌, 뒷면이 끈끈한 재질로 만들어진 카드였다. 술래가 감정 카드를 이마에 붙이면 나머지가 그 단어를 몸으로 표현하고 술래가 그것을 맞히는 게임이었다. 그 카드를 탁자 위에 펼쳐놓았다.

엘로이즈가 눈썹을 치켜올렸다. "선생님하고 저하고 단둘인데 설마 그 게임 하려는 건 아니죠?" 어조가 무뚝뚝해서 빈정대는 것처럼 들렸지만, 나는 약이 그 애에게 영향을 미쳐서 내가 게임용 카드를 꺼낸 데 대해 엘로이즈가 진심으로 혼란스러워하는 지경에 이르렀다고 생각했다.

"이 게임을 다른 방식으로 해보고 싶어." 나는 다시 가방으로 손을 뻗어서 빨강 체커 말과 검정 체커 말이 담긴 상자를 꺼냈다. 그런 다음 그 말들을 탁자에 쏟아부었다.

카드에는 '신나다'와 '행복하다'에서 '역겹다'와 '화나다'에 이르는 열 개의 서로 다른 감정 상태가 목록화되어 있었다. 나는 탁자에 쏟아부은 체커 말을 검정과 빨강 더미로 분류했다. 그리고 빨강 체커 말 더미를 탁자 맞은편의 엘로이즈 쪽으로 밀었다.

"게임 방법은 이래. 서로에게 우리가 경험한 일에 대해 질문을 던져. 그러면 사건을 겪는 동안 느낀 모든 감정 위에 말을 올려놓는 식으로 대답하는 거야. 카드 위에 올려놓은 말의 숫자는 그때 느꼈던 감정의 강도를 나타내는 거지.

어떻게 하면 되는지 예를 들려줄게. 우리 농장을 수시로 드

가을

나드는 검은 고양이가 한 마리 있어. 길고양이지. 그 녀석은 우리 고양이의 먹이를 뺏어 먹고, 우리 고양이가 가장 즐겨 앉아 햇볕을 쬐는 장소에서 우리 고양이를 쫓아내기 일쑤야. 게다가 뒷문을 살짝 열어놓기라도 하면 집에 들어오려고 기를 쓰고, 들어와서는 사방에 오줌을 싸놓아. 우리 집엔 고양이가 이미 충분히 많아서 녀석을 집에 들이고 싶진 않아. 그래서 그 고양이에게 다른 좋은 집을 마련해주려고 노력했어. 다른 사람 집에서 살 수 있게 두어 번인가 데려다주었지. 그런데 그때마다 그 집에서 도망쳐 나와 우리 집으로 돌아왔어. 그런데 오늘 아침 출근길에 보니 그 고양이가 길에서 차에 치여 숨져 있었어."

나는 엘로이즈가 보기 쉽게 감정 목록이 적힌 카드를 반대로 돌려놓았다. "여기 체커 말을 사용해서 그 일로 내가 느낀 감정을 나타낼 거야. '슬프다'에 네 개를 놓을래. 그 고양이가 로드킬 당했다는 사실이 무척 슬프거든. 길에서 녀석의 시체를 보고 충격을 받았으니까 '충격적이다'에도 하나 놓을래. 녀석은 길고양이라서 늘 도로를 따라 이 농장 저 농장 전전하고 자동차 피하는 법도 잘 알아. 그래서 난 그 녀석이 자동차에 치일 거라곤 상상도 못 했어. 그리고 '혼란스럽다'에 두 개를 놓을 거야. 녀석은 나한테 성가신 존재였고 개가 없어지길 바랐지만, 이런 식으로는 아니었어. 죽길 바라진 않은 거지. 그래서 지금 그 녀석이 여전히 여기 살아 있었으면 하는데, 그게 날 혼란스럽게 만들어."

엘로이즈는 내 이야기를 귀담아들었다.

"자, 이게 우리가 하게 될 일의 예시야." 내가 말했다. "그럼 내가 첫 번째 질문을 할게. 넌 일기 쓰기에 대해 어떻게 느껴?"

엘로이즈는 몸을 앞으로 숙이더니 '혼란스럽다' 위에 체커 말을 네 개 쌓았다. 그리고 그게 끝이었다.

"흥미롭네. 혼란스러운 이유가 뭐야?"

"뭘 해야 할지 모르겠으니까요."

"너 이번 주에는 일기 정말 잘 썼어. 올리비아가 잘한 거라고 해야 하나? 아무튼, 넌 일기 쓰기를 분명하게 이해했어."

"올리비아가 이해한 거예요."

"그래, 아무튼." 내가 대답했다. 그 애의 감정을 무시하고 싶지 않았고, 아직은 올리비아를 다시 대화에 끌어들이길 원치 않았기 때문이다. "우리는 보통 어떤 상황에 대해 하나 이상의 감정을 가져. 내가 검은 고양이를 보고 그랬던 것처럼 말야. 슬픔과 충격과 혼란을 동시에 느꼈지. 넌 일기 쓰기에 대해 혼란스러움을 느꼈어. 그 외에 다른 감정은 없어?"

엘로이즈는 몇 분 동안 카드들을 주의 깊게 살펴보았다. 그리고 마침내 체커 말로 손을 뻗더니 '화나다' 위에 네 개를 쌓았다.

"좋았어. 고마워. 일기 쓰기의 어떤 부분 때문에 그렇게 화가 났는지 알려줄 수 있어?"

"도통 이해가 안 돼요."

"목록에 감정을 하나 추가해야 할 것 같아." 내가 말했다. "네 혼란과 화로부터 또 하나의 감정이 싹튼다는 걸 느낄 수 있으니까." 나는 공책에서 종이 한 조각을 길게 찢어 그 위에 '딥답하다'라고 적고 다른 카드들 사이에 두었다. "네가 느끼는 건 답답함이야, 그렇지 않아? 답답함은 우리가 원하는 어떤 걸 성

취할 수 없을 때 느끼는 짜증스러운 감정이야."

엘로이즈가 고개를 끄덕였다. 그런 다음 나를 바라보았다.

"이제 제 차례네요. 선생님은 일기에 대해 어떻게 느껴요?"

나는 씨익 웃으면서 체커 말을 한 움큼 집어 들었다. 앞으로 몸을 숙이고 목록을 자세히 들여다보았다. "'답답하다'에 여섯 개. 그런데 목록에 없는 감정이 하나 더 필요한 것 같아. 바로 '흥미롭다'야." 그 단어를 종잇조각에 적어 다른 것들 옆에 두었다. "왜냐하면 일기 쓰기에서 이렇다 할 진전을 보지 못한 게 답답하긴 했지만, 한편으로는 매주 일기 속에서 무슨 일이 벌어지는지 확인하는 게 흥미롭기도 했거든. 난 너랑 일기 쓰기 하는 게 좋아."

엘로이즈가 미소를 지어 보였다.

"다음 질문." 내가 말했다. "너 대신 올리비아가 일기를 쓰도록 하는 것에 어떤 감정을 느껴?"

"또 한 단어 빠트렸어요." 엘로이즈가 대답했다. "'좋아하다'."

"'좋아하다'가 감정인지는 긴가민가하네. '행복하다'는 어때?"

"'좋아하다'도 엄연히 감정이죠." 엘로이즈가 맞섰다. "'나는 뭔가를 좋아한다'하고 '나는 행복하다'는 다른 뜻이잖아요."

"감정은 느낌이야. '나는 내 감정을 억제하려고 노력했다', '나는 나의 답답함을 억제하려고 노력했다', '나는 나의 화를 억제하려고 노력했다', 이런 식으로 말할 수는 있지만 '나는 나의 좋아함을 억제하려고 노력했다'고 말하는 건 어딘가 어색하지." 내가 대꾸했다.

"그거 진짜 바보 같은 정의네요!" 엘로이즈가 소리 내어 웃었다. "그리고 전 좋아함도 제어할 수 있어요. 그러니까 종이 주세요. 그 단어도 추가해요."

나는 이런 반응이 반가웠다. 엘로이즈가 지금 하는 일의 요지를 이해했다는 뜻일 뿐 아니라 평소처럼 잘 참여하지 않으려는 저항을 멈추었다는 뜻이었기 때문이다. 엘로이즈는 나와의 시합을 다분히 즐기고 있었다.

엘로이즈는 '좋아하다'라고 쓴 종이를 다른 것들 옆에 둔 다음, 그 위에 체커 말을 다섯 개 올렸다.

"그러니까 넌 올리비아가 너 대신 일기 쓰는 게 그렇게 좋단 말이지?"

그 애가 고개를 끄덕였다. "그렇게 하면 안 지루해요. 아, 목록에 '지루하다'도 넣어요. 제가 적을게요."

"넌 네 머릿속에서 일어나는 일을 알아차리는 게 일기 쓰기의 핵심이라는 거 똑똑히 이해하고 있어. '네' 생각 말야." 엘로이즈가 '지루하다'라는 단어를 종잇조각에 적는 동안 말했다.

"글쎄요, 올리비아도 제 생각의 일부잖아요?" 그 애가 말했다. "선생님 말씀이 이거 아니에요?"

딱히 반박할 재간이 없었다.

그 애가 나를 올려다보았다. "제 머릿속은 진짜 지루해요. 만약 선생님이 '엘로이즈처럼 생각하면서 산다는 게 어떤 느낌인가'라고 질문하면 전 '지루하다' 위에 열 개, '슬프다' 위에 두 개, 그리고… '답답하다'에 여섯 개 놓을래요. 그러려면 선생님 말도 빌려야겠는데요. 제 말만으로는 부족해서요. 그런 다음 '화나다'에 다섯 개를 놓을 거고, 그리고… 또… 목록에 없는 단어가 몇 개 더 있는 것 같은데, 그게 뭔지는 잘 안 떠올라요."

"네 머릿속에서 꽤 많은 감정이 떠돌고 있는 것 같아, 그렇지?" 내가 조용히 말했다.

"넵." 퉁명스러운 답이 돌아왔다.

잠시 정적이 흘렀다.

엘로이즈는 편안하게 앉아서 뒤에 스티커가 붙은 감정 카드와 우리가 덧붙인 몇 개의 감정 종잇조각을 살펴보았다. "카드를 다시 만들면 더 그럴듯해 보일 것 같아요." 그 애가 말했다. "펜어가르스에서 썼던 그런 색종이가 있으면 좋겠어요, 자도요. 색종이랑 자가 있으면 이걸 제대로 된 게임으로 만들어볼 수 있을 텐데."

"아주 좋은 생각이네." 내가 말했다.

"그러니까, 이게 제대로 된 게임이 될 수 있잖아요. 혹시 모르죠. 우리가 이걸 만들어 팔면 엄청난 부자가 될지도!"

엘로이즈가 보여준 뜻밖의 기업가 정신에 활짝 웃었다.

엘로이즈가 다시 앞으로 몸을 숙였다. "그건 그렇고, 이제 제가 질문할 차례예요. 만약 제가 선생님한테 진짜 나쁜 얘기를 하면 기분이 어떨 것 같아요?"

"좀 더 구체적으로 질문해주면 안 될까?" 내가 말했다. "뭘 염두에 두고 묻는 거야?"

"음, 그러니까, 만약 선생님한테 제가 누구를 죽였다고 하면 어떤 기분이 들 것 같아요?"

"사람을 죽인 적이 있어?"

"그런 건 아니지만 만약에요. 만약에 그랬다면 말을 어떻게 놓을 거냐고요."

"무슨 상황인지 더 자세히 알아야 답할 수 있을 것 같은데? 예를 들어 만약 누가 먼저 널 죽이려고 해서 네가 그 사람을 죽인 거라면 네가 재미로 살인을 저지른 걸 알았을 때와는 느낌이 다르겠지. 우발적으로 누군가를 살해했다면 또 다르게 느낄 거야. 한 가지 대답만 하기에는 따질 게 너무 많은 질문이야."

"그럼 만약에 누가 어린애를 죽였다면 어때요? 그러니까, 고의는 아니었겠지만 어쩌면 고의일 수도 있어요. 그러면 어떤 기분일 것 같아요?"

나는 엘로이즈를 바라보았다. 그 애의 진지한 눈빛이 나와 마주쳤다.

나는 내 몫의 체커 말을 모두 다시 가져와서 한데 모았다.

"슬프지. '슬프다' 위에 여섯 개. 그리고 화가 나. 나머지 여섯 개는 모두 '화나다'에 올릴래. 단어 하나가 더 빠진 것 같아. '소름 끼치다'. 아, '충격적이다'도 있어야겠네. 여기다 말을 놓으려면 네 것도 좀 빌려 와야 할 것 같아." 고개를 들었다. "너라면 어디에 놓을래?"

엘로이즈는 내 체커 말을 옆으로 치웠다. 그리고 자기 말 가운데 하나를 들고 여러 감정 위를 맴돌다가 마침내 '슬프다' 위에 내려놓았다. 하지만 그때조차 말을 손에서 놓지는 않았다.

"사실 이 감정들 다 골고루 느끼는 것 같아요. 이게 다 한데 뒤섞여 있는 거예요. 나쁜 감정들 전부 다요."

"염두에 둔 그 아이는 누구야?"

"제 남동생이요."

가을

"넌 그 애가 살해됐다고 생각해?"

"토머스 선생님은 늘 제 기억이 틀렸대요. 제가 너무 어렸기 때문에 그 기억은 틀림없이 꿈이었거나 다른 기억이랑 헷갈리는 거라고요. 근데 그게 아니에요. 전 동생이 또렷하게 기억나요. 이름은 제이컵이고 갈색 곱슬머리였어요. 크리스마스 때였어요. 거실에 커다란 크리스마스트리가 놓여 있었고, 동생은 트리에 장식된 방울들을 들여다보고 있었어요. 그런데 걔가 그걸 계속 만지니까 엄마가 짜증을 냈어요. 그러다 깨겠다고요. 동생이 파란색 방울을 두 손으로 만졌어요. 분명히 기억해요. 작은 공처럼 생긴 그 방울을 걔가 어떻게 움켜쥐고 있었는지. 그리고 엄마가, 그때 엄마 남자친구는 폴이었는데 그 사람 말고 엄마가요, 머리빗을 동생한테 던졌어요. 방울에서 떨어지게 하려고요. 그런데 머리빗이 하필 동생 머리에 정통으로 맞았고, 그래서 걔가 뒤로 나자빠졌어요. 두 손으로 방울을 움켜쥔 채로요. 뒤로 넘어가면서도 방울을 쥐고 안 놓아서 트리가 그대로 걔를 덮쳤어요. 저도 거기 맞았고요. 나무가 휙 소리를 내면서 쓰러지는데 가지에 머리를 맞아서 아팠어요. 그래서 그 상황이 생생하게 기억나요. 제이컵은 난로 옆에 놓인 석탄통 모서리에 머리를 부딪쳤어요. 그리고 그 자리에서 죽었어요."

"세상에." 내가 탄식을 내뱉었다. "무슨 그런 끔찍한 일이…."

"가끔씩 그 일로 악몽도 꿔요. 그럼 항상 트리 장식 방울이 나와요. 어느 때는 그게 위에서 떨어지기도 하고, 또 어느 때는 쫓아오기도 해요. 아직까지도 비명을 지르면서 깨요."

엘로이즈는 감정 카드가 붙은 게임판을 좀 더 가까이 당겨서 살펴보았다. "그 일에 대해서 말을 올려야 한다면, 전, 음, 제가 가진 말을 전부 '무섭다'에 올릴래요. 지금까지 저한테 일어났던 일 중에 그보다 무서운 일은 없었거든요. 토머스 선생님은 잘못된 기억이라고, 제 동생이 그때 죽은 게 아니래요. 제가 여섯 살 때까지는 동생이 살아 있었다고요. 근데 전 안 믿어요. 그 상황이 너무 똑똑히 떠오르니까요. 전 여전히 동생이 두 손으로 파란 방울을 움켜쥐고 누워 있는 모습, 머리가 깨져서 석탄통이 피로 흥건해진 장면이 보이는 것 같아요. 그러니까 선생님 말을 빌려 와서 두 개는 '역겹다'에 놓을게요. 생각만 해도 구역질 나는 광경이었거든요. 그리고 선생님이 적어 넣은 '소름 끼치다'에 세 개 놓을 거예요. 그다음 '놀라다', 이 단어에 세 개요. 그게 제 감정이니까요. 그리고 나머지 말은 다 '혼란스럽다'에 올려놓을 거예요."

엘로이즈는 어려운 교과서를 읽는 것처럼 몸을 앞으로 구부리고 고개를 숙인 채 감정 카드 목록을 살펴보았다. 침묵이 우리 주위를 에워쌌다.

"네." 엘로이즈가 생각에 잠긴 어조로 말했다. "이 정도면 된 것 같아요." 그리고 나를 바라보았다. "이렇게 하면 되겠어요."

가을

파일에 적히지 않은 것

마침내 그 애가 동작을 멈추었다. 몇 개의 말이 게임판 바깥에 놓여 있고, '덫에 갇힌 듯하다' 위에 하나가, '길을 잃은 듯하다' 위에 하나가, 나머지는 전부 '슬프다'에 올라가 있었다.

그날 오후 늦게 멜레리를 만났다. 그날 엘로이즈와 보낸 시간, 그 애의 느닷없는 분노, 그 애가 격리실에 한동안 감금된 일 그리고 함께 체커 말을 가지고 즉흥적으로 해본 게임에 대해 쏟아냈다.

자선단체 자원봉사자 자격이었던 나는 내가 맡은 아이들의 사회복지 파일을 열람할 권한이 없고, 그래서 그동안 파일을 직접 본 적은 없었다. 그때까지는 멜레리와 수 푸가 간추려 전해주는 내용만을 참고해서 작업을 진행해왔다. 하지만 이제 정확한 세부사항을 직접 알아야 할 때가 왔다. 특히 엘로이즈의 남동생이 정확히 어떤 우여곡절을 겪었는지 알고 싶었다.

멜레리는 책상에 엘로이즈의 파일을 올려놓았다. 좀 더 정확히 말하자면 파일들이었다. 파일 하나로는 감당이 안 되는 양이었다. 엘로이즈의 자료 파일은 자그마치 15센티미터 두께였다. 단어 수와 쪽수를 어림하는 데 익숙한지라 그 자료가 족히 책 두 권 정도 분량임을 짐작할 수 있었다.

"선생님이 무슨 이야기 들었는지 알 것 같아요." 멜레리가 말했다. "엘로이즈가 크리스마스트리 방울 이야기를 선생님께 꺼냈다는 거잖아요, 그렇죠? 걔가 왜 그렇게 기억하게 됐는지 모르지만, 그건 사실이 아니에요."

엘로이즈의 파일 중 하나에 그 애의 남동생 이야기가 기록된 곳을 표시하는 인덱스가 끼워져 있었다. 멜레리가 그 파일을 건네주었다. 표시된 부분을 펼쳐보았다.

그 아이의 이름은 제이컵이 맞았다. 이것만큼은 정확했다. 제이컵이 학대를 당한 것도 사실이었다. 그러나 기록에는 그 아이가 아기일 때 너무 심하게 흔들려서 영구적인 뇌 손상을 입었다고 되어 있었다. 그 결과로 걸을 수도 말을 할 수도 없게 되었고, 휠체어에 의존해 살아가게 되었다는 것이었다.

"보셨죠?" 멜레리가 말했다. "엘로이즈의 기억은 사실일 수 없어요. 그게 엘로이즈에겐 너무 현실 같다는 건 알겠지만, 그렇게 따지면 올리비아도 마찬가지죠."

"이런 일이 다른 사람한테 일어났을 가능성도 있나요?" 내가 물었다. "여동생은요? 이 일이 여동생한테 일어났을 수도 있나요? 그 아이도 학대당했잖아요, 그죠? 그래서 결국 입양 가게 된 거 아닌가요?"

"그건 아니라고 봐요. 그런 기록이 어디에도 없거든요. 에비는 여섯 살 때 사회복지 시스템을 떠났어요. 영국인 부부가 입양했고, 걔도 그 집에 잘 자리 잡는 것 같았어요. 얼마 안 지나서 홈 카운티*로 다시 이사 갔어요. 그래서 그 아이 소식은 더 알 수 없고요."

"엘로이즈가 입양되지 않고 남겨진 이유는 뭔가요?"

"모든 아이들이 친부가 달랐어요. 에비의 경우에는 우리 시스템에서 친권을 종료할 수 있었지만 엘로이즈의 친부는 계속해서 기회를 더 얻고 싶어 했어요. 끊임없이 유죄판결을 받긴했어도 하나같이 그렇게 심각한 것들은 아니었거든요. 심지어 친모까지도 새로운 남자친구가 생기니까 본인이 엘로이즈를 감당할 수 있겠다고 판단했어요."

"대런 말씀하시는 거죠."

멜레리가 고개를 끄덕였다.

"그 일이 결국 어떻게 귀결되었는지는 모두가 다 아는 사실이고요."

내 다음 방문지는 수 푸의 사무실이었다. 펜어가르스에서 엘로이즈가 한 행동과 관련한 조사 기록을 다시 꼼꼼히 살펴보고 싶었다. 엘로이즈는 시종일관 자신의 결백을 주장해왔다. 처음 그 상황에 부딪혔을 때는 엘로이즈가 그런 사소한 상황에서조차 자기가 잘못 행동한 것을 인정하고 싶지 않아서 사실을 부인한다고 생각했다. 하지만 아직까지도 그토록 완강하게 부인

---

* 런던을 둘러싼 여러 주를 통틀어 이르는 말.

하는 게 이상했다. 당시에는 엘로이즈가 잘못을 저질렀다고 단정 지었다. 엘로이즈가 비디그에게 성마르게 구는 건 다른 때에도 본 적이 있었을 뿐 아니라, 피온이 그런 거짓말을 할 리가 만무하다고 여겼기 때문이다. 피온은 모든 면에서 완벽한 그런 아이는 아니었지만, 그저 평범하고 태평스러운 일곱 살 아이일 뿐이었다. 게다가 전에 피온에게서 앙갚음하려는 성향을 한 번도 본 적이 없었다. 하지만 이제는 의심이 일기 시작했다.

수 푸는 가슴이 뭉클할 정도로 반갑게 나를 맞아주었다. 마실 차와 비스킷 상자를 내왔다. 사무실에 비치된 작은 탁자에 마주 앉은 수 푸는 그간의 소식을 듣고 싶어 했다. 내가 펜어가르스 조사에 관한 이야기를 꺼내자 수 푸는 놀라워했다.

"엘로이즈야 당연히 자기가 결백하다고 주장하겠죠." 수 푸가 단호한 어조로 말했다. "선생님한테 잘 보이고 싶으니까요. 자기가 저지른 일이라는 걸 끝까지 인정 안 할 거예요."

만약 정말 그 애가 저지른 일이라면, 한참이나 지났으니 이제는 실토하리라 생각한다고 말했다. 지금까지 확인한 바로는 엘로이즈는 자기가 위협받지 않는다고 느낄 때 꽤 정직해지곤 했다. 엘로이즈가 잘못했다고 정말 확신할 수 있을까?

"말할 것도 없이 확신하죠!"

이상하게도 수 푸의 지나친 확신은 나의 의혹을 줄여주기는커녕 되려 키워놓았다. 나는 그 조사 기록을 다시 살펴봐도 괜찮겠냐고, 그저 자기만족을 위해서라고 하면서 청했다.

수 푸는 자신의 파일 캐비닛을 뒤지더니 서류를 찾아냈다.

나는 우리가 기록해놓은 내용을 처음부터 끝까지 꼼꼼히 읽었다. 학교에서 아이스테드바드가 한창 진행 중일 때 피온이 내게 와서 무슨 일이 일어났는지 이야기했다. 나는 비디그의 팔에서 흐릿한 상처 자국을 보았다. 상처인 건 분명했지만 물린 자국인지는 전혀 분명치 않았다. 내가 엘로이즈와 대면했을 때 그 애는 사실이 아니라며 펄쩍 뛰었다. 피온은 내게 엘로이즈가 비디그를, 그리고 피온 자신을 포함해 여러 아이를 꼬집기까지 했다고 덧붙였다. 후속 조사에서 베선은 엘로이즈가 손가락으로 피온의 머리에 딱밤을 먹였다고 했다.

나는 의자에 기대앉았다. 피온의 말에 따르면 엘로이즈는 비디그를 물고 피온을 꼬집었다. 베선의 말에 의하면 비디그가 떼를 썼고 엘로이즈는 피온의 머리에 딱밤을 때렸다. 베선은 누가 비디그를 물었는지는 보지 못했다.

엘로이즈가 결백할 수 있지 않을까? 우리 중 그토록 많은 사람이 의심 없이 피온의 말을 믿었다는 사실에 소름이 끼쳤다. 비디그가 물린 자국이 난 채 나타났을 때, 나는 무엇보다 충격을 먼저 받았다. 당시에는 피온의 말이 진실인지 아닌지 짚고 넘어가야겠다는 생각이 손톱만큼도 들지 않았다. 그리고 이런 정황이 다른 어른들의 견해에 영향을 미쳤을 수 있다는 점은 말할 것도 없다.

그렇다면 대체 누가 누구를 물었을까? 누가 꼬집은 걸까? 누가 딱밤을 먹었을까? 피온의 말은 사실일까, 아니면 실제 일어난 일을 보지 못했으면서도 어쩐 일인지 엘로이즈가 그런 것처럼 생각했을까? 그것도 아니면 딱밤을 맞아 속상한 나머지 엘로이즈에게 뒤집어씌우고 싶었던 것일까? 피온은 왜 '딱밤을 때렸다'고 말하지 않고 '꼬집었다'고 표현했을까? 영어와 웨일스어를 섞어 쓰는 데서 빚어진 혼란이었을까? 아니면 무슨 일이 일어난 건지 잘못 이해했을까? 피온은 사건을 과장했을까 아니면 곧이곧대로 전했을까?

이 모든 문제에 골머리가 아팠지만, 어떻게 해야 좋을지 갈피를 잡지는 못했다. 수 푸가 보기에 이 시점에서 조사를 다시 한다는 건 그럴 만한 가치가 없는 일이었다. 그러니 앞으로도 명확한 답을 얻을 가능성은 없었다.

이 문제로 함께 이야기해볼 수 있는 사람으로 내 머릿속에 유일하게 린이 떠올랐다. 이 욕구의 일부는 린에게 사과해야 할 필요성에서 비롯된 것 같다. 아니, 사과가 아니라 린의 지혜를 인정할 필요성에서 비롯된 것 같다고 해야 옳겠다. 린과의 관계에서 가장 두드러진 순간은 린의 아이들이 지역 학교에 다닐 거라고 예단했다는 이유로 지적받았던 때이다. 당시에는 린의 말에 굴욕감을 느꼈지만 지금 불현듯, 나를 바로잡아준 린이 옳았다고 생각하게 되었다. 예단은 위험하다. 마침내 얻은 배움에 대해 들려줄 필요가 있다고 느꼈다.

지혜로운 스승이 으레 그렇듯이, 린은 내가 기나긴 이야기를 풀어내는 동안 공감을 표현하며 자상하고 진지하게 경청했다. 그리고 내가 그보다는 더 현명했어야 한다는 그 어떤 평가적 기색도 드러내지 않았다. 린에게 엘로이즈가 결백하다고 생각하는지 묻자, 거기에 대해선 뭐라고 말할 수 없다고 애매하게 뭉뚱그렸다. 내가 무엇을 했어야 옳다고 생각하는지 묻자 대화가 한동안 끊겼다. 이윽고 린은 자신의 생각은 수 푸와 같다고, 이제 와서 그 문제를 파헤쳐 봐야 별 도움이 되지 않을 거라고 말해주었다. 펜어가르스 아이들에 관한 한, 다 지나간 일이었다. 린은 엘로이즈와 그 이야기를 좀 더 나누라고 조언했다. 그 아이의 버팀목이 되어주고 내가 모든 사실을 다 알지는 못했다는 걸 인정하라고, 엘로이즈가 누군가 자신의 이야기를 경청한다는 느낌을 받았다면 그것으로 끝내라고.

목요일에 엘로이즈를 만나러 갔을 때, 그 애는 빈백 의자에서 나를 기다리고 있었다. 내가 다가가서 앉자 엘로이즈가 말했다. "이언한테 지난번처럼 특별실 탁자를 써도 되는지 물어봤어요. 그랬더니 갇힌 사람 아무도 없으면 그래도 된대요. 거기 갈까요?"

엘로이즈가 자진해서 이런 계획을 세운 게 놀라워서 고개를 끄덕였다. "좋지."

탁자가 놓인 작은 방으로 들어서면서 엘로이즈가 말했다. "전 여기가 더 좋아요." 그리고 일기장을 내려놓고 의자를 당겨 꺼냈다. "더 조용하잖아요. 탁자에 앉으면 생각하기가 더 쉬워지더라고요."

나는 맞은편에 앉았다. "자, 이번 주에는 누가 일기를 썼지? 너야 아니면 올리비아야?"

"지난주에 했던 게임 기억나요? 거기 들어갈 다른 단어들 좀 생각했어요. 그래서 여기 적어놨어요." 엘로이즈가 일기장 뒷면을 펼쳤다. "이게 그 일부예요. '죄책감이 들다'. 이것도 감정이죠, 맞죠? 그리고 '창피하다'. 또 '미안하다'. 선생님은 '미안하다'가 '죄책감이 들다'랑 다르다고 생각해요? 전 고민해봤는데 단정 짓지는 못하겠더라고요. 그치만 아무래도 다른 것 같아요."

나는 고개를 끄덕였다. "맞아, 내 생각도 그래. 둘은 달라."

"그런데 '죄책감이 들다'하고 '창피하다'는 사실 꽤 가까운 감정이에요. 토요일 오후에 그룹치료 시간이 있거든요. 마이클 선생님이 '죄책감이 들다'와 '창피하다'라는 감정에 대해 말해줬어요. 그때 우리 게임에 이것들을 넣어야겠다 싶었어요."

나는 엘로이즈가 이런 식으로 다른 일과 우리 활동을 연관 짓고 있다는 사실이 기뻤고, 그 애의 말대로 하기로 했다.

"그리고 뭔가 끝났을 때 느끼는 감정은 이름이 뭐예요?"

"'상실감'?" 내가 대꾸했다.

엘로이즈가 이 단어를 자세히 곱씹었다. "흠. 그것도 감정이긴 하네요. 근데 제가 생각한 감정은 아니에요. 제가 말한 건 뭔가를 그리워할 때 느끼는 감정이에요. 뭔가가 끝났는데 그걸 그리워하는 거 있잖아요. 상실감은, 음, 뭐, 그냥 상실감이고요. 뭔가 잃어버리고 느끼는 거. 제가 하고 싶은 말은, 진작 사라진 걸 그리워하는 거요."

"예를 하나 들어봐줄 수 있어?"

"펜어가르스 다닐 때 선생님이 흘란바이르 외곽에 있는 높은 언덕 위로 차를 몰고 올라가면 산들이 보였잖아요. 전 그때가 그리워요. 그때를 생각하면 펜어가르스에 다녔던 때가 뭔가 그립기노 하고 슬퍼지기도 해요. 그걸 뭐라고 그래요?"

"음, '노스탤지어'?"

가을

"'노스탤지어'…" 엘로이즈가 마치 음미하기라도 하듯 그 단어를 조심스럽게 되뇌었다. "그것도 목록에 넣어야겠어요."

"일기장 좀 봐도 될까?" 내가 손을 내밀었다.

엘로이즈는 내 손이 닿지 않도록 일기장을 멀리 밀어냈다.

"저 일기 안 썼어요."

"그럼 올리비아가 썼어?"

"아뇨. 대신 게임 해요. 그거 마음에 들었어요. 선생님한테도 질문할 수 있어서 좋아요. 일기 쓰는 거 지긋지긋해요." 그 순간 그 애의 얼굴이 밝아졌다. "'지긋지긋하다', 이것도 목록에 추가해야겠네요."

나는 이 게임이 생각보다 큰 문제가 되어버렸다는 걸 깨달았다.

"이 게임을 멋지게 만들어보려고 종이를 좀 구하고 싶었어요. 그럼 좀 더 실감 나게 할 수 있을 것 같아서요." 엘로이즈가 말했다. "그렇게 해서 선생님을 놀라게 하고 싶었는데, 여기 사람들이 허락을 안 해주는 거예요. 여기선 누가 허락해주지 않으면 할 수 있는 게 거의 없어요."

나는 가방을 열어서 지난번에 썼던 감정 목록과 체커 말을 꺼냈다. 엘로이즈는 새 단어들을 종이에 공들여 쓴 다음 목록에 추가했다.

"제가 먼저 질문할게요." 엘로이즈가 말했다. "오늘 이 게임을 하자고 제안한 게 저니까요."

나는 내 체커 말을 쌓으면서 고개를 끄덕였다. "그래, 그럼."

"선생님이 안 하고 싶은 일을 누가 하라고 시키면 선생님은 어떤 기분이 들어요?" 그 애가 물었다.

나는 '화나다'에 말을 두 개 놓았다. "'화나다'가 딱 맞는 단어는 아니야." 내가 말했다. "'짜증 나다'가 더 가깝겠다. 그건 심각하게 속상하다는 의미는 아니니까. 내가 하고 싶지 않은 일을 누가 하게 하면 약간 짜증 날 것 같아. 그렇지만…."

"그렇지만 뭐요?"

"난 그 사람이 왜 나로서는 하고 싶지 않은 일을 굳이 시키는지 이유를 알고 싶을 것 같아. 아마 나를 하대하고 싶은 걸 수도 있어. 누군가 너더러 어떤 일을 하라고 하면 처음엔 으레 그렇게 느껴지잖아, 안 그래? 그러니까 짜증이 나는 건 당연한 일이야. 그런데 그 사람이 실은 날 도와주려고 애쓰고 있었던 건지도 몰라. 어쩌면 내가 좀 더 편하게 살게 도와줄 뭔가를 배우길 바랐을 수도 있고."

"점점 저한테 선생님처럼 구네요." 엘로이즈가 살짝 짜증을 내비치며 말했다.

"내가 진짜 교사라서 그런지도 몰라." 내가 웃으면서 대답했다. "그래서 난 뭔가 배우는 일에 대해 늘 생각할 거야."

"네에에, 그러니까 선생님도 하품 나는 사람이 되는 거에요. 제가 말한 건 선생님 같은 사람이 제가 안 하고 싶은 일을 하라고 시키는 그런 게 아니에요. 제 말은, 삶 전체가 온통 다른 사람들이 나는 안 하고 싶은 일을 하라고 내모는 그런 일로 이루어져 있다면 어떻겠냐고요."

"그게 네가 느끼는 감정이야?" 내가 물었다.

"네." 엘로이즈는 체커 말 한 무더기를 '화나다'에 올려놓았

가을

다. 그런 다음 펜과 종이로 손을 뻗었다. "'지긋지긋하다'가 있었죠, 참. 이것도 꼭 필요해요." 그 애는 '화나다'에 놓인 말들을 슬며시 치웠다. "전 제 인생이 지긋지긋해요."

나는 내 체커 말 두어 개를 '슬프다' 위에 놓았다. "단어 하나를 또 빠뜨렸어." 내가 말했다. "'무력하다'."

"그렇지, '무력하다'. 좋았어." 엘로이즈는 마치 내가 학생이고 자기가 선생인 양 말했다. 엘로이즈가 그 단어를 목록에 추가했다.

나는 남은 내 말을 모두 '무력하다'에 올려놓았다. "그게 이런 기분이지? 우리가 제대로 표현한 게 맞지?"

엘로이즈가 종이와 말들을 살펴보았다.

잠시 정적이 흘렀다. 활발하게 상호작용하던 중 누군가 상황 판단을 위해 멈출 때 자연스럽게 감도는 침묵이었다. 그러나 그 침묵은 이내 부자연스러울 정도로 길어졌다. 엘로이즈는 온갖 감정이 적힌 종이 위로 몸을 잔뜩 기울이고 있었다. 엘로이즈의 근육은 긴장해 있었고 표정도 굳어 있었다. 그 자세에서 벗어나 어떻게 움직일지 팽팽한 긴장감이 감돌았다. 그러나 침묵이 그보다도 더 길어지면서, 엘로이즈의 자세가 아주 천천히 풀어졌다. 그 애는 고개를 갸웃 기울이고서 우리의 초라한 게임판을 계속 들여다보았다.

"제가 이걸 왜 좋아하는지 알아요?" 엘로이즈가 게임판을 보면서 나지막이 말했다. "종이 위에서 말들을 이리저리 옮기는 거 말고는 제 느낌을 어떻게 표현할 수 있을지 몰라서요. 감정 표현을 이렇게밖에 못 하겠어요."

나는 엘로이즈를 바라보았다.

"좀 장애인용 보드 같아요. 스티븐 호킹이 쓰는 보드 뭔지 알죠? 그 사람이 문자를 가리키면 말로 변환해주는 거요. 전 종이 위에 말을 올리는 식이 아니면 제 감정을 어떻게 나타내야 되는지 모르겠어요. 제 기분이 그래요."

엘로이즈는 긴 숨을 토해냈다. "제가 여기 사는 사람들한테 이 게임에 대해 들려주려고 했는데 아무도 안 궁금해해요. 제 옆방에 미카라는 여자애가 사는데요, 걔는 제가 위저 보드* 이야기를 하는 줄 알더라고요. 선생님하고 제가 위저 게임이라도 하는 줄 안 거예요. 너무 섬뜩한 일이라면서 선생님이랑 더 이상 안 만나는 게 좋겠다고 충고까지 했어요."

나는 소리 내어 웃었다. "이건 위저 보드 아닌데, 그치? 그냥 감정 목록일 뿐이야. 그리고 적혀 있는 감정들을 보면 우리가 느끼는 감정이 뭔지 명확히 하는 데 도움이 돼. 그건 좋은 일이지. 이 게임이 네 감정을 표현하게 도와줄 수 있어서 정말 다행이야. 감정을 적어두는 것도 나쁘지 않아. 난 그런 방식을 많은 사람이 활용한다고 생각해. 미카랑 다른 사람들은 관심 없다니 아쉽다."

엘로이즈는 우리 사이에 놓인 단어 목록을 빤빤하게 폈다. 그리고 '무력하다' 위에 체커 말을 사뿐히 하나씩 예닐곱 개쯤 올려놓았다. 그 애는 나머지를 '화나다'로 옮긴 다음 이 감정에 몇 개, 저 감정에 몇 개, 이런 식으로 말의 위치를 이리저리 바

---

* 종이와 필기구로 주변의 귀신이나 악령을 불러내려는 게임.

가을

꾸기 시작했다. 우리는 더 이상 서로의 말 색깔을 구분하지 않았다. 엘로이즈가 경험하는 복잡한 감정을 표현하기에 말 열두 개는 충분치 않아 보였기 때문이다. 엘로이즈는 이 감정에서 저 감정으로 말을 옮기고, 어떤 더미에서는 말을 덜어내고 어떤 더미에는 말을 더하면서 계속 재배열하고 있었다. 위저보드보다는, 기이한 종류의 포커 게임에 더 가까워 보였다. 슬프고 무섭고 무력하고 상처 입고 화나고 지긋지긋하고 답답한, 이 모든 감정에 말이 돌아갔다.

그러는 사이 엘로이즈는 아무 말이 없었다. 어찌나 깊이 몰입했는지 복잡한 퍼즐을 맞추기라도 하는 것처럼 보였다. 나는 엘로이즈가 그 일에 매달려 있는 동안 그 애의 근육이 차츰 이완되고 있는 걸 알아차렸다. 처음 시작할 때만 해도 빳빳하게 굳어 있던 자세가 서서히 부드러워졌다. 마침내 그 애가 동작을 멈추었다. 몇 개의 말이 게임판 바깥에 놓여 있고, '덫에 갇힌 듯하다' 위에 하나가, '길을 잃은 듯하다' 위에 하나가, 나머지는 전부 '슬프다'에 올라가 있었다.

엘로이즈가 나를 올려다보면서 미소 지었다.

"선생님, 사랑해요."

소년법원

"이번에는 누가 일기를 썼어? 너야
올리비아야?"
"'너야 올리비아야'라니, 절 완전 여섯
살짜리처럼 취급하시네요."

그다음 주 목요일, 엘로이즈는 빈백 의자에 기대앉아서 나를 기다리고 있었다. 무릎에 일기장을 반듯이 올려놓은 상태였다.

"월요일에 소년법원 갔다 왔어요." 빈백 의자에 앉자 엘로이즈가 내게 알렸다. "일기장에 그 얘기 썼어요. 그게 어떤 기분이었는지요. '끔찍하다'. 죽기보다 싫었어요. 제 담당 치안판사님이 여자였는데 헤어스타일이 완전 구렸어요. 솔직히 말해서 헤어스타일 때문에 히틀러 친위대 장교처럼 보였어요. 머리 위에 뾰족한 거 하나만 붙어 있었으면 완전 영락없을 텐데. 그런 것도 죄다 써놨어요. 그러면 일기를 안 썼다고 선생님이 절 혼내지는 못할 거니까요."

재판 날짜가 다가오고 있다는 건 알고 있었지만, 그게 정확히 언제인지는 전해 듣지 못했다. 멜레리가 나에게 미리 귀띔해줄 생각도 하지 않았다는 사실이 약간 섭섭했다. 지난 몇 차례 만나는 동안 엘로이즈가 왜 그토록 힘겨워했는지를 이제야 얼마간 이해할 수 있게 되었다.

"공판에서 나온 결론이 뭐야?"

"여기에 두 달 더 있어야 된대요. 그런 다음 아마 위탁가정으로 돌아가지 않을까요?" 엘로이즈가 별일 아니라는 듯 경쾌하게 말했다.

"공판에서 전부 확실히 이해하고 온 거지?"

"선생님은 제가 바본 줄 알죠?" 그 애가 짜증을 흘리면서 말했다.

"아니야. 그저 모든 게 명백한지 알고 싶었을 뿐이야. 선생님은 널 도우려고 온 건데, 네가 뭘 아는지, 네가 상황을 얼마나 이해하는지도 모르는 상태로 도와주긴 쉽지 않으니까. 토머스 선생님이 네 재판이 이번 주에 열린다고 알려주시지 않았어."

"뭐, 방금 말했잖아요. 이해 못 할 만한 게 어딨겠어요? 제가 법원에 간 건 파월네 집에 무단 침입하고 손해를 입혀서예요."

"파월네 집에 침입했을 때 심경이 어땠어?"

"거기선 저한테 그런 거 안 물어봤는데요."

"아니, 내가 궁금해서 묻는 거야."

엘로이즈가 어깨를 으쓱했다. "그냥 그러고 싶었어요. 모르겠어요. 벌써 오래전 일이라."

가방을 뒤져서 감정 목록과 체커 말을 꺼내 빈백 의자 옆 바닥에 내려놓았다.

"안 하고 싶어요." 엘로이즈가 말했다. "생각해보면 진짜 바보 같은 게임이에요. 너무 유치해요."

"지난주에는 도움이 되었잖아."

"네, 근데 그건 지난주 얘기죠."

"그냥 이걸 써먹을 수 있는지 한번 보자." 내가 말하면서 체커 말을 하나 집어 들었다. "넌 그냥 그러고 싶어서 파월네 집에 들어갔다고 말했어. 어떤 감정이 그걸 좋은 생각처럼 여겨지게 만들었을까?"

"이런 건 선생님하고 만나서 하는 일 아닌데요?" 엘로이즈가 따졌다. "선생님은 여기 저랑 일기 쓰기 하러 오신 거죠. 감정 이야기는 마이클 선생님이랑 그룹치료에서 해요. 그건 거기서 하는 일이에요. 마이클 선생님은 애들을 둘러앉히고 돌아가면서 감정에 대해 말하게 해요. 치안판사가 그만하면 됐다고, 여기 두 달만 더 있으면 위탁가정으로 돌아갈 수 있댔어요. 배상할 필요도 없대요. 배상하기엔 너무 오래된 일이라고요."

"이건 배상 이야기가 아니야, 엘로이즈. 난 지금 파월네 집에 침입했을 때 네 감정이 어땠냐고 묻는 거야." 내가 말하고 그 아이의 무릎에 체커 말을 한 줌 올려놓았다.

"전 이거 할 필요 없어요. 선생님이 여기 오는 건 '친구가 되어주는 사람'으로서잖아요. 사실 선생님은 저한테 이래라저래라 할 수 없죠."

"네 말이 맞아. 하지만 어쨌든 네가 이걸 해주면 좋겠어. 그냥 내가 널 이해할 수 있게 도와주는 차원에서."

엘로이즈는 길고 요란스럽게 숨을 내쉬었다. "아뇨, 안 해요."

가을

나는 빈백 의자에 기대앉아 아무 말도 하지 않았다. 엘로이즈는 다시 입을 꾹 다물었다. 둘 사이에 말이 끊어진 시간이 길어졌다. 나는 근육이 뜻하지 않게 굳어졌음을 깨닫고 의식적으로 하나하나 풀면서 시간을 보냈다.

아무 일도 일어나지 않은 채 정적이 하염없이 이어졌다. 결국 내가 입을 열었다. "네가 처음 날 찾아온 때가, 그러니까 한참 전에 우리가 처음 만나기 시작했던 때가 기억나. 넌 처음 파월네 집에 갔을 때 헤드웬이 너한테 얼마나 친근하게 대했는지 이야기했어."

"그랬죠. 그게 뭐 어쨌다고요?" 엘로이즈의 목소리에 여전히 짜증이 배어 있었다. 원하지 않는 대화를 억지로 이어가는 데서 나오는 짜증인 것 같았다.

"헤드웬의 어떤 점이 제일 좋았어?"

"몰라요."

나는 반응하지 않았다.

"모른다고 했잖아요."

나는 계속 침묵을 이어갔다.

"모른다고요."

"처음 그 집에 간 날 기억할 수 있어?"

"아니요." 엘로이즈가 말했다.

나는 이렇게 해 봐야 소용이 없음을 깨닫고 일기장으로 손을 뻗었다. "그럼 이걸 한번 해보자. 이번에는 누가 일기를 썼어? 너야 올리비아야?"

"'너야 올리비아야'라니, 절 완전 여섯 살짜리처럼 취급하네요. 선생님이 그렇게 깔보는 투로 말하니까 제가 아직까지 역할놀이라도 하는 것 같잖아요. 그거 진짜 싫어요. 그럴수록 선생님이 시키는 건 하나도 안 하고 싶다고요."

"미안해." 내가 최대한 차분한 투로 말했다. "그럴 뜻은 조금도 없었어. 그냥 물어본 거야."

나는 일기장을 펼쳤다.

　　　사건: 소년법원에 가야 했다.
　　　감정: 너무 싫다. 너무 싫다. 너무 싫다. 너무 싫다. 누구를 죽여버리고 싶을 만큼.
　　　반응: 그 사람들이 나한테 말한 대로 했다. 그러니까 나는 아무도 안 죽였다. 그리고 싶었는데 안 그랬다.
　　　의도한 일이었나?: 선택의 여지가 없었다.
　　　그다음 일어난 일: 이 똥통으로 돌아왔다.

엘로이즈는 일기장을 읽는 나를 유심히 지켜보고 있었다. "봤죠?" 그 애가 유쾌하게 말했다. "선생님 말대로 썼잖아요."

"음, 그래, 일기를 썼네…."

아무런 경고도 없이, 엘로이즈가 폭발했다. 나는 일기를 읽기 위해 고개를 숙인 상태여서 엘로이즈를 바라보고 있지 않았다. 엘로이즈가 일기에 쓴 내용을 종합해보려면 이다음엔 무슨 말을 해야 할지 재보며 잠시 숨을 돌리고 있던 차라, 그 애의 갑작스러운 반응에 눈이 휘둥그레졌다.

"지긋지긋해!" 엘로이즈가 느닷없이 크게 소리를 질렀다.

가을

"지긋지긋하다고! 이따위 거지 같은 일기가 지겨워죽겠어!" 그러더니 갑자기 내 무릎에서 일기장을 확 낚아채 방 저쪽으로 내동댕이쳤다. "이 좆같은 보호소도 너무 싫고 선생님도 싫어! 전부 다 너무 싫어. 싫어! 싫어! 싫어!" 그 애가 소리치면서 두 팔로 자신의 몸을 미친 듯이 움켜쥐었다. 손톱이 피부를 할퀴기 시작했다.

직원들이 쏜살같이 우리 쪽으로 달려와서 엘로이즈를 에워쌌다. 그리고 이내 그 애를 끌고 사라졌다.

순간적으로 어안이 벙벙해진 나는 빈백 의자에 다시금 철퍼덕 주저앉았다. 엘로이즈는 분명 법원 출두로 신경이 곤두선 상태였겠지만, 그 애가 그렇게 갑작스럽게 동요하는 모습을 보니 힘이 빠졌다. 엘로이즈가 돌아가길 그토록 갈망하는 건강한 바깥 세계에는 격리실이 따로 없지 않은가.

전에 그랬던 것처럼, 이언이 다가와서 내게 엘로이즈가 격리실에서 나왔다고 전해줄 때까지 기다렸다. 그리고 이번에도 엘로이즈와 나는 작은 탁자에서 서글퍼 보이는 햄샌드위치를 사이에 두고 마주 앉았다.

"우리 차 한잔 마실 수 있을까요?" 내가 이언에게 묻자 이언이 고개를 끄덕였다.

엘로이즈는 아무 말 없이 찻잔을 받아들었다. 그 애는 이 시점까지 조용했다. 소동 후의 탈진에 방금 맞은 안정제 때문인지 엘로이즈는 팔다리를 가눌 수 없을 정도로 기진맥진해 있었다. 나는 차를 저어서 마셨다. 우리는 어떤 일도 하지 않은 채 그렇게 몇 분을 흘려보냈다.

"며칠 동안 힘들었지?" 내가 물었다.

엘로이즈가 고개를 끄덕였다.

"그 모든 걸 다시 겪느라 분명 힘들었을 거야."

그 애가 다시 한번 고개를 주억거렸다.

잠시 정적이 흘렀다. 엘로이즈는 내내 고개를 떨구고 있었다.

"그럴 생각은 아니었어요." 그 애가 마침내 입을 열었다. 나는 엘로이즈가 방금 전 휴게실에서 갑자기 폭발한 일을 말하는 건지, 파월네 집에서 일어난 일을 말하는 건지 아니면 아예 다른 얘기인지 알아채지 못했다.

"선생님한테 소리 질러서 죄송해요." 엘로이즈가 말했다.

"괜찮아."

"올리비아 얘기를 하고 싶어서 그랬어요…. 근데 한편으로는 올리비아에 대해 얘기하고 싶지 않아요. 선생님이 절 미쳤다고 생각 안 했으면 좋겠으니까요. 저 사람들이 아는 것도 싫고요." 엘로이즈가 고개를 뒤로 돌려 사무실 쪽을 가리켰다. "저 사람들은 올리비아에 대해 알게 되면 절 정신병자로 취급하겠죠. 전 영원히 여기 처박혀 있어야 할 거고요. 저 사람들은 이해 못 할 테니까."

"나는 이해할 수 있어." 내가 부드럽게 말했다.

"선생님한테 하고 싶은 말이 있어요." 엘로이즈가 웅얼거리듯 말했다.

"그래."

"헤드웬 파월을 보면 꼭 올리비아를 보는 것 같아요."

"그렇구나."

가을

"헤드웬은 올리비아하고 입이 똑같이 생겼어요. 이를 드러내면서 웃는 큰 입이요. 이렇게." 엘로이즈는 나를 보지 않은 채 양쪽 입가를 뒤로 잡아당겼다. "그리고 헤드웬이 고개를 돌릴 때 얼굴을 보면 꼭 올리비아 같아요."

"그게 네가 헤드웬을 특별하게 생각하는 이유구나."

"네. 제가 미친 소리 한다고 생각해요?"

"아니. 네 감정이 어디서 비롯된 건지 이해하는 데 도움 돼."

엘로이즈는 고개를 숙인 채 침묵 속에 잠겼다.

침묵이 너무 길어져서, 나는 대화를 진전시킬 수 있는 방안을 모색하기 시작했다. 하지만 자연스럽게 다른 주제로 넘어갈 만한 묘안을 찾아내기 어려웠다. 그래서 우리는 각자의 빈 머그잔을 들여다보면서 속절없이 앉아 있었다.

"어느 날 밤이었어요." 마침내 엘로이즈가 말문을 열었다. "…음, 그러니까, 제가 헤드웬네 집에 간 지 한 달쯤 됐을 때 제가 악몽을 꿨거든요. 아직도 그 꿈이 생생해요. 너무 끔찍했어서 꿈 내용이 정확히 기억나요. 전 엄마랑 있었고, 어느 거리에서 쇼핑하고 있었어요. 번화가였어요. 가게 앞에 온갖 물건이 주렁주렁 걸려 있는 해변 상점가 같은. 그런데 갑자기 뒤쪽 길모퉁이에서 흑백 괴물이 나타났어요. 엄마가 제 손을 잡고 도망가기 시작했어요. 엄마는 거리에서 절 질질 끌고 가다시피 하면서 뛰었어요. 꿈에서는 제가 너무 어려서 빨리 뛰어갈 수가 없었거든요. 그때 갑자기 눈앞에 절벽이 나타났어요. 그 아래로 해변과 바다가 내려다보였어요. 엄마가 저리로 내려가야 안전하다고 했어요. 진짜 가파른 절벽이었는데 엄만 기어내려가야 한다고 했고, 제가 절벽 끝을 넘어가게 도와줬어요. 엄마 손을 잡고 있긴 했는데 절벽이 너무 가파르니까 무서워서 도저히 발을 뗄 수가 없었어요. 괴물이 거의 가까워졌고 엄마가 서두르라고 계속 저한테 소리를 질렀어요. 그때 갑자기 발 밑에서 땅이 무너져 내렸어요. 땅이 그냥 꺼진 건데, 엄마는 바보처럼 미끄러졌다고 저한테 비명을 질렀어요. 근데 겁에 질려서 지르는 소리였어요. 너무 무서워서 화났을 때 그렇게 되잖아요. 엄마가 더는 절 붙잡을 수 없다는 걸 알고 비명을 질렀던 거예요. 엄마는 절 놓치리라는 걸 알았어요. 전 엄마의 손에서 미끄러져 나와 아래로 떨어지기 시작했고, 계속 떨어지면서 제가 죽을 거라는 걸 알았어요."

엘로이즈가 말을 멈추었다. "그때 헤드웬이 깨웠어요. 그러면서 두 팔로 절 안아줬어요. 몸이 떨리는 게 한동안 진정이 안 됐어요. 헤드웬은 원한다면 자기랑 같이 침대에 누워도 된다고 했어요. 제가 침대로 들어가니까 헤드웬이 두 팔로 절 감쌌어요. 끌어안고 누워 있었어요."

"기분이 어땠어?"

"너무 좋았어요." 엘로이즈가 말했다.

"서로 껴안은 거야? 헤드웬이 팔로 너를 감싸안아준 거지? 헤드웬이 다른 행동은 안 했어?"

"그냥 걔가 절 안고 있었어요. 그게 너무 행복했어요. 엄마가 절 안아준 기억은 한 번도 없어요. 제가 밤중에 깨어나면 엄마는 항상 신경질을 부렸거든요. 근데 엄마가 절 안아주려고 했어도 제가 그렇게 좋아하진 않았을 것 같아요. 솔직히 우리 엄만 전혀 엄마 같지가 않았거든요. 오히려 제가 엄마의 엄마 같았죠. 엄마한테 애인이 있을 땐 해야 할 일이 있으면 그 남자가 했지만, 없을 땐 제가 도맡았어요. 엄만 자기 자신을 절대로 돌보지 않았고, 저를 돌보지도 않았어요."

"너한테 정말 힘든 일이었겠다." 내가 말했다. "넌 그때 어린 아이였을 뿐이니까. 아이들은 보살핌을 받아야 하는 존재잖아."

엘로이즈가 고개를 끄덕였다. "전 에비를 돌봤어요."

"넌 어렸어. 그런 책임감을 떠안기에는 너무 어렸지. 너에게는 널 보살펴줄 누군가가 있어야 했어."

엘로이즈가 어깨를 으쓱했다.

"헤드웬이 안아줬을 때 기분이 좋아졌던 게 그런 이유라고 생각해. 죽도록 무서웠으니까 널 보살펴줄 누군가가 필요했던 거야."

엘로이즈가 윗이빨로 아랫입술을 깨물면서 한동안 생각에 잠겼다. 그런 다음 말했다. "아니에요. 올리비아가 팔로 절 감싼 것만 같은 느낌이 들어서예요. 헤드웬의 살이 닿을 때 올리비아가 갑자기 현실이 된 것 같았어요. 올리비아가 날 안고 있는 거죠. 그렇게나 바랐던 꿈이 이루어진 것 같은 기분이 들었어요."

"그게 얼마나 강렬한 감정일지 알 것 같아."

"그 순간이 영원하길 바랐어요." 그 애가 부드럽게 말했다. "선생님이 저보고 그랬잖아요. 선생님의 상상 속 세계로 들어가고 싶었던 적 있다고. 그렇게 된 것 같았어요. 갑자기 그 세계가 현실이 됐는데, 그때까지 제가 맛본 느낌 중에 최고였어요.

그래서 그 순간이 영원하길 바랐어요.”

"헤드웬한테 이런 이야기 해봤어?”

“아뇨, 당연히 안 했죠.” 엘로이즈가 말했다. “걔가 절 정신병자 취급하는 게 좋진 않으니까요. 선생님이 절 이해한다고 말 안 하셨으면 선생님한테도 안 말했을 거예요.”

“그래. 헤드웬이 올리비아를 쏙 빼닮았다니 마치 살아 있는 올리비아를 보는 것 같은 특별한 느낌이 들었겠지.”

엘로이즈가 고개를 끄덕였다.

가벼운 정적이 우리 주위를 감돌았다.

“선생님은 제가 정신적으로 이상하다고 생각해요?” 그 애가 조심스럽게 물었다.

“전혀.”

“다른 사람들은 그렇게 생각해요. 토머스 선생님도 수 푸 선생님도. 그리고 소년법원 치안판사들도. 그냥 선생님만 빼고 전부 다요.”

“난 네가 정신에 문제가 있다고 생각 안 해. 헤드웬이 올리비아가 아니라는 걸 충분히 인식하고 있고, 그래서 얼마든지 파월네 집에 가지 않겠다고 마음먹을 수 있다고 믿으니까.”

“그럼 전 대체 왜 거기서 못 벗어날까요?” 엘로이즈가 자조적으로 물었다.

“글쎄, 넌 왜 그러는 것 같아?”

“모르겠어요.”

한동안 말이 끊겼다. 엘로이즈는 손톱으로 입술 각질을 계속 뜯어냈다.

가을

"제가 계속 그러는 이유는… 헤드웬이 다시 한번 두 팔로 저를 안아주었으면 해서예요. 걔가 그렇게 계속 절 안아주면 좋겠다고 생각했어요."

"그렇구나."

"선생님은 제가 동성애자라고 생각해요?"

"헤드웬이 널 성적으로 만져줬으면 했어?"

다시 생각에 잠긴 엘로이즈가 잠시 말을 멈추었다. "아뇨. 전 그냥 안겨 있고 싶었어요. 제 마음을 알아주는 누군가가 절 쓰다듬어주면 좋겠다고 생각한 거예요." 그 애가 땅이 꺼져라 한숨을 내쉬었다. "그래서 그 일이 다시 일어나게 만들려고 발버둥쳤고, 그게 제가 사고뭉치가 된 이유예요. 제가 악몽을 꾸는 척해도 헤드웬은 두 번 다시 안아주지 않았어요. 저한테 달려온 건 언제나 파월 아줌마였어요. 아줌마가 옆에 앉아서 말을 걸어줬는데 그게 오히려 짜증 났어요. 제가 원한 건 올리비아였으니까…."

엘로이즈는 차를 모두 마시고, 찻잔을 거꾸로 기울여서 남은 한 방울까지 입에 털어넣었다. "가끔 자해하는 척도 해봤어요. 그러면 헤드웬이 보살펴줄지도 모른다고 기대했거든요. 일부러 저 자신을 다치게 만든 적도 있어요. 그때 헤드웬이랑 저 이렇게 단둘이 집에 있었는데, 계속 마당을 들락거리면서 갈퀴를 밟아댔어요. 그게 발에 박힐 때까지요."

"정말 안 꾸며본 상황이 없구나, 그치?" 내가 말했다.

"그럼 걔가 다시 절 안아줄 줄 알았는데 나 몰라라 하더라고요. 대체로는 절 투명인간 취급했어요."

"네 행동에 헤드웬이 좀 놀랐을지도 모른다는 생각이 들어. 걔는 네 행동의 내막을 몰랐으니까. 네가 절실히 원하는 일이 있었는데 일어나지 않았다니 속상하다."

엘로이즈가 고개를 끄덕였다. "저도 속상해요."

가을

다른 누군가로

"여기 오는 거 지겹지 않아요?" 엘로이즈가
물었다.

"일기 안 쓰는 법 쥐어짜느라 지겹지 않아?"

엘로이즈가 소리 내어 웃었다. 나도 미소
지었다.

다시 멜레리에게 돌아왔다.

날이 찌뿌둥했다. 일과가 끝나기도 전에 밤의 기운이 깔리기 시작하는, 음산하고 습한 늦가을 날의 오후였다. 나는 멜레리 사무실의 희미한 형광등 불빛 아래 앉아서 맛없는 인스턴트 커피가 담긴 잔을 껴안듯 들고 있었다. 회갈색 커피는 거의 맹탕에 미지근했지만, 그럼에도 온기를 지녔다는 점에서 사람을 반가이 맞아주는 면이 있었다.

엘로이즈와 나눈 대화에 정보가 너무 많이 담겨 있어서 다시 멜레리를 찾게 되었다. 멜레리의 조언이 절실하기도 했고, 그냥 떠오르는 대로 이야기하면서 생각을 정리해보고 싶기도 했다.

상상의 인물인 올리비아와 헤드웬의 관련성이 마침내 드러났다. 엘로이즈는 혼돈과도 같은 어릴 적 삶에서 일관되고도 예측 가능한 사람들을 조금도 만날 수 없었으므로, 스스로에게 편안함을 안겨주는 자신만의 원천을 만들어냈는데 그게 바로 올리비아라는 환상의 인물이었다. 그러다 우연히 엘로이즈의 고통을 따뜻하게 위로해주는 현실 세계의 올리비아를 만나게 된 것이다. 이런 사실을 알게 되자 엘로이즈의 스토킹 행동이 확실하게 이해되었다. 사실 나는 엘로이즈의 그런 행동을 촉발했을, 그 아이의 절박함에 깊이 공감했다. 물론 그 행동은 전혀 적절치 않았지만, 깊게 똬리를 튼 욕구가 충족되는 경험이 엘로이즈에게 선사했을 기쁨과 어떻게든 그걸 다시 되살리고팠을 그 애의 갈망이 생생하게 그려졌다.

멜레리는 그 이야기를 듣고 나와는 다른 것들을 짚어냈다.

"맨 먼저 떠오른 생각은, 헤드웬 쪽에서 성적 학대를 저질렀을 가능성이에요. 당시 열일곱 살이던 여자아이가 열네 살짜리를 침대로 불러들였다? 안아주려고?" 멜레리가 말을 이었다. "두 번째로 떠오른 생각은 성적 함의가 뒤바뀌었을 가능성이에요. 엘로이즈는 헤드웬이 다시 한번 안아주는 상황을 꾸미려고 그야말로 애를 썼어요. 그리고 우리가 알고 있듯이 믿기 힘들만큼 집요했어요. 아동기에 겪은 성적 학대와 성인기의 동성애적 취향은 긴밀하게 관련되어 있잖아요. '누군가에게 안기고자 하는 엘로이즈의 욕구' 중에서 그 애가 아동기에 겪은 트라우마에 뿌리내리는 욕구의 비중은 얼마고, 또 얼마만큼이 자기 자신의 성적 취향을 자각한 결과일까요? 지금까지 엘로이즈는 나이에 비해 성에 대해선 어지간히 무관심했어요. 그동안 이 점을 어렴풋이 간파하고 있었어요. 엘로이즈와는 그 애가 학교에서 좋아하는 사람이나 침실 벽에 붙여놓은 보이 밴드, 연예인 사진 같은 주제로 얘기해본 적이 없어요. 그런데 헤드웬 이야기를 하면 거의 로맨틱하다는 인상을 받아요… 선생님은 안 그러세요? 제 마음 한구석에서는 이게 엘로이즈가 성적 감정을 전달하는 방식일지도 모른다는 생각이 들어요."

나는 멜레리에게 엘로이즈가 자신을 동성애자라고 생각하느냐고 단도직입적으로 물어봤다고 전했다. 그때 난 그렇지 않다고 대답했다. 내가 그걸 판단하는 것은 적절하지 않다고 생각했다. 하지만 나 역시 엘로이즈가 들려준 말 속에서 섹슈얼리티의 기운을 느끼기는 했다. 적어도 헤드웬과 관련해서는 알 수 없었다. 헤드웬이 엘로이즈를 침대로 데려간 건 아마 순수한 의도에서였을 것이고 아무런 성적 접촉도 일어나지 않았을 가능성이 높다. 또한 헤드웬보다는 엘로이즈 쪽이 성적 의미를 띠고 있었을 소지도 있다. 그러니만큼 지금 단계에서 이러쿵저러쿵 추측하고 싶지는 않았다. 게다가 엘로이즈를 중심으로 생각하는 것을 놓치고 싶지 않았다. 문제는 헤드웬이 성적 약탈자일 가능성이 있다는 것일 뿐 아니라 엘로이즈가 순수한 애정에조차 심각하게 휘둘리는 취약한 십대 초반의 청소년이라는 사실이기도 했다. 그때 느낀 육체적 위안은 그 애를 충만하게 해주기보다는 도리어 자신이 얼마나 공허한지를 알아차리게 했다. 헤드웬에게 상상의 슈퍼히어로라는 이미지가 덧입혀짐으로써 둘의 관계에는 지속될 수 없는 복잡성이 더해진 것이다.

우리의 대화는 치료법과 해결책으로 넘어갔다. 우선은 헤드웬에 대한 반쯤은 공식적인 조사가 이뤄질 필요가 있었다. 어떤 혐의도 제기된 적 없기에 이 시점에서 공식적 조사를 할 수는 없었지만, 멜레리는 무슨 일이 있었는지 좀 더 제대로 파악하기 위해 파월 부부 그리고 헤드웬과 대화를 나눠보고 싶어했다. 그 집에 배정되었던 다른 위탁아동들에 대한 검토도 이뤄질 예정이었다.

멜레리가 세우는 계획을 듣고 있자니 찌르르한 슬픔이 밀려들었다. 늘 최악의 상황을 의심하고 결코 순수함을 믿지 않는 그런 사회와 시대 속에서 살아가고 있었기 때문이다. 이 일은 두 소녀가 침대에 함께 머물면서 한 소녀가 악몽을 꾼 다른 소녀를 위로해준 것 그 이상도 이하도 아닌 경우이기 십상이다. 하지만 그 과정만으로도 약간의 트라우마를 남길 수 있는 온갖 학대 여부 조사를 거쳐야 했다. 이런 일을 해야 한다는 게 슬펐지만, 그럴 이유도 차고 넘친다는 사실이 더욱 슬펐다.

주어진 상황에서 이런 측면을 어떻게 다뤄야 하는지는 명확했다. 하지만 엘로이즈를 데리고 무엇을 해야 할지에 대해서는 명확한 답이 없었다.

"선생님이 보실 땐 그 아이한테 진전이 얼마나 있는 것 같아요?" 멜레리가 엘로이즈의 정신건강을 염두에 두면서 물었다. "헤드웬을 스토킹한 이유에 대해 엘로이즈가 충분히 통찰했다고 보세요?"

나는 고개를 가로저었다. "잘 모르겠어요. 그렇지만 엘로이즈에게 치료가 필요하다는 건 알아요. 적절한 대화치료요."

가을

"그렇긴 하죠. 엘로이즈도, 제가 담당하는 다른 수많은 아이들도요." 멜레리가 말했다. "안타깝지만 당분간 엘로이즈가 받을 수 있는 최선의 치료는 카이 네위이드에서의 그룹치료예요. 그래도 자기 일에 전문성을 갖춘 믿을 만한 사람이 운영하는 곳이에요."

나는 고개를 끄덕였다.

"그런데, 선생님은 그 아이가 통찰을 얻었다고 생각하세요?" 멜레리가 재차 물었다.

"스토킹을 멈출 필요성을 엘로이즈가 이해했느냐는 의미라면, 그렇게 생각해요."

"엘로이즈가 풀려나면 우리가 그 애를 믿을 수 있을까요?"

"그러길 바라요."

잠시 말이 끊겼다.

멜레리는 머그잔을 들고 일어나서 방 뒤편의 작은 탁자 위의 전기주전자 쪽으로 걸어갔다. 그리고 나를 쳐다보면서 한잔 더 하겠느냐고 묻는 무언의 제스처로 머그잔을 들어 보였다. 나는 고개를 가로저었다.

자리로 돌아온 멜레리가 말했다. "또 다른 문제가 있어서 여쭤본 거예요." 멜레리가 나를 바라보았다. "엘로이즈의 친부가 그 애를 데려가겠다고 청원을 냈어요."

놀란 나는 의자를 바로 했다. "감옥에 있는 줄 알았는데요?"

"그랬는데, 다시 나왔어요. 출소한 지 좀 됐어요. 자기의 삶이 완전히 정상 궤도에 올랐다고 부르짖고 있어요. 일자리도 구했고요. 다시 결혼하고 아들도 낳았어요. 이제 엘로이즈에게 가정을 마련해주고 싶대요."

"우와, 정말 많은 일이 있었네요. 어떻게…?" 나에게는 이 소식이 충격이었다. 엘로이즈의 친부가 그 모든 성취를 이루기까지의 속도도 그랬지만, 멜레리가 그의 주장을 더없이 진지하게 받아들이고 있다는 사실이 무엇보다도 놀라웠다.

"그러게 말이에요." 멜레리가 미처 마무리하지 않은 내 질문에 답했다. "지난번에는 일이 잘 안 풀렸었으니까 퍽 의심스럽긴 했죠. 그때까지만 해도 자기 어머니랑 살았고 직업도 없었잖아요. 하지만 이번에는 중독 치료를 제대로 마쳤고, 그 상태가 잘 유지될 거라고 느끼나 봐요. 새로 만난 아내 덕에 성공할 수 있었대요. 범죄에서 손을 털고 나온 상태를 유지하게 아내가 도와주었다고요. 게다가 갓난아이인 아들에게 좋은 영향을 주고 싶어 해요."

"우와." 내가 다시 감탄사를 토해냈다. 멜레리의 말이 워낙 놀라웠기 때문이다. 나는 곧 고개를 가로저었다. "이론적으로는 다 그럴싸하지만, 현실적으로 어려워 보여요. 엘로이즈는 할머니랑 지내는 걸 힘들어했어요. 거의 트라우마가 남을 정도로 그 상황을 버거워했고요. 저로서는 엘로이즈가 그런 상황에 다시 뛰어들고 싶어 할 거라고 생각하기 어려운데요."

"네, 그렇죠." 멜레리가 말했다. "그리고 아직은 변화 초기라 좀 더 두고봐야겠지만, 원점으로 돌아올 수도 있죠. 그렇지만 현실적으로 따져볼 필요도 있어요. 엘로이즈는 열여섯 살이에요. 내년 여름에 그 애의 장래를 논의하는 검토 회의가 열려요. 할 수만 있다면 어떻게든 그 아이를 계속 살펴줄 수 있길 바

가을

라죠. 그렇지만 몇 년 뒤엔 엘로이즈도 이 시스템을 떠나야 할 나이가 돼요. 곧 무너질 것처럼 보이더라도 얼마간 가족적 유대를 경험하는 게 더 나을 거예요. 엘로이즈 친부는 약물 문제를 자주 겪긴 했어도 다행히 엘로이즈를 학대한 이력은 없어요. 그 사람의 악마성은 언제나 자기 자신을 향해 있죠. 친부가 엘로이즈에게 두 번이나 손을 내밀었다는 건 의미심장해요. 그 애에 대한 진심 어린 헌신을 보여주는 거라고요."

"친부가 지내는 곳이 어디예요?"

"그것도 문제예요. 포위스에 살아요. 당연히 엘로이즈가 멀리 떠나게 될 거라는 뜻이죠."

그건 미국으로 치면 주 경계를 넘어 이동하는 데 비견될 만한 일이었다. 이는 그저 멜레리가 더 이상 엘로이즈의 사회복지사가 아니게 되는 수준이 아니라 그 애의 사례가 멜레리의 관할권을 완전히 벗어나서 멀리 떨어진 웨일스 동쪽 끝의 어느 부분으로 옮아가게 된다는 뜻이기도 했다.

"엘로이즈도 알고 있어요?"

"그 아인 지금까지 한동안 아빠와 전화로 연락해왔어요. 그런데 아빠가 자기랑 살고 싶어 한다는 사실은 아직 몰라요. 저희가 친부에게 신신당부했거든요. 아직까지는 함구해달라고요. 특히 엘로이즈가 카이 네위이드에서 지내야 할 시간이 좀 남았으니까, 보호소 사람들과의 관계가 돈독해질 수 있는 시간을 좀 달라고요."

"제가 엘로이즈랑 그 이야기를 좀 나눠봐도 될까요?"

멜레리가 고개를 끄덕였다.

다음번 목요일에 도착했을 때, 엘로이즈는 빈백 의자 구역에서 나를 기다리고 있었다. 그 애는 느긋한 자세로 앉아서 무릎 위에 일기장을 반듯이 올려놓았다.

"이거 안 했어요." 그 애가 거드름 피우는 미소를 지어 보이며 말했다.

나는 놀랍지도 않다는 듯 눈썹을 치켜들어 보이며 자리에 앉았다.

"여기 오는 거 지겹지 않아요?" 엘로이즈가 물었다.

"일기 안 쓰는 법 쥐어짜느라 지겹지 않아?"

엘로이즈가 소리 내어 웃었다. 나도 미소 지었다.

"그래, 네가 일기 쓰기 안 하기로 결정했다면 오늘은 뭐 할까?" 내가 물었다.

그 애가 어깨를 으쓱했다. 엘로이즈의 태도는 시건방졌지만, 나는 뜻밖에도 거기서 사랑스러움을 느꼈다. "할 거 없으면 컴퓨터 게임 해도 되고요." 엘로이즈가 말했다. "여기 엑스박스 있는데, 포인트만 있으면 누구나 할 수 있어요. 저도 해본 적 있고요.. 지난 주말에 새로 나온 게임 해봤어요."

"안 되지. 시도는 좋았어. 그래도 안 돼."

엘로이즈는 빈백 의자에 나른하게 기대앉았다. 그동안은 내가 하려고 한 활동을 엘로이즈가 거부해서 세션을 그 애의 행동에 맞춰야 했던 경우가 허다했다. 하지만 대부분은 복잡한 감정이 발현되어서 그랬던 것이었지, 엘로이즈가 단지 반항을 위한 반항에 나선 건 이번이 처음이었다. 엘로이즈가 이 새로운 통제감을 즐기고 있는 게 분명해 보였다. 나는 그 애의 적극성을 인정하고 싶었지만 세션과의 연관성을 완전히 놓치는 건 원치 않았다. 그래서 이렇게 말했다. "일기 쓰기를 하고 싶지 않다면 아빠 이야기를 해보면 어때? 토머스 선생님이 너희 아빠가 너랑 한동안 정기적으로 연락해왔다고 그러시던데."

"네." 엘로이즈는 평소라면 일기를 쓸 때 사용하는 펜을 집게손가락 끝에 올려놓고 균형을 잡으려 애쓰면서 대답했다.

"그리고…?" 내가 물었다.

"제가 무슨 말을 하면 좋겠는데요?"

"아빠에 대해 어떻게 생각하는지 궁금해."

"아빠가 재혼했대요. 저한테 알려주지도 않고."

"그래서 기분이 어때?"

그 애가 어깨를 으쓱했다. "솔직히 짜증 나죠. 그러니까 제 말은, 전 아빠 딸이잖아요. 그런데 전 새엄마가 생겼다는 사실조차 몰랐어요. 심지어 아빠가 출소한 것도요. 아빤 제때 말해주는 법이 없어요."

"얼마나 속상할지 알겠다."

"'속상한' 건 아니에요. 전 아빠를 아니까요. 아빠가 짜증 나게 한다고 진짜 속상해할 정도로 어리석지도 않아요. 아빠는 중독자고 그건 병이잖아요. 내가 통제할 수 없는 일을 누가 저지른다고 해서 속상해 봤자 소용없어요."

"그래, 네 말이 맞아."

"그룹치료 시간에 마이클 선생님이 해준 말이에요."

나는 고개를 끄덕였다. "마이클 선생님이 잘하셨네. 정확히 맞는 말이니까. 그리고 그걸 이해하고 받아들인 너도 훌륭해.

그건 중요한 통찰이야.”

"그래도 계속 짜증 나긴 해요. 그래서 아빠한테 따졌어요. '잘됐네요. 근데 결혼할 거라고 미리 말해줬으면 좋았잖아요.' 왜냐면, 그러니까, 제가 가고 싶었을 수도 있잖아요. 그쵸? 저한테 새엄마가 생기는 건데 제가 거기 있고 싶을 수 있잖아요. 그랬더니 아빠가, '그래. 미안하다. 근데 네가 거기서 나올 수 있을지 없을지 몰랐어', 이러는 거예요. 그래서 제가 대들었죠. '지랄하지 마요, 물어보지도 않았으면서.' 그랬더니 아빠가 그랬어요. '이렇든 저렇든 상관없어. 새엄마가 네 맘에 쏙 들 거야. 그나저나 너 남동생 생겼어.' 전 소리질렀어요. '남동생이요?' 그리고 그땐 진짜 너무 화나서 눈물 날 정도였어요. 새엄마가 임신했다는 사실도 한 번도 말 안 했거든요. 한 한 달? 전까지만 해도 아빠의 새 가족에 대해서는 아무것도 안 알려줬는데, 애기는 벌써 돌도 지나고 13개월이나 됐대요. 진짜 너무하지 않아요?”

"응, 나라도 화났겠다.” 내가 맞장구쳤다.

엘로이즈는 흥 하고 콧방귀를 뀌곤 분에 차 입을 다물었다.

정적이 우리 주위를 에워쌌다. 엘로이즈는 몇 분 동안 계속 펜을 만지작거렸다. 그리고 내가 아무 말도 하지 않자 펜을 튕겨 올렸다가 받아서 일기장 위에 내려놓았다. 그 애가 주위를 둘러보고 잠시 내 눈을 바라보더니 다시 시선을 돌렸다.

그 애가 말했다. "잘 생각해보면, 저만 있는 게 아니라 다시 제대로 된 남동생이 생겼다는 게 좀 멋진 일인 것 같기도 해요. 어쩌다가 위탁가정에서 저랑 같이 살게 된 다른 애들, 불쌍하고 멍청이 같은 애들을 오빠나 남동생이라고 부르는 거 지겨웠거든요. 걔네들이 진짜 제 오빠나 남동생은 아니잖아요. 피가 안 섞였으니까요." 엘로이즈가 말을 멈추었다. "남동생 만나보고 싶어요. 아빠하고 새엄마가 걔 이름을 로드리라고 지었대요. 왕의 이름이에요. 로드리 마우르. 로드리 마우르 들어본 적 있어요? 옛날 웨일스 왕이었는데, 모든 브리튼인의 왕이기도 했대요."

"강력하고 좋은 이름이네." 내가 말했다.

"'엘로이즈'보단 낫죠. '엘로이즈'는 아무 의미 없어요. 육아 가이드북에서 한 번 찾아본 적이 있는데, 그 책에서도 프랑스식 이름인지 독일식 이름인지조차 긴가민가한 것 같더라고요. 원래는 '엘위기스'나 그 비슷한 끔찍한 이름이었을 텐데 프랑스 사람들이 그걸 갖다가 어떤 기사의 아내 이름으로 썼다나 뭐라나. 음, 누가 알겠어요? 아무튼 그게 여왕의 이름이 아닌 것만은 확실해요."

"여왕의 이름이면 좋겠어?"

"선생님이라면 안 그러겠어요?" 그 애가 조롱하듯 물었다. "제가 아빠한테 따졌어요. 왜 애기한테는 로드리라는 이름을 지어주고 나한테는 누구 하나 의미조차 모르는 쓰레기 같은 이름을 붙여줬냐고요. 그랬더니 아빠는 자기가 제 이름을 그렇게 지은 게 아니래요. 엄마가 그랬다는 거예요. 아빠는 저한테 앙가라드라는 이름을 붙여주려고 했대요. 그건 여왕 이름이죠. 앙가라드." 엘로이즈가 그 이름을 입속으로 되뇌었다. "그런데 엄마가 발음하기 너무 어렵다고 반대했다잖아요. 망할. 그렇게

어렵지도 않은데. 심지어 저도 똑바로 발음할 수 있잖아요. 앙
가라드."

나는 고개를 끄덕였다.

"새엄마 이름은 엘런이에요. 그 사람은 머리색이 까맣더라
고요. 아빠가 사진을 한 장 보내줬어요. 엘런은 카페 사장이에
요. 그래서 아빠랑 만날 수 있었던 거예요. 아빠가 인터넷을 쓰
려고 그 카페에 들렀다가 만난 거죠. 아빠는 제가 언젠가 여름
방학 동안 거기서 일하게 될지도 모르겠다고, 돈을 벌 수도 있
을 거랬어요."

"재밌겠는데." 내가 말했다. "넌 어떻게 생각해?"

그 애가 어깨를 으쓱했다. "그냥 누가 소설을 들려주는 느낌
이에요."

"아빠가 끝까지 잘해낼 거라고 생각하지 않는구나."

"솔직히 그래요. 일이 어떻게 돌아가는지 알거든요. 아빠는
늘 그래요. '이번엔 손 씻었고, 우리는 이거 그리고 이거 그리고
이걸 하게 될 거야.' 근데 그러다가 누가 또 마약을 손에 쥐여주
면 정신을 놔버려요. 지난번에도 그랬고 그 전에도 그랬고, 사
실상 제가 태어나기도 전부터 계속 그랬죠. 아빠가 너무 자주
감옥에 가니까 그사이에 엄마랑 그 짓을 할 시간이 있었다는
거 자체가 놀라울 지경이에요, 전."

"사람은 변화할 수 있어. 알잖아. 중독 같은 문제가 있으면
변화한다는 게 무척 어려워. 그래서 실수가 생기는 거야. 문제
에 대처하다 보면 특정 행동 패턴에 익숙해지니까, 변화를 위
해서는 꽤 많은 시도가 필요할 수도 있어. 그렇지만 변화는 분

가을

명 가능해. '무척 어렵다'는 게 불가능하다는 뜻은 아니니까."

"네, 뭐, 동화에선 그렇죠." 엘로이즈는 세상사에 달관한 듯이 대답했다.

우리 사이에 침묵이 내려앉았다. 그 애가 빈백 의자에 편안하게 기대어 있는 동안 좀 전까지 보여주던 시건방진 태도도 차차 누그러졌다. 엘로이즈는 초점 잃은 눈빛으로 위쪽을 올려다보았다. "아빠가 실패할 것만 아는 게 아니에요." 그 애가 수심에 잠긴 어조로 말했다. "포위스는 완전 깊숙한 시골이고, 거기 사람들은 다들 웨일스어를 쓰니까 제가 거기 살게 되면 아무랑도 말을 못 하게 될 것도 알아요. 아빠라면 분명 그런 델 고르겠죠. 가능한 한 가장 웨일스다운 장소를 찾을걸요? 웨일스어가 모국어인 곳에서 로드리를 키울 거라고 그랬거든요. 그럼 전 로드리하고는 한마디도 못 나눌 거에요."

"난 로드리가 네 웨일스어에 어지간히 만족할 거라고 생각해. 그 문제라면 영어도 괜찮을 거야."

"네, 그치만 생각해보세요. 이쯤에선 제가 웨일스어로 된 이름조차 없다는 게 중요해요. 만약 웨일스어 이름이 있다면 전 괜찮을 거에요. 만약 제 웨일스어가 형편없더라도 어쨌거나 주변 사람들이 제가 웨일스인이라는 건 알고 있을 테니까요. 그런데 제가 영국인이라고 생각한다면, 저한테 끔찍하게 대할 거에요."

"누구나 그런 건 아닐 거야. 그래, 어떤 사람들은 형편없이 굴겠지. 그런 사람들은 어디든지 있게 마련이니까. 하지만 또 어떤 사람들은 친절하고 이해심도 발휘할 거야. 네가 어딜 가든, 어떤 언어를 사용하든, 좋은 사람도 있고 나쁜 사람도 있는 법이니까."

그 애가 날 바라보았다. "단독 날인 증서*라는 것에 대해 뭐 좀 아세요? 그런 걸로 진짜 앙가라드로 개명할 수 있는지 궁금해서요. 어차피 엄만 어떻게 되든 신경 안 쓸 것 같아요. 앙가라드가 제 미들네임이 되면 좋겠어요. 엘로이즈 앙가라드. 괜찮지 않아요? 최소한 지금 미들네임인 리보다는 낫잖아요. 엘로이즈 리. 이건 심지어 여자 이름도 아니에요. 엘로이즈 앙가라드. 소리도 마음에 들어요. 그리고 음, 만약 엘런의 카페에서 일하게 되면 사람들이 절 앙가라드로 부를 수도 있잖아요."

"재미있는 생각이다." 내가 말했다.

엘로이즈는 날 힐끗 보면서 살짝 미소 지었다. "엘로이즈 말고 다른 누군가로 다시 시작하면 멋질 것 같아요. 물론 전 계속 저겠죠. 사람이 그리 쉽게 바뀔 수 없다는 걸 모르진 않으니까요. 그렇게 생각할 정도로 어리석진 않아요. 근데 엘로이즈로 사는 걸 잠깐이라도 내려놓으면 좋겠어요."

* deep poll. 영국에서 개명을 위해 공공기관에 제출하는 서류.

가을

다뤄야 할 두 개의 현실

> "헤드웬 일을 끝내버리고 싶어요."
> ——— 엘로이즈가 나지막이 내뱉었다.

이어지는 주는 학기 중의 짧은 방학 시즌이었다. 나는 가족과 베를린으로 휴가를 떠나기로 되어 있어서 엘로이즈를 만나지 못했다. 물론 엘로이즈도 이 일정을 미리 알고 있었다. 내가 자리를 비울 거고, 그래서 다음번 목요일에는 만나지 못할 거라고 설명했다. 하지만 엘로이즈는 기분이 몹시 좋아 보였다. 그래서 그 애가 내 말을 제대로 이해한 게 맞는지는 확신할 수 없었다. 그다음 주 목요일에 돌아왔을 때, 나는 예기치 않은 상황을 맞이할 각오가 되어 있었다.

다행히 우려하던 사태는 벌어지지 않았다. 엘로이즈는 내가 큰 휴게실로 들어서는 모습을 보자 쾌활하게 손을 흔들었다. "선생님이 보낸 엽서 받았어요!" 휴게실을 가로질러 걸어갈 때 그 애가 큰 소리로 외쳤다. "제 방 벽에다 붙였어요." 빈백에 다가가니 엘로이즈가 머그잔을 건넸다. "여기요. 같이 마실 차도 미리 만들었어요."

자리를 잡고 앉아 함께 차를 마시면서 엘로이즈는 지난 2주 동안 시설에서 있었던 일들을 이러쿵저러쿵 유쾌하게 조잘거렸다. 볼링을 치러 나들이 나간 날이 있었는데 엘로이즈가 이 일을 유달리 즐거워했다. 한번은 누가 실수로 화재경보기를 누르는 바람에 소방차 두 대가 출동했다. 또 캐서린이라는 여자애가 새로 들어왔는데, 듣자 하니 가슴을 휙 내보이는 것이 그애 특유의 동작인 것 같았고 엘로이즈는 그게 너무 우습다고 생각했다.

그 애는 일기장을 챙겨 왔지만 자기 옆 바닥에 놓아두었다. 이 시점에 나는 솔직히 일기 쓰기 활동을 반쯤 포기한 상태였다. 다행히 엘로이즈는 그룹치료 프로그램에서 점점 더 많은 도움을 받고 있는 듯했다. 그 애는 이제 그 세션에서 얻은 통찰에 대해서도 종종 언급했는데, 심지어 가끔은 그게 예기치 않게 얻은 통찰일 때도 있었다. 이로 인해 내가 치료 도구로서 일기 쓰기를 밀어붙이는 데 대한 부담감을 덜긴 했지만, 이 작업이 명백하게 성공적이지 못했다는 것에는 실망이 되었다.

엘로이즈는 마치 내 생각을 꿰뚫어 보기라도 한 것처럼 나를 바라보았다. 평가하듯 오래오래 말이다. 그런 다음 천천히 찻잔을 빈백 의자 옆 바닥에 내려놓았다. 그리고 일기장을 집어 들었다.

"이번에는 좀 다르게 써봤어요." 그 애가 이렇게 말하면서

가을

일기장을 펼쳐 건네주었다.

일관성 없는 문장들로 두어 페이지가 채워져 있었다. "나는 무슨 일이 일어날지 알고 싶었다", "많은 사람들이 행방불명되었다", "약속이란 꼭 지키도록 되어 있는 것이다"….

나는 고개를 들고 미심쩍은 눈길로 그 애를 바라보았다.

"그리 잘하진 못했어요."

솔직히 말하자면 엘로이즈가 뭘 하려는 건지 종잡을 수 없었다. 내가 볼 땐 그 문장들이 서로와도, 우리가 이야기 나눈 적 있는 그 어떤 내용과도 관련성이 없었기 때문이다. 하지만 나는 내 혼란스러운 감정을 드러내기가 꺼려졌다. 그 애가 기대하는 듯한 표정을 지어 보였기 때문이다. 엘로이즈는 살며시 미소 짓고 있었다.

"제가 뭐 한 건지 아시겠어요?"

나는 멋쩍게 웃었다. "잘은 모르겠어."

"그건 다 첫 문장이에요." 엘로이즈가 잠시 숨을 골랐다. "선생님이 저한테 선생님의 상상 속 인물에 대해 들려준 거 기억나죠?"

"응."

"그렇게 선생님이 작가가 됐다고 알려줬잖아요. 머릿속에 그 사람이 있었는데 계속해서 어떻게 다뤄야 할지 몰라서 그 사람이 한 일을 글로 쓰기 시작했다고요. 그래서… 저도 올리비아 얘기를 써볼까 하는 생각이 들었어요. 걔가 한 모든 행동을 소설로 만들려고요. 잘하면 팔 수도 있겠죠? 작가가 될 수도 있을 거예요!"

나는 소리 없이 웃었다. "좋은 생각이다."

"그러니까 그게 첫 문장인 거예요. 싹 다요."

"아, 그렇구나."

"근데…." 엘로이즈가 이맛살을 찌푸렸다. "여기부터 어떻게 이어서 써요? 시작을 어떻게 하면 좋을지는 이렇게나 많이 생각해내긴 했는데…. 음, 사실, 엄밀하게 말하면 제가 생각해낸 건 아니에요. 도서관에서 첫 문장을 소개한 책을 하나 빌렸거든요. 그 문장들은 영감을 주잖아요. 근데…." 엘로이즈가 어깨를 으쓱했다. "여기서부터는 뭘 어떻게 해야 되는지 감이 안 잡혀요."

나는 엘로이즈가 이 일에 보여주는 적극성에 적잖이 감동했고, 올리비아를 글 속의 캐릭터로 전환하는 걸 생각해보고 있다는 게 반가웠다. 나는 어떻게 첫 문장을 시발점으로 활용해야 하는지 자세히 설명하고, 그런 다음 상상력을 동원해 앞으로 일어날 일을 채워나가야 한다고 조언했다.

엘로이즈는 이마에 점점 더 깊은 주름을 만들면서 내 말에 골똘히 주의를 기울였다. "어떻게 하는 건지 잘 모르겠어요."

"그럼 '나는 무슨 일이 일어날지 알고 싶었다'라는 문장을 예로 들어볼게. 이 문장으로 시작한다면, 그다음에는 '이건 올리비아가 하는 말인가?' 생각해야겠지. 그리고 스스로에게 물어보는 거야. '그래서 다음에 일어나게 될 일은 뭘까?'"

"몰라요."

"만약 그게 올리비아 이야기라면, 올리비아가 이런 생각을 하는 거야? 올리비아 자신에게 일어날 일에 관한 거야?" 내가

가을

물었다. "아님 네가 자신에게 이 질문을 던지고, 올리비아와 상
호작용하게 되는 거야? 그러니까 네가 다음 문장을 쓰려면, 너
자신에게 '전에 무슨 일이 일어났지?', '올리비아 또는 나는 왜
이걸 궁금해할까?'라고 묻고 거기에 답하는 식으로 생각해보
는 거야. 그래서 어떻게 됐지? 그다음은? 앞에 쓴 문장에 이어
서 '그래서?'라고 계속 묻는 거야. 그러면 이야기가 저절로 만
들어지는 거지."

엘로이즈는 한쪽 입꼬리를 살짝 비틀었다. "전 일단 이야기
를 쓰고선 좋은지 별로인지 선생님한테 의견을 들을 생각이었
어요. 근데 젠장, 그 말들을 대체 어떻게 다 쥐어짜요? 저한테
'그다음 또 뭐?'라고 물어보면 그냥 머리가 새하얘져요. 생각보
다 더 어려워요."

"많은 게 그렇지. 직접 덤벼보기 전까진 쉬워 보이지만." 내
가 씩 웃었다. "그래도 훌륭한 아이디어라고 생각해. 네 마음을
지배하는 뭔가를 다루기엔 좋은 방법이야. 넌 그런 식으로 계
속 올리비아를 만날 수 있지만, 이제 걔가 네 머릿속을 혼란스
럽게 메우는 일은 없을 거야. 생각을 글로 옮겨놓으면 머릿속
에는 공간이 생겨. 또 글쓰기는 네가 그 상황과 거리 두기를 할
수 있게 도와주는데, 그럼 네가 의도치 않은 일에 실수로 휘말
릴 확률이 낮아진다는 점도 중요해."

"좋은 아이디어인지는 몰라도 직접 하려니까 너무 어려워
요. 이 문장들 갖고 한참 씨름했는데 다 헛수고였어요. 아무것
도 올리비아 이야기 같지가 않아요."

"좀 다르게 접근해보면 어떨까?" 내가 제안했다. "완전히 새

로운 첫 문장으로 이야기를 시작하려고 무턱대고 덤비는 대신, 그냥 올리비아를 처음 만난 순간부터 지금까지의 네 경험을 풀어보는 건 어때? 그 애가 처음 너한테 찾아온 순간부터 시작하는 거야."

엘로이즈가 멍하니 나를 쳐다보았다.

"올리비아가 어떤 옷을 입었는지 말해줬던 게 기억나거든. 소매를 접어 올린 셔츠라고 했던가? 조끼 얘기도 했던 것 같고."

"모르겠어요."

불안이 고개를 들고 있었다. 나는 지금 왜 이런 일이 일어나고 있는지 확신하지 못했다. 엘로이즈는 실패할까 봐 두려운 걸까? 자기가 통제력을 잃었다고 느끼나? 내가 부주의하게 불쑥 다가든 걸까? 알 수 없었지만, 올리비아에 대한 글을 쓴다는 아이디어에는 일기를 비롯해 우리가 시도한 수많은 활동과 같은 전철을 밟을 위험이 도사리고 있음을 알아차렸다. 나는 물러서야 한다는 것을 알았다.

화제를 바꾸기 위해 말했다. "난 딜라일라가 내게 처음 온 순간이 기억나거든. 내가 여덟 살이었고, 밖에서 혼자 놀고 있었어. 우리 집은 작은 마을 변두리에 있었는데, 집 뒤편으로 텅 빈 들판이 펼쳐져 있어서 거길 가로질러 개울을 건너는 다리까지 가곤 했어. 난 저녁 무렵에 들판의 웃자란 풀들을 헤치고 걸어가고 있었지. 갑자기 거기 딜라일라가 있었어. 딜라일라에 대한 이미지가 너무 또렷해서 그 애가 마치 바로 내 눈앞에 서 있는 사람처럼 느껴졌어. 하지만 난 딜라일라가 그냥 내가 만들어낸 존재라는 사실을 인지하고 있었어."

가을

"우와." 엘로이즈가 작은 소리로 내뱉었다.

"그 이후로 내 마음이 고요해질 때마다 딜라일라가 늘 나와 함께했지만, 사람들이 그 애에 대해 아는 게 창피했어. 상상속 친구를 두고 있다는 게 어린애 같아 보일까 봐, 아니면 외로워서 그렇다고 느낄까 봐 걱정됐어. 선생님 어릴 적에는 흔히들 그렇게 믿었거든. 아이들이 상상 속 동반자를 두는 건 변변한 친구를 사귈 수 없어서 외로울 때뿐이라고 말이야. 그렇지만 난 제대로 된 친구들도 많았고 그 애들도 딜라일라와 노는걸 좋아했어. 아동기 중기에는 여전히 다들 상상 속에 빠져 살아서, 내가 딜라일라를 친구들에게도 실재하는 존재로 만들 수 있었거든."

엘로이즈가 고개를 끄덕였다. "저도 선생님이랑 완전 똑같아요. 저도 다른 사람들이 올리비아에 대해 아는 거 별로예요. 누군가 그 애가 이 현실 세계의 사람인 것처럼 언급하면 너무싫어요. 절 미친 사람 취급하는 것처럼 들리니까요. 저도 올리비아가 진짜 있는 존재가 아니라는 건 알고 있어요. 그냥 제 머릿속에 있다는 거요."

"넌 미치지 않았어. 똑똑하고 창의적이야."

"하하, 저 안 똑똑해요. 시험에서도 낙제했는데요."

"학교만이 똑똑함을 잴 수 있는 건 아니야. 다른 척도도 많아. 가상의 친구를 둔 청소년은 창의적이고 지적이라는 걸 밝힌 연구도 있어. 가상의 동반자가 있다는 건 다른 누군가가 되어보는 연습을 하는 유용한 방법이야. 자기 자신 말고 다른 누군가의 관점에서 사물을 보는 방법을 익히는 거지. 게다가 어려운 일에 대처하는 방법을 개발하고 새로운 아이디어들을 탐구해. 올리비아가 있다는 건 네가 그런 아이들 중 하나라는 의미야. 그러니까, 넌 똑똑하고 창의적이지."

엘로이즈가 고개를 떨구었다. "올리비아는 절 곤란하게만 해요."

"그래, 예전엔 올리비아가 널 힘든 상황으로 내몰았던 경우도 좀 있었지." 내가 말했다. "하지만 그럴 수 있어. 그런 일이 있었다고 세상이 무너지는 건 아니니까 괜찮아."

엘로이즈가 인상을 찌푸렸다.

"딜라일라도 가끔 날 힘들게 했어. 내 기억엔 나도 네 나이였을 즈음에, 내 머릿속에 살아가는 온갖 인물들에 너무 압도된 나머지 거기 사는 사람들이 두어 번인가 현실 세계 영역으로 비어져 나온 적이 있었어. 그땐 사람들이 날 미쳤다고 하기보다 엄청난 거짓말쟁이라고 손가락질했어. 머릿속에서 일어난 일들을 계속 나한테 벌어진 일인 것처럼 주절거렸거든. 그러니까, 그건 나한테 일어난 일은 분명했어. 사람들이 생각하는 현실 세계의 방식으로는 아니었지만."

이 말에 엘로이즈가 반색했다. "선생님도 말썽에 휘말린 적이 있어요?"

"응. 한 번. 내가 열네 살 때였어. 딜라일라가 스키 여행을 다녀와서 눈 때문에 피부가 심하게 그을린 거야. 뭔지 알지? 바깥 기온이 낮아도 햇볕이 눈에 반사되면 피부에 화상을 입을 수 있거든. 어째서 그런 상상을 했는지는 모르겠지만, 아무튼 내 가상의 인물이 스키를 타면서 신나는 시간을 보냈고 약하게 화상

가을

을 입은 거야. 난 당연히 이런 신나는 일에 대해 떠들어대고 싶었지. 그래서 전화로 친구들에게 들려주려고 했는데, 불현듯 그게 딜라일라라면 친구들은 별 관심 없겠구나 싶더라고. 그래서 딜라일라 대신 내가 스키를 타러 간 사람으로 둔갑했지. 말할 것도 없이 난 그런 적 없었어. 그때 우리 집엔 차가 없었으니까 스키 타러 갈 재간도 없었고. 물론 내가 햇볕에 심하게 타지도 않았다는 의미야. 그런데 월요일이 코앞에 닥쳤고 난 학교에 가야 했어. 순간 식겁했지. 거짓말했다는 게 대번에 탄로 날 테니까. 그래서 내가 뭔 짓을 했을지 예상이 돼? 햇볕에 그을린 것처럼 보이려고 엄마 립스틱을 온 얼굴과 팔에 문질러 발랐어."

엘로이즈는 그게 몹시 웃긴 상황이라고 생각했다. "살에다가 립스틱을 발랐다고요?" 그 애는 하도 크게 웃어대서 하마터면 빈백 의자에서 떨어질 뻔했다. "그렇게 하면 햇볕에 그을린 것처럼 보일 거라고 생각한 거예요? 피부에 립스틱을 바른다고 절대 햇볕에 탄 것처럼 보일 순 없죠. 광대처럼 보였으면 몰라도."

"맞아. 지금 생각해보니 그래. 네 말처럼 진짜 광대 같았을 거야. 그런데 내 친구들이 나 못지않게 바보라서 처음엔 내 말을 곧이곧대로 믿더라고. 그런데 선생님 한 분이 점심시간에 나를 슬쩍 부르더니 가서 얼굴을 씻고 오라는 거야."

엘로이즈는 다시 한번 대굴대굴 굴렀다. "대박이다. 너무 웃겨요. 선생님 완전 멍청이였네요!"

"그치. 그래서 내가 이 이야기를 들려주는 거야. 가상의 친구를 두게 되면 이런 식의 바보짓을 저지르기 십상이니까. 보통 사람들은 다뤄야 할 현실이 하나밖에 없지만 너랑 나, 우리한테는 그게 두 개나 있어. 그러니까 우리에겐 우리가 하는 행동이 말이 되지만 다른 사람들은 그걸 납득할 수가 없어. 그래서 이상한 행동이 되는 거야. 그게 딜라일라와 나한테 일어난 일이고, 너와 올리비아 사이에서도 그런 일이 일어났다는 걸 나는 잘 알고 있어."

엘로이즈의 얼굴에서 웃음기가 서서히 가셨다.

"근데 괜찮아. 상황이 좀 꼬이긴 했지. 넌 올리비아에 관한 일들을 이 세상에 구현해보려고 했어. 정확히 내가 립스틱을 얼굴에 발랐던 것처럼. 그렇지만 우리는 상황을 정리할 수 있어. 이 모든 이야기를 들려준 건 그래서야. 네 머릿속에 이런 것들이 있는 건 괜찮아. 그리고 머릿속 세계 때문에 얼마간 실수를 저지른대도 상관없어. 실수는 일어나게 마련이니까. 그렇지만 실수를 하면 그걸 수습해야 돼. 잘못된 걸 바로잡아야 해. 필요하면 보상도 마다해선 안 돼. 그런 다음 다 털어버리고 앞으로 나아가는 거야."

엘로이즈는 아무 반응도 보이지 않았다. 그 애는 허벅지 위에 올린 자기 손가락을 쫙 펴고 손을 내려다보고 있었다. 나는 침묵이 우리 주위에 내려앉도록 놔둔 채, 그 공백을 채우는 조용한 소리에 귀를 기울였다. 멀리서 두런두런 이야기를 나누는 소리, 어디선가 들려오는 환풍기 소리, 문을 여닫는 소리.

"헤드웬 일을 끝내버리고 싶어요." 엘로이즈가 나지막이 내뱉었다.

나는 고개를 끄덕였다.

가을

"지난주에 그룹치료 할 때 마이클 선생님한테 그 얘기를 했어요. '그 문제를 그냥 끝내고 싶어요'라고요. 그랬더니 선생님이 저보고 뭐라고 했는 줄 알아요? 제가 헤드웬한테 달려가는 게 중독이래요. 계속 그러고 싶은 충동이 너무 강한데, 그래서 스스로 멈추겠다고 결정해야 되는데, 금방 혹하니까 그게 어렵다고요."

 엘로이즈가 울먹였다. "죄송해요. 근데 그 말을 생각하니까 자꾸만 눈물이 나요. 만약 우리 아빠의 중독 같은 거라면… 아빠한텐 불가능한 일이잖아요. 아빠는 손 털었다고 백번도 더 말했지만, 뭐 반 넌도 못 가요. 상황은 그냥 영원히 도돌이표죠. 아빠는 거기서 못 벗어나요. 저도 그렇게 되는 거예요? 이제 이 결함이 제 안에 새겨진 것 같아요. 제가 끝내고 싶더라도 계속 그 문제로 돌아갈 거예요. 아빠가 마약에서 못 빠져나오는 것처럼요."

 "엘로이즈, 난 마이클 선생님이 그런 얘기를 하려던 건 아니라고 생각해. 넌 중독된 게 아니야. 내가 립스틱에 중독되지 않은 것처럼 너도 헤드웬 파월에게 중독되지 않았어." 내가 말했다. "마이클 선생님은 그냥 비유하신 걸 거야. 처음엔 올바른 궤도에 올라서기 어려울 거라고 말씀하신 건, 네가 아빠의 중독 기질을 물려받아서가 아니라 변화라는 게 원래 어려운 것이라서야. 앞으로도 파월네 집에 달려가야겠다는 생각이 들 때가 분명히 있겠지만, 그때마다 극복할 방법이 생길 거야. 어떤 예가 있을까? 일단 네가 여기서 나가서 위탁가정에 다시 자리잡게 되면, 그다음에 헤드웬 생각이 나면, 어떻게 할 수 있을까?"

"모르겠어요."

"자, 이를테면 주의를 다른 데로 돌릴 수 있어. 헤드웬이 생각나면 이렇게 되뇌는 거야. '이건 도움이 안 돼. 어떻게 하면 이 생각을 떨쳐낼 수 있을까?' 그 생각을 하는 대신 컴퓨터 게임을 할 수도 있겠지. 아니면 책을 읽거나. 아니면 텔레비전에서 재밌는 뭔가를 보거나. 이 모든 게 네 생각을 바꿔줄 거야. 네가 다른 일에 집중하게 해줄 테니까."

"마이클 선생님은 헤드웬이 제 행동을 싫어하니까 걔 감정도 생각해봐야 된다고 했어요." 엘로이즈가 대꾸했다.

"그것도 좋은 지적이야. 헤드웬의 관점에서 상황을 보는 노력도 정말 도움이 많이 되지. 거기에 올리비아를 불러들일 수도 있고." 내가 말했다. "헤드웬과 올리비아가 같은 사람이 아니라는 사실을 기억해야 해. 헤드웬 곁에 있을 때 걔가 너한테 좋은 감정을 안겨주었을지라도, 그 감정은 사실 헤드웬이랑은 아무 상관도 없어. 그런 기분을 느낀 건 헤드웬이 현실 세계에 나타난 올리비아였기 때문이야. 네가 할 일은 그 관련성을 깨는 거야. 현실 속의 헤드웬, 네가 귀찮게 굴면 화내는 그 아이를 네 마음에 정확히 새기는 거야."

엘로이즈가 얼굴을 찡그렸다.

"만약 그게 어려울 땐 립스틱 이야기를 기억해. 이렇게 생각하는 거야. '내가 헤드웬에게 올리비아와 관련된 것을 부여하는 건 토리 선생님이 친구들에게 딜라일라가 햇볕에 탄 것을 받아들이게 하는 것과 같다. 그건 사실이 아니라서 창피한 일이었다. 마찬가지로 헤드웬은 진짜 올리비아가 아니니까 나한테 창피한 일이 생길 수도 있다. 나는 창피한 일을 피하고 싶지만, 헤드웬을 자꾸 올리비아라고 밀어붙이면 아마 그렇게 될 것이다.' 헤드웬이 생각날 때마다 이렇게 읊조려봐. 그러면 그 감정이 멈출 거야. 장담할게."

"사실 그런 감정은 진작 사라졌어요. 사람들한테도 계속 그렇게 말하는데 아무도 안 믿어줘요. 전 벌써 창피해요. 두 번 다시는 헤드웬을 안 만나고 싶어요."

"봐, 그렇다니까. 변화는 벌써 시작되었어."

겨울

메리 크리스마스

"두려워해도 괜찮아. 두려워하고 있다는 걸
인정해도 괜찮아. 그게 네가 영원히 두려워할
거라는 뜻은 아니야."

어둑하고 습하고 황량한 날들이 길게 이어지는 늦가을이 찾아
왔다. 안개가 도무지 걷히는 법이 없어서 산도 언덕도 제대로 보
이지 않는 나날이었다. 나는 남편에게 날씨에 대해 투덜거리는
실수를 저질렀다. 우리가 '부슬비'라고 부르는 축축한 안개와 찌
뿌둥한 잿빛 하늘이 이어지는 것보단 차라리 속 시원하게 비가
내리는 게 낫겠다고 구시렁거린 것이다. 이 말이 신의 노여움을
샀는지, 사흘 내리 폭우가 쏟아져서 도로들이 물에 잠겼다.

　여름 이후 펜어가르스에서 심화그룹치료를 재개하지 않아
서 나는 엘로이즈와 함께 그렇게나 오랜 기간 오가던 도로를
다시 달릴 기회가 없었다. 하지만 계곡에 불어난 물을 피해 돌
아가야 했기에, 11월의 어느 목요일 오후에 엘로이즈와 내가

늘 아름다운 산의 경관을 즐기던 그 언덕으로 차를 몰게 되었다. 그 길은 펜어가르스로 이어지는 내리막이었다. 마을로 접어들었을 때 머릿속에 처음 스친 생각은 피온과 비디그 사건이었다. 그 아이들이 다 잘 지내는지 궁금했다. 그래서 그곳을 지나가면서 목을 길게 빼고 우리가 사용하던 오래된 학교 건물을 훑어보았다. 오전 나절이라서 유치원 놀이학교가 활동하고 있었었다. 흐린 날씨라 불이 켜져 있어서 여기저기 분주히 움직이는 조무래기들의 머리통이 보였다.

회한과 노스탤지어가 뒤섞인 묘한 감정이 밀려들었다. 나는 그때 일어난 일에 더 나은 대책을 세우지 못한 게 아쉬웠다. 그리고 누가 진실을 말하고 있었는지 확실하게 알아낼 수 있다면, 그 사건을 재논의해서 바로잡을 방법이 있다면 좋겠다 싶었다. 다른 한편으로는 이런 생각을 할 때 마음속 감정에 주의를 기울였다. 그 감정에 뭐라고 이름을 붙일 수 있을까? 해결되지 않은 채 남은 지난 일에 대한 비애? 그러자니 엘로이즈의 감정 목록과 '감정 게임'에 대한 그 애의 일시적 집착이 떠올랐다. 이것도 목록에 추가해야 할 또 하나의 감정이었다.

엘로이즈를 보러 도착했을 때, 빈백 의자 구역에는 아무도 없었다. 엘로이즈가 차를 만들기 위해 자리를 비운 걸지도 몰라서 휴게실 이곳저곳을 둘러보았다. 하지만 그 애의 흔적은 어디에서도 찾아볼 수 없었다. 그래서 사무실을 찾아갔다.

유리창 너머로 이언이 보였다. 이언이 나를 발견하고 책상에서 일어나 다가왔다. "엘로이즈가 힘든 일주일을 보내고 있어요." 이언은 엘로이즈가 월요일 학교에서 돌아오는 길에서부터 숨이 막히기 시작했다고 전했다. 그때 그 애는 스쿨버스에 타고 있었는데 숨을 쉴 수가 없었다고 한다. 천식 발작 같은 것일지 모른다고 우려한 버스 기사는 어떻게 손써야 할지 몰라 일단 버스를 병원 응급실로 몰고 갔다. 엘로이즈는 여전히 캑캑거리면서 숨을 쉬려고 안간힘을 쓰고 있었다. 그 애는 병원에 두 시간가량 머물렀다. 최종 진단명은 공황발작이었다.

소식을 듣고 깜짝 놀랐다. 이언의 설명은 심각하고 무섭게 들렸다. 엘로이즈가 전에도 공황발작을 일으킨 적이 있는지는 몰랐다. 이언은 병원에서 추가로 조사해본 결과 그래도 약물 흡입, 천식, 기타 질병의 징후는 나타나지 않았다고, 발륨이 문제를 해결해주었다고 나를 안심시켰다. 하지만 안타깝게도 그게 끝이 아니었다고 덧붙였다. 엘로이즈는 그 후로도 세 번 더 공황발작을 일으켰는데, 그때마다 자신이 숨을 제대로 쉬지 못하고 아파서 죽게 될 거라고 확신했다. 마지막 발작은 내가 도착하기 불과 한 시간 전에 일어났고 그래서 그 애는 지금 발륨이 투여된 상태로 특별실에서 혼자만의 시간을 보내고 있었다.

나는 엘로이즈를 만나러 가기 위해 복도를 따라 걸었다. 그 애는 지난 두 차례 격리실에서 풀려났을 때처럼 그 탁자에 앉아 있었다. 그 애 앞에 뚜껑이 열린 요거트 통과 차가 담긴 머그잔이 놓여 있었다.

"안녕?" 내가 인사를 건네면서 작은 방을 둘러보았다.

"그동안 무슨 일 있었는지 들었어요?" 엘로이즈가 물었다.

"응. 그렇게 고생했다니 너무 안됐다. 너무 무섭게 들렸어."

그 애의 눈에 눈물이 글썽거렸다. "전 대체 뭐가 잘못된 걸까요? 학교에 가기가 겁나요. 그 일이 또 일어날까 봐 무서워요."

나는 엘로이즈의 건너편에 놓인 의자에 앉았다.

그 애가 눈물을 닦았다. "죽을 것 같아요. 목구멍이 닫히고 숨이 막혀요. 스쿨버스에서 나는 매연에 알러지가 있는 것 같기도 해요. 버스 문이 열릴 때 들어오는 매연 냄새를 맡으면 숨이 콱 막히기 시작하거든요."

"알았어, 잠깐만." 내가 말하면서 탁자 위로 손을 뻗어 그 애의 두 손을 잡았다. "의사 선생님이 너한테 이 일에 대해 이야기해주셨어? 마이클 선생님이나 이언이 무슨 얘기 해주진 않았니? 네 몸에 무슨 일이 일어나고 있는지 설명해주셨어?"

"그 사람들은 이해 못 해요. 이건 머릿속에서 일어나는 일이 아니에요. 제가 정신적으로 이상한 게 아니라고요. 이건 실제 있는 일이에요. 버스에 타서 매연을 맡으면 숨이 막히기 시작해요. 이건 '진짜'라고요."

"맞아. 네 감정은 분명 진짜야. 네가 무슨 말 하는지 알아. 우리가 뭘 할 수 있을지 보자. 그건 유쾌한 감정은 아니니까. 일단 심호흡을 해."

그 애가 눈물을 머금은 채 나를 바라보았다.

"숨을 깊게 들이마셔." 나는 의자에서 일어나서 그 애 곁으로 갔다. "한 손을 가슴에 얹어봐." 내가 말하면서 엘로이즈의 오른손을 잡아서 그 애의 목 바로 아래에 놓아주었다. "지금 숨을 얼마나 빨리 쉬는지 느껴져? 그걸 '얕은 호흡'이라고 불러. 그런데 얕은 호흡을 하면 뇌에서 두려움을 느끼게 하는 화학물질이

나와. 그러니까 우리 이 자리에서 간단한 바이오해킹*을 해보자. 왼손은 여기, 배 위에 둬.” 나는 엘로이즈의 왼손을 내가 말한 곳으로 옮겨놓았다. “이제 선생님이 여덟까지 셀 거야. 숫자 세는 동안 숨을 들이마셔. 그런 다음 다시 여덟까지 세는 동안에는 숨을 참아. 그리고 세 번째로 숫자를 세기 시작하면 그때부터는 숨을 내쉬어. 숨을 들이쉴 때 여기 가슴이 아니라 배가 나오는 식으로 할 수 있는지 봐봐.”

엘로이즈가 머뭇거렸다.

“해봐.”

이번에는 그 애가 저항하지 않았다. 나는 엘로이즈의 손 위에 내 손을 포개놓았다. 내가 천천히 숫자를 세는 몇 분 동안 우리는 함께 호흡을 했다. 들이쉬고 멈추고 내쉬고, 들이쉬고 멈추고 내쉬고. 조금은 마지못해 하던 그 애가 서서히 긴장을 풀기 시작했다.

“오늘 아침에 내가 어디 갔었는지 말해줄까?” 엘로이즈가 호흡하는 동안 그 애의 손 위에 내 손을 포갠 채 내가 말했다. “펜어가르스. 차로 그 앞을 지나왔어. 물난리를 피해서 그 길을 탔는데, 거길 지나가니까 우리가 거기 다니던 때가 생각나더라.”

“누구 만났어요?”

“아니. 차를 세우진 않았어. 그렇지만 지나가면서 학교를 봤지. 놀이학교 아이들이 활동 중이더라고. 우리가 알 만한 사람

---

* Bio-Hacking. 신체를 최적화하기 위해 과학적 방법과 기술을 활용하는 신체적, 정신적 활동을 이르는 말.

은 못 봤어.”

“전 요즘도 가끔 걔들 생각해요.” 엘로이즈가 나직이 말했다. 그 애가 한동안 말을 멈추더니 다시 이어갔다. “그때로 돌아가고 싶어요. 아직도 거기 다니면 얼마나 좋을까요? 마지막에 좀 엉망이 돼버리긴 했지만, 전 거기가 좋았어요.”

“그래, 우리 즐거운 시간 보냈었는데.”

“좋을 때였다는 걸 거기 있을 때 알았으면 좋았을 거예요.”

“그런 날이 또 올 거야.”

엘로이즈가 한숨을 내쉬었다.

나는 그 애의 손에서 내 손을 떼어낸 다음 탁자 반대편으로 돌아와 다시 앉았다.

엘로이즈는 고개를 떨구었다. 그 애가 숟가락을 들어서 요거트 통에 집어넣었다. 요거트 통은 거의 비어 있어서 숟가락 무게 때문에 엎어졌다. 엘로이즈는 통을 바로 세우고 숟가락을 꺼내 빨아 먹은 다음 탁자 위에 올려놓았다. “먹을 때 계속 목에 덩어리 같은 게 있다고 하니까 이거 줬어요.” 그 애가 말했다. “뭔가 잘못됐는데 절 안 믿어줘요. 전 또 그런 일이 생길까 봐 무서워요. 사람들이 절 비웃고 안 믿을까 봐도 무서워요.”

“이언이 나한테 말해줬어. 네가 응급실에 실려갔을 때 의사 선생님들이 아주 정밀하게 검사했는데 몸에 심각한 문제는 없었다고. 다행이야. 하지만 그렇다고 그게 네가 느끼는 감정이 진짜가 아니라는 의미는 아니지. 공황발작은 진짜야. 그리고 무섭고 불쾌해. 그렇지만 네 몸에 문제가 없다는 건 공황발작이 실제로 널 해치지는 않는다는 의미야. 그러니까 넌 거기서

겨울

벗어날 수 있어.”

“죽을 것 같아요.”

“그래. 공황발작이 끔찍한 감정을 불러일으키긴 하지. 그렇지만 네 몸이 너한테 거짓말을 하는 거야. 넌 절대 죽지 않아. 그러니까 그 감정이 지나갈 때까지 견뎌야 해. 공황발작이 끔찍하긴 해도 대체로 그리 오래가지 않아. 금방 몸이 지쳐서 거기서 벗어나게 될 거거든. 그러니까 곧 지나갈 거라는 사실을 잊지 마. 그러면 괜찮아질 거야.”

“꼭 마이클 선생님같이 말하네요.” 그 애가 말했다. “마이클 선생님도 계속 제 생각에 도전하라고, 너무 부정적으로 생각하지 말래요. 이렇게 생각해야 한다고요. ‘공황발작 때문에 죽은 사람은 아무도 없다, 크게 걱정할 일은 일어나지 않는다.’”

“그래. 마이클 선생님 말씀이 맞아. 듣자 하니 그분은 네가 상황에 잘 대처하고 이겨낼 수 있게 도와주는 법을 알고 계신 것 같네.”

엘로이즈가 크게 한숨을 내쉬었다. 그 애는 탁자 위에 팔짱을 끼고 몸을 숙여 그 위에 엎드렸다. “다 너무 힘들어요.”

나는 손을 뻗어서 엘로이즈의 머리를 쓰다듬었다.

몇 분간 정적이 흘렀다. 나는 침묵이 깔릴 때마다 으레 그러듯 가만히 주변에 귀를 기울였다. 주로 나 자신에 집중하는 방법이었지만, 주변에 다른 무슨 일이 일어나고 있는지 알아차리기 위해서이기도 했다. 하지만 그 방은 그럭저럭 방음이 되어 있는 듯했다. 정적이 놀랄 만큼 완벽했기 때문이다. 옆에 놓인 작은 냉장고에서 나는 희미한 윙윙거림을 제외하곤 아무 소리도 들리지 않았다. 이 조용함은 그 자체로 안정감을 주었다.

"아빠네 집에 못 가게 될까 봐 걱정돼요." 엘로이즈가 아주 조용히 말했다.

"언제를 말하는 거야?"

"크리스마스 때요. 아빠, 엘런 그리고 애기랑 크리스마스를 같이 보내도 된다고 아빠가 그랬어요."

"잘됐다. 기대돼?"

엘로이즈가 고개를 끄덕였다. "근데 버스를 타야 돼요. 거기다 한 네 시간은 걸려요."

"버스에서 공황발작이 일어날까 봐 걱정하는 거지?"

그 애가 다시 고개를 끄덕였다.

"아빠가 언제 초대했어?"

"지난주에요. 한동안 아빠가 제가 어떻게 아빠 보러 갈 수 있을지 얘기했거든요. 그런데 지난주에 크리스마스 때 올 생각이 있냐고 묻더라고요."

"그래서 기분이 어땠어?"

"엄청 좋았죠." 엘로이즈가 말했다. 목소리만 들으면 정말 멋진 생각인 것처럼 느끼는 듯했지만, 몸짓이 들려주는 말은 영판 달랐다. 그 애는 거의 침울하리만치 피곤한 기색으로 여전히 엎드려 있었다.

"아마 약간 긴장되는 느낌도 없지 않은 거 아닐까?"

"아뇨. 가고 싶어요. 진짜로요. 아빠 보고 싶어요." 그 애가 몸을 일으켜서 의자에 똑바로 앉았다. "그리고 여기서 나가고 싶어요. 그건 확실해요. 누가 이딴 곳에서 크리스마스를 보내

겨울

고 싶겠어요?"

"토머스 선생님은 뭐라고 하셔?" 내가 물었다.

"괜찮대요. 아빠 제가 아빠랑 살 수도 있다고까지 했어요. 일이 잘 풀리면요. 이번 크리스마스에 가는 게 시운전이 될 거예요. 아빠 말로는요. 제가 가서 망치지 않고… 아빠도 안 망치면, 그리고 제가 좋아하고 아빠가 좋아하고 엘런이 좋아한다면, 그러니까 우리 다 좋다면 아마 아빠 가족이랑 같이 살 수도 있겠죠. 토머스 선생님이 지난 일요일에 말해줬어요. 직접 와서요. 아빠가 그동안 토머스 선생님하고 계속 통화했고 그래서 저한테 오라고 했다는 것도 다 아니까요. 그때 그러더라고요. 원한다면, 아빠랑 있는 게 좋으면, 그렇게 해도 된다고요. 가능하다고요."

"와, 반가운 소식이 한둘이 아니네. 이런 식으로 일이 술술 풀려가니까 기분이 어때?"

"좋죠." 그 애가 거의 무심한 듯 가볍게 어깨를 으쓱하면서 대답했다.

"몸짓 언어를 보니 괜찮지 않은 것 같은데?" 내가 말했다. "'잘 모르겠어요'라고 하는 것 같아."

"너무 크게 기대 안 하고 싶어서요. 왜냐면….' 그 애가 눈알을 굴리면서 얼굴을 찡그렸다. "일이 어디서 틀어질지 누가 알아요?"

대화가 잠시 끊겼다. 엘로이즈는 요거트 통을 집어 들더니 안을 들여다보았다. 그리고 손가락으로 남은 요거트를 긁어서 빨아 먹었다.

"좋아. 정리해보자. 지난주가 끝나갈 때쯤 아빠가 크리스마스 때 버스 타고 아빠네 집에 오고 싶냐고 너한테 물어보셨지. 일요일에 토머스 선생님이 그래도 되고, 크리스마스 때 방문하는 일이 아빠와 영원히 살러 가는 걸 가늠해보는 시운전이 될 수 있다고 하셨어. 그런 다음 월요일에 공황발작을 일으킨 거야. 버스 탈 것을 염려해서."

"맞아요."

"뭔가 연관성이 있다고 생각하지 않아?"

"무슨 뜻이에요?"

"방금 내가 말한 대로야." 내가 대답했다.

엘로이즈가 잠시 말을 멈추고 어리둥절한 표정으로 날 바라보았다. 그리고 몇 분이 지나 내 말을 알아차리면서 서서히 표정이 달라졌다. 그 애는 회의적이라는 듯 코를 찡긋거리면서 고개를 가로저었다. "에이, 전 그런 생각 안 해요. 바보 같잖아요. 아니, 그럴 리가 없죠. 마이클 선생님이 저보고 파괴적인 생각에 빠지는 걸 멈춰야 된대요. 완벽해지길 바라는 마음을 버려야 돼요."

"아빠랑 같이 살게 될 걸 생각하면 어떤 느낌이 들어?"

"마이클 선생님이 공황발작을 멈추려면 버스 탈 때마다 공황이 올 거라는 생각을 털어버려야 된다고, 버스 탔을 때 아무 일도 없었던 다른 때를 다 떠올리랬어요. 전 그냥 그렇게 하면 돼요."

"두려워해도 괜찮아, 엘로이즈. 마이클 선생님은 너에게 굉장히 도움이 되는 충고를 해주고 계시고, 그게 공황발작을 다루는 유용한 도구이긴 해. 하지만 그와 별개로 네가 그런 감정을 느끼는 것도 잘못이 아니야. 너한테는 아빠와 함께 사는 건 말할 것도 없고 여기서 아빠를 만나러 가는 것도 큰 변화야. 두려워해도 괜찮아. 두려워하고 있다는 걸 인정하는 것도 괜찮아. 그게 아빠의 초대가 기쁘지 않다거나 이런 기회가 생긴 게 감사하지 않다, 뭐 그런 의미는 아니니까. 그리고 그게 네가 영원히 두려워할 거라는 뜻도 분명 아니니까. 지금 같은 감정을 느껴도 괜찮아."

엘로이즈가 울먹이기 시작했다. 그 애는 앞으로 몸을 숙이고 손으로 얼굴을 가린 채 훌쩍거렸다.

"아빠 집에 가고 싶어?" 그 애의 눈물이 잦아들기 시작했을 때 내가 물었다. "내 말은, 진짜로 그러고 싶어? 안 가고 싶어도 괜찮거든. 분명 중대한 변화이긴 하니까. 그리고 확신하는데, 선생님들은 너희 부녀 관계의 역사를 너만큼 속속들이 알지는 못해. 그러니까 만약 안 가고 싶다면 이언이랑 마이클 선생님, 토머스 선생님께 그렇게 말해도 괜찮다는 걸 부디 잊지 마."

"저 진짜 가고 싶어요. 그게 문제예요. 정말 그러고 싶어요. 얼마큼인지 어림도 못 잡을 정도로요."

"그럼 그냥 그 모든 일에 약간 압도된 느낌이 들었던 거네?"

그 애가 고개를 끄덕였다. "네."

"괜찮아. 괜찮을 거야."

엘로이즈가 다시 한번 고개를 끄덕였다. "네, 괜찮을 거예요."

과연 그랬다. 나는 이어지는 두 번의 목요일 오후에 엘로이즈를 만났다. 그 시간은 즐거웠고, 대체로 여느 때처럼 평범했다. 이 기간 동안 엘로이즈는 두 번 더 공황발작을 일으켰지만 둘 다 전보다는 심하지 않았다. 공황발작에 대해서도 잠시 대화를 나누긴 했지만 대부분은 마이클과의 그룹치료 세션에 맡겨두었다. 대신 엘로이즈와는 그 애가 좋아하는 화장품을 어렵사리 구한 일이나 아빠 집에 갈 때 어떤 옷을 입고 싶은지, 선물로는 뭘 준비해야 할지 같은 소녀다운 주제에 대해 이야기를 나누었다.

우리 만남은 그것으로 끝이었다. 우리가 마지막으로 함께한 세션의 남은 30분 동안, 엘로이즈는 나를 자기 방으로 끌고 갔다. 아빠와 엘런 그리고 아기에게 주려고 준비한 선물을 내게 보여주고 싶어서였다. 그런 다음 그 애는 내가 떠날 때 현관까지 나와 배웅했다.

"나돌리그 샤운Nadolig llawn." 엘로이즈가 문 앞에서 웃으면서 말했다. "버스에서 내릴 때 아빠한테 이렇게 말할 거예요. 아빠가 좋아하겠죠?"

내가 씩 웃으면서 말했다. "나는 네가 '나돌리그 샤웬Nadolig llawen'(메리 크리스마스)이라고 말하고 싶을 것 같은데? '나돌리그 샤운'이라고 하면 아빠한테 행복한 크리스마스를 기원하는 게 아니라 '배부른 크리스마스'를 기원하는 거니까. 뭐, 네가 선물로 가져가는 커다란 초콜릿 상자를 보면 아빠도 '배부른 크리스마스'가 충분히 말이 된다고 생각하시긴 하겠지만."

엘로이즈가 자신의 실수를 알아차리고 웃었다. "미국인이

겨울

저한테 웨일스어 가르쳐줬다고 아빠한테 말해줄게요."

갑자기 그 애의 얼굴에 어두운 표정이 스쳐 지나갔다. "이게 저랑 선생님이 마지막으로 보는 거면 어떡해요?"

"그렇지 않을 거야. 이제 안녕. 여행 조심하고. 그리고 나돌리그 샤웬."

"선생님도 나돌리그 샤웬."

아이들을 다시 만나게 되는 일은 거의 없다. 함께하는 동안 맺은 관계가 아무리 끈끈하고 의미 있었다 해도, 일단 그 관계가 끝나면 아이들은 삶의 다음 단계로 넘어가고 다시 돌아보지 않는다. 지극히 정상적이고 건강한 일이다.

엘로이즈도 마찬가지였다. 크리스마스가 다가왔고, 그 애는 아빠와 새 가족을 만나러 떠났다. 멜레리는 일이 잘 풀렸다고 전해주었다. 모두가 예상한 대로 엘로이즈는 친부 가족과 계속 살기로 결정했고 그 후로는 그 애의 소식을 접하지 못했다. 내가 확실하게 아는 거라곤 엘로이즈가 우리 자치주의 보호 시스템으로 되돌아오는 일은 없었다는 사실뿐이었다. 나는 그저 모든 일이 잘 풀리길 바랐다.

소셜미디어가 널리 퍼지면서 과거에 알고 지내던 사람들, 특히 한 시절을 함께한 뒤 다음 단계로 넘어간 이들과 관계 맺는 방식이 완전히 바뀌었다. 초등학교 친구, 대학 동창 그리고 오래전의 직장 동료가 '알 수도 있는 사람'으로 컴퓨터 화면에 되살아나고, 예전 같았으면 모든 끈을 잃고 말았을 사람들과의 재회가 빈번히 이루어지는 시대에 접어든 것이다.

엘로이즈를 마지막으로 만난 12월의 어느 날로부터 15년이 지났을 무렵, 내가 모르는 사용자 이름을 가진 누군가에게서 페이스북 메시지가 왔다. 확인해보니 간단한 메시지였다. "저 예요, 엘로이즈."

엘로이즈는 날 찾아낸 것에 무척 기뻐하면서 내 쪽에서는 자기를 찾지 못했을 거라고 했다. 15년 전 지나가듯 말한 대로 지금은 개명해서 앙가라드로 살아가고 있었기 때문이다. "그때 제가 한 말 기억하세요?" 엘로이즈가 물었다. 미들네임을 앙가라드로 바꿀 거라고 말했던 걸 기억하느냐는 물음이었다. 엘로이즈는 결국 앙가라드를 미들네임이 아니라 이름으로 선택했고, 그래서 이제 엘로이즈가 미들네임이 되었다. 그 애는 열아홉 살 때 '단독 날인 증서'를 통해 공식적으로 개명했다고 알려왔다.

엘로이즈는 그동안 내가 어떻게 지냈는지 무척 궁금해했다. 지금은 어디 사는지, 무슨 일을 하고 있는지 질문을 퍼부었다. 나는 대답했다. 여전히 글을 쓰고 있고 아이들 만나는 일도 하고 있지만 그때와 같은 단체에서 일하지는 않는다고, 남편과는 이혼했고 더 이상 웨일스에 살지 않는다고.

여전히 포위스에 사는 그 애는 우리가 헤어진 뒤, 그 애의 표현에 의하면 '흥미진진한 몇 년'을 보냈다고 했다. 아니나 다를까 아빠의 상황은 뜻대로 풀리지 않았다. 화면에 눈알 굴리는 이모티콘 몇 개가 떴다. 엘로이즈가 "예상했던 대로요"라고 덧붙였다. 엘로이즈의 말에 따르면, 아빠는 '좋은 사람'이지만 그 안에 똬리 틀고 있는 악마가 무척 기세등등했다. 그는 그 애가 포위스에 간 지 1년이 채 지나기도 전에 다시금 중독의 수렁에 빠졌다. 마약을 구입할 돈을 마련하기 위해 강도짓을 벌이다 체포되어 다시 수감되었고, 2년 뒤 감옥 안에서 심장마비로 생을 마감했다.

"나쁜 소설처럼, 거기서 다 끝나버릴 수도 있었어요. 엘런이 없었다면요." 아빠의 두 번째 아내 엘런은 엘로이즈보다 나이가 열 살밖에 많지 않아서 엄마라기보다는 언니 같았다. 엘런은 처음부터 엘로이즈를 자상하게 보살펴주었고, 처음 몇 달 동안 고전하던 그 애를 잘 참아주면서 그 애가 환영받는다고 느끼도록 해주었다. 그리고 늘 엘로이즈와 남동생 로드리의 사이가 돈독해질 수 있도록 힘썼다. 엘런은 엘로이즈의 아빠와 이혼했음에도 그 이혼이 엘로이즈에게는 영향을 미치지 않는다고 확실히 선을 그었고 그 애에게 계속 함께 살자고 했다. 엘로이즈에게 약속했던 것처럼 카페에서 일할 수 있게 해주었고 계속 교육을 받을 수 있도록 격려했다. 엘로이즈는 난생처음으로, 원가족으로부터는 한 번도 경험해보지 못한 안정감과 지지를 누렸다.

메신저로 나누는 대화는 즐겁긴 했지만 어딘가 부자연스러웠다. "제가 아직도 글을 형편없이 쓰는 것 같아서 걱정이에요." 엘로이즈가 불만스러운 듯 이야기했다. "선생님한테 말씀드리고 싶은 게 산더미 같은데, 이런 식으로는 너무 애가 타네요."

에필로그

그 애는 언젠가 다시 만나서 지난날을 추억하며 차를 한잔 마실 짬을 내줄 수 있는지 물었다. 포위스에 갈 일이 딱히 있는 건 아니었지만 "그래. 내가 그쪽을 지날 일이 있으면 시간을 낼 수 있을 거야"라고 대답했다.

어른이 된 엘로이즈를 길에서 마주쳤다면 알아보지 못했을 것이다. 엘로이즈는 날씬해졌고 피부도 깨끗해졌다. 헤어스타일은 웨이브가 있는 1920년대식 단발머리로 부분 염색이 되어 있었다. 화장은 조금 과한 듯했지만 세련돼 보였고 빈티지 스타일의 복장도 무척 근사했다. 그 애 곁에 놓인 유아차에는 18개월쯤 돼 보이는 아기가 평화롭게 잠들어 있었다.

엘로이즈는 나를 꼭 껴안으면서 과분할 정도로 반갑게 인사했다. 그 애가 포옹을 풀고 유아차를 가리키면서 말했다.

"오와인이에요. 제 아이."

"너무 예쁘다."

엘로이즈가 고개를 끄덕였다. "그쵸? 아기도 잠들었으니까 어서 들어가요, 선생님. 그동안 어떻게 지내셨는지 전부 말해주세요."

작은 카페에서 우리는 얼그레이 차를 주문했고, 내가 꽤 오랜만에 웨일스에 돌아온 터라 배라 브리스*도 함께 시켰다. 대화를 나눌 때 엘로이즈의 얼굴에 밝은 빛이 돌았고 십대 때는 보지 못했던 열정이 가득했다. 그런 모습을 보고 있자니 엘로

* 웨일스에서 차와 함께 즐겨 먹는, 건과일을 넣어 만든 빵.

이즈가 그 당시에는 심한 우울감에 빠져 있었던 게 틀림없다는 생각이 들었다.

"제가 무슨 일 하는지 알려드렸었나요?" 그 애가 물었다. "그래픽 디자인을 해요. 대학에 갔다는 이야기는 드렸죠? 어렸을 땐 학교가 왜 그렇게 힘들었는지 모르겠어요. 그러니까, 제가 선생님이랑 만나던 때에는 일주일에 한 세 시간쯤 학교에 있었을까요? 그땐 학교생활이 잘 이해가 안 됐어요. 아빠랑 지내면서 제가 조금씩 달라진 것 같아요. 아빠가 자기 인생을 망치는 걸 보면서요. 제가 조금씩 나이 들어가는 영향도 있었던 것 같고요. 아빠를 보고 있자니… 도망치기보단 제 문제를 해결하고 싶어졌어요. 그리고 엘런, 엘런이 절 정말 많이 도와줬어요. 카페에 컴퓨터가 몇 대 있었는데, 저에게 항상 뭔가를 만들어달라고 부탁했어요. 광고 전단지를 만들어달라, 창에 포스터를 붙여달라, 눈에 확 들어오게 메뉴판을 만들어달라…. 엘런은 저한테 그 일을 해낼 능력이 있다는 걸 알아차렸고 끊임없이 기회를 줬어요. 거기서 시작해서 지금까지 오게 된 것 같아요."

엘로이즈가 잠시 말을 멈추었다. "선생님 드리려고 챙겨 온 게 있어요. 잠시만요. 선생님이 보면서 절 기억하게 해드리고 싶어서요." 엘로이즈는 커다란 핸드백을 열어 파일을 꺼내더니 그 안에서 종이 몇 장을 빼냈다. 각 장마다 서로 다른 역동적인 포즈를 취한 진갈색 머리의 매력적인 여성이 매끄럽게 디자인되어 있었다. 액션 영화 포스터 같았다.

"너무 멋진데!" 내가 말했다. 무얼 위해 그린 그림인지는 알아차리기 어려웠지만 멋지다는 것만은 분명했다. 그림에 따로 글자가 쓰여 있지는 않았다.

엘로이즈가 미소를 지어 보였다. "누구인지 맞혀보세요."

"음… 잘 모르겠어."

"올리비아예요. 선생님이 늘 제게 올리비아에 대해 글을 쓰라고 하셨던 거 기억하세요? 근데 글은 못 쓰겠더라고요. 작가가 아니니까요. 그걸 깨닫기까지 시간이 좀 걸렸어요. 그런데 올리비아를 시각적으로 표현하고 싶다는 걸 이어서 깨달았어요. 그래서 디자인 코스를 밟기 시작했을 때 제가 처음으로 한 일 중 하나가 바로 이거예요. 솔직히, 어느 정도는 선생님을 위해 그렸어요. 더 이상 제 곁에 계시지는 않았지만."

"정말 근사하다." 내 입가에 미소가 번졌다.

"그게 선생님하고의 기억에서 제일 좋은 부분이었어요." 엘로이즈가 말했다. "제가 올리비아 이야기를 하도록 해주신 거, 제가 지어낸 온갖 바보 같은 이야기를 들려주어도 괜찮았던 거요. 선생님은 절 이해해주셨어요. 선생님도 머릿속에 비슷한 존재를 가졌었다고 처음 말해주신 순간이 아직도 기억나요. 선생님이 절 정신 나간 애로 취급하지 않으셨던 것도요."

나는 그림들을 다시 들어 올려 찬찬히 살펴보았다.

"낯익어 보인다면 〈로 앤 오더 성범죄전담반〉*이라는 드라마에 나온 배우를 참고해서 그런 거예요. 그 사람 사진을 보면서 시작했거든요."

---

* 미국 NBC에서 1999년부터 방영한 텔레비전 시리즈. 뉴욕 경찰청의 성범죄 전담반 형사들의 이야기를 다룬 드라마이며, 배우 마리스카 하지테이가 주인공 '올리비아 벤슨'을 연기했다.

"그래, 누군지 알아보겠어."

"기억하실지 모르겠지만, 선생님이 올리비아가 저한테 처음 나타났던 때를 기억할 수 있냐고 물어보신 적 있어요. 그때 전 잘 모르겠다고 얼버무렸지만 실은 알고 있었어요. 텔레비전에 나오는 캐릭터라고 말하기가 좀 겸연쩍었어요." 엘로이즈가 말했다. "올리비아 벤슨요. 올리비아는 거기서 따온 이름이에요. 엄마, 대런이랑 살던 여덟아홉 살쯤이었어요. 대런이 집에 먹을 걸 사 들고 오길 기다리면서, 밤마다 재방송 채널로 그 드라마를 봤어요. 대런이 항상 술집에 들렀다 돌아오는 바람에 너무 졸려서 식탁에 앉아 기다리기가 힘들었어요. 주린 배를 움켜잡고 대런을 기다리면서 텔레비전 앞에 앉아 있었던 게 기억나요. 그러다 올리비아 벤슨이랑 사랑에 빠진 것 같아요. 대런이 저한테 그 짓을 하고 나면 올리비아 벤슨이 다가와 말을 걸어주는 상상을 했어요. 올리비아가 절 돌봐주러 오는 상상을요."

"그랬구나. 그 캐릭터 고른 게 충분히 이해된다."

"얼마 뒤에 저만의 올리비아가 생겨났어요. 제 상상 속에서는 좀 더 어려졌죠. 선생님하고 만날 무렵엔… 올리비아는 열여덟 살이었는데 중학교에 다녔죠. 그래야만 제 경험을 더 잘 담아낸 모험을 함께할 수 있었거든요. 그런데 그때…" 엘로이즈의 얼굴에 후회와 부끄러움이 뒤섞인 미소가 피어올랐다. "그때 헤드웬 파월과 만나면서 별의별 어리석은 일들이 벌어진 거예요. 아직까지도 그때 일을 생각하면 쥐구멍이라도 찾고 싶어요. 예전부터 선생님을 찾고 싶었는데, 오랫동안 너무 창피해서 선생님을 뵐 낯이 없었어요."

에필로그

나는 어깨를 으쓱했다. "그땐 으레 그렇지. 우리 모두 십대 때는 바보 같은 짓을 곧잘 하잖니."

"헤드웬을 보는 순간 올리비아가 살아 나타난 것 같았어요. 그게 어떤 느낌이었는지 설명하긴 어렵지만, 제가 조금은 정신이 나갔던 것 같아요. 집착이었죠, 정말. 헤드웬 곁에 있으면 제가 살아 있다는 느낌이 들었어요. 잘못된 일인 것도 알았지만 어쩔 수가 없었어요. 도무지 저 자신을 멈출 수가 없었거든요. 그해 크리스마스 때 아빠네 집으로 가게 된 건 여러모로 다행이었어요. 정말 먼 곳이었잖아요. 이게 제가 아빠와 살고 싶었던 중요한 이유였다고 생각해요. 헤드웬이 제 상상 속에서 하는 일들에서 벗어날 유일한 방법이었으니까요. 세상에, 그런 때가 있었네요. 그 시간이 지나가서 어찌나 다행인지!"

나는 미소를 머금었다.

"그렇지만 올리비아는 여전히 저와 함께 있었어요. 선생님이 저한테 해주셨던 말씀이 생각나요. 어렸을 때 힘든 시간을 어떻게 보내셨는지 말씀해주셨던 것, 상상 속 인물이 그렇게나 중요했던 건 아무도 선생님으로부터 그 사람을 빼앗아 갈 수 없어서였다고 하셨던 거요. 그걸 두고두고 생각했어요. 아무도 내게서 올리비아를 빼앗아 갈 수 없다는 사실을요. 그리고 그걸 부적처럼 소중히 간직했어요. 세상은 저한테서 모든 걸 빼앗아 갔어요. 우리 엄마, 우리 집, 여동생, 남동생. 심지어 아빠까지도요. 아빠에게 신의 가호를…. 그래도 올리비아는 오롯이 남았죠."

엘로이즈가 소리 내어 웃었다.

"제가 올리비아에 대한 온갖 극단적인 이야기를 지어냈던 거 기억나세요? 올리비아는 교통사고도 났다가 또 금방 낭떠러지에서 떨어지고 그랬죠."

나도 웃었다.

"그럼, 그걸 어떻게 잊겠어."

"제 마음은 대체로 극과 극을 달렸던 것 같아요. 그 몇 년은 정말 이상했죠. 너무 참혹했는데 한편으로는 너무 지루했어요. 늘 좀 더 신나는 일이 일어나길 바랐고, 올리비아와 있으면 그럴 수 있었어요. 한편으론 올리비아가 안전하다는 걸 알았기 때문이었던 것 같아요. 무슨 일이 있어도 머릿속에 있는 사람을 잃을 수는 없잖아요. 그게 좋았어요. 올리비아를 사랑해도 잃지 않을 수 있다는 걸 알게 되면서 진짜 사람들을 사랑하려고 노력해볼 엄두가 났어요."

나는 고개를 끄덕였다.

우리는 차를 마시면서 잠시 대화를 멈추었다. 엘로이즈가 오와인을 살펴보려고 몸을 기울였다. 아기는 계속 자고 있었다.

"지금도 올리비아가 함께 있어?"

엘로이즈는 고개를 가로저었다.

"요즘에는 거의 사라졌어요. 어쩌다 다시 생각난다고 해도 옛날 같은 방식으로는 아니에요. 올리비아가 제 삶의 중요한 부분을 차지하지 않은 지는 벌써 5, 6년쯤 된 것 같아요."

잠시 정적이 흘렀다.

"큰일처럼 들릴지도 모르지만 그렇진 않아요. 올리비아는 자연스럽게 희미해졌고, 요즘에는 그저 좋은 추억으로 남아 있어요. 가끔은 그리움에 젖기도 해요. 제 삶에서 그렇게나 오랫동안 큰 부분을 차지했으니까요."

그 애가 미소를 지어 보이면서 내게 건네준 종이를 톡톡 건드렸다.

"그래도 이 오래된 그림을 꺼내 보는 게 즐거웠어요. 제가 올리비아를 얼마나 사랑했는지, 그리고 이걸 얼마나 선생님한테 보여드리고 싶어 했는지를 상기시켜주니까요."

아기가 몸을 뒤척이면서 눈을 떴다. 엘로이즈가 몸을 숙였다. "안녕, 카리아드cariad(아가야), 잘 잤니?" 엘로이즈가 유아차의 안전벨트를 풀고 아기를 들어 올려 무릎에 앉혔다.

"엄마가 된다는 거 정말 놀라운 일이더라고요. 아이 아빠와 저… 우리 사이는 늘 무심해요. 물론 좋은 사람이지만, 사실 연인 관계는 아니거든요. 대런이 거기에 대한 제 관심을 망쳐놨어요. 전 제가 아이를 가질 거라고 한 번도 상상해본 적 없어요. 무슨 말인지 아세요? 우리 부모님이 저한테 그런 것처럼 누군가의 삶을 엉망으로 만들지는 않겠다고 다짐했으니까요. 아이를 갖는 건 이기적인 짓이라고 항상 생각했어요. 아이는 자기 의사와 무관하게 태어나고, 이 세상에서 살아가길 원하는지 발언할 어떤 권리도 얻지 못하잖아요. 전 언제나 그렇게 믿었어요. 그런데 때로 인생에는 놀라운 일들이 웅크리고 있네요."

엘로이즈가 아기의 머리칼을 매만지고, 귀 바로 위에 입을 맞추었다. "아이를 바라보면서 생각해요. 내가 어떻게 이렇게 운이 좋았을까. 어떻게 이런 기회를 얻었을까. 안녕, 카리아드? 내가 어떻게 널 만나는 행운을 잡았을까?"

아기가 몸을 꼼지락거리면서 탁자로 손을 뻗었다.

"위 티 에이샤 비스게드, 카리아드Wyt ti eisiau bisged, cariad?"(비스킷 먹고 싶어, 아가야?)

엘로이즈가 어르듯 말했다. 그리고 가방을 열어서 초콜릿이 묻은 통밀 비스킷을 꺼내 반으로 쪼갰다.

"테이샤 비스게드T'eisiau bisged? 비스게드?"(비스킷 먹고 싶어? 비스킷?)

이렇게 말하면서 비스킷을 아이에게 건넸다.

엘로이즈는 나를 건너다보면서 씩 웃었다. "알아요. 저 웨일스어라곤 절대 못할 것 같은 사람이었죠. 모든 건 변하기 마련인가 봐요. 엘런도 웨일스어가 모국어고, 로드리랑은 항상 웨일스어로 이야기했어요. 제가 웨일스어를 쓰든 안 쓰든 아무도 개의치 않았지만 전 지금 웨일스어로 말할 수 있다는 게 자랑스러워요. 그리고 오와인도 웨일스어를 모국어로 삼았으면 좋겠고요. 이 아이 이름은 제대로 된 왕의 이름이잖아요. 아시죠? 오와인 글린두르.* 전 애가 자기 존재를 자랑스러워했으면 좋겠어요. 자기 뿌리가 어디 있는지 알았으면 해요. 그리고 '누군가'가 되길 바라요."

잠시 침묵이 흘렀다.

"그건 좀 맞지 않는 말 같네요." 엘로이즈가 덧붙였다. "제가 말하는 '누군가'는 부유하거나 유명한 사람이 아니에요. 그냥 자기 자신에게 중요한 사람이 되면 좋겠어요."

---

* 14세기 중엽에서 15세기 초까지 웨일스 지역을 지배했던 왕.

에필로그

엘로이즈가 찻주전자로 손을 뻗어서 남은 차를 두 개의 잔에 나눠 따랐다.

"제가 어디에서 지냈었는지 그리고 우리 아빠가 어떤 사람이었는지 이야기하면, 사람들은 저한테 그사이에 어떤 변화가 있었냐고 물어요. '엘런이 뭘 해줬어?' 그럼 전 엘런은 그냥 있어주었다고 말해요. 그건 선생님도 마찬가지였어요. 솔직히 말해서 아빠도 그랬고요. 그게 얼마나 강력한 일인지 사람들은 잘 알지 못해요. 선생님은 그냥 매주 제 앞에 나타나셨어요. 그리고 제가 나타나길 기다리셨고요. 저 스스로 모습을 드러내 보이는 데 언제나 관심을 기울여주셨어요."

엘로이즈는 아기의 옆머리에 입을 맞추었다.

"그게 제가 우리 아이한테 바라는 거예요. 자신을 중요한 존재로 느끼는 것. 자신을 '보이는 존재'로 느끼는 것."

나의 어린
내담자

초판 1쇄   2025년 3월 5일

지은이   토리 헤이든
옮긴이   김홍옥
편집   김아영, 곽성하
디자인   일구공 스튜디오
제작   세걸음

펴낸곳   위고
펴낸이   조소정, 이재현
등록   제2012-000115호
주소   경기도 파주시 돌곶이길 180-38 1층
전화   031-946-9276
팩스   031-946-9277

hugo@hugobooks.co.kr
hugobooks.co.kr

ISBN 979-11-93044-25-4 03180